BASA와 함께하는
수학능력 증진 개별화 프로그램

수학 나침반

2-① 수학 연산편

| 김동일 저 |

학지사

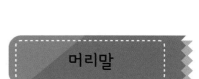

머리말

　우리 학교 현장에서는 난독증, 학습부진 및 학습장애뿐만 아니라 다양한 문화·경제·언어 특성과 같은 요인들로 인하여 학습에 어려움을 겪는 교육사각지대 학생들이 여전히 존재하고 있습니다. 이에 따라 학습에 어려움을 보이는 학습자들을 정확하게 진단하고, 적절한 교육적 지원의 필요성이 대두됩니다.

　많은 교사와 상담자가 노력하고 있지만, 모든 학습자의 개별적인 수행 수준에 맞추어 탄력적으로 수업을 진행하기는 어려운 것이 현실이며, 개별 학습자에게 가장 효과적인 교수 방법을 찾는 일 또한 이상적으로 여겨집니다. 이에 BASA와 함께하는『수학 나침반』시리즈는 초기수학부터 연산과 문장제와 같이 수학 영역에서 심각한 어려움을 겪는 학습자들의 현재 수행 수준과 발달 패턴을 살펴보면서 개별화 교육이 가능하도록 연구 작업을 통하여 개발되고 수정되었습니다. 이 시리즈는 기초학습기능 수행평가체제(Basic Academic Skills Assessment: BASA)에 맞추어 각각 초기수학, 수학 연산, 수학 문장제 검사의 결과에 따라 추가적인 중재가 필요한 학습자에 초점을 맞추고 있습니다.

　『수학 나침반』시리즈는 찬찬히 꼼꼼하게 공부하는 학습자를 먼저 생각하여 교과서 및 다양한 학습자료를 기반으로 개별화 학습이 가능하도록 하였습니다. 학습자가 의미 있는 증거기반 중재 탐색의 기회에 지속적으로 참여하면서 자신의 눈높이에서 배우고 즐기기를 진심으로 기대합니다.

　이 책을 내놓기까지 매우 많은 분의 도움이 있었습니다. 한국연구재단의 SSK 연구를 기반으로 경기도 난독증 우수 중재프로그램과 시흥시 새라배움 프로젝트를 통하여 직접 현장에서 개별화 교육프로그램을 운영해 온 서울대학교 특수교육연구소 연구원들과 정성 어린 손길로 책을 만들어 준 학지사 임직원 여러분께 진심으로 고마운 마음을 전합니다. 특히 교육 프로그램에 참여하여 우리에게 귀한 배움의 기회를 제공해 준 여러 현장 교사와 상담자를 기억하고자 합니다.

2020년 7월

서울대학교 교육종합연구원 특수교육연구소(SNU SERI) 소장

오름 김 동 일

1. 수학 연산이란

　초등학교 수학 교육과정 '수와 연산' 영역에서는 자연수, 분수, 소수의 개념과 사칙연산을 다루고 있습니다. 수는 수학에서 다루는 가장 기본적인 개념으로 실생활뿐만 아니라 타 교과나 도형, 측정, 규칙성 등 수학의 다양한 영역을 학습하는 데 필수적입니다. 또한 사칙계산인 덧셈, 뺄셈, 곱셈, 나눗셈은 수학 학습에서 습득해야 할 가장 기본적인 기능이며 이후 학습을 위한 기초가 됩니다(교육부, 2018). 이 워크북에서는 초등학교 3학년 수준의 자연수 사칙연산을 범위로 내용을 구성하였습니다.

2. 수학 연산 학습의 선행 요건

(1) 수 세기

　아동은 초등학교에 입학하기 전부터 덧셈, 뺄셈, 곱셈, 나눗셈을 포함하는 문제를 해결하기 위해 수 세기를 사용합니다(Baroody & Standifer, 1993). 충분한 시간이 주어진다면 자연수를 다루는 문제는 수 세기를 통해서 풀 수 있을지도 모릅니다. 그러나 수 세기를 통해 문제를 풀 만큼 시간적 여유가 없는 경우가 많기에 보다 어려운 계산을 해낼 수 있는 방법과 효율적인 연산을 사용할 수 있어야 합니다. 한편, 수 세기는 아동이 연산을 다루는 초기 활동의 통합적인 면이 되는데 앞으로 세고, 거꾸로 세며, 2씩, 3씩, 여러 방법으로 세는 방법을 알아야 합니다. 또한 묶음과 배열을 비교하고 분석하면서 수 세기를 할 필요가 있습니다.

(2) 구체적인 경험

　아동은 실생활에서 연산에 대해 이해를 발달시키기 위한 구체물을 다루어 볼 필요가 있습니다. 아동은 수학 기호를 자신이 겪었거나 볼 수 있는 경험과 관련시킴으로써 보다 쉽게 이해할 수 있을 것입니다. 사칙연산 구구를 의미 있는 상황 속에서 경험해 보지 못하면 의미 있게 배울 수 없습니다. 아동이 문제의 답이 맞는지 알고 싶을 때 조작물의 사용은 확신을 갖도록 도와줄 수 있습니다.

(3) 문제 상황

다른 수학 내용과 마찬가지로, 문제해결 상황이 도입 단계뿐만 아니라 숙달을 위한 연습 이전까지 계속 사용되어야 합니다. 결국 수학은 우리 생활에 적용되는 하나의 도구이기 때문입니다.

(4) 언어적 능력

아동은 수학에 대해 이야기로 표현하고 싶어 하며 의미를 발달시키는 경험을 언어로 나타내 보일 필요가 있습니다. 언어적 능력은 연산과 구구법에 대한 수업의 모든 초기 단계에서 그것을 습득하는 데 중요합니다. 종종 기호로의 전환이 너무 빨리 이루어지고 있으며 구체물의 사용이 너무 일찍 중단되고 있습니다. 구체물의 사용이 우선시되어야 하며, 기호의 사용과 병행되어야 합니다. 기호를 쓰는 일은 구체물이 충분히 다루어진 후 이루어져야 합니다.

3. 수학 연산의 효과적인 지도 방법

많은 연구자는 수학 학습에 어려움이 있는 학생들의 수학적 능력을 향상시키는 데 효과가 입증된 중재를 증거기반 중재(Evidence-Based Intervention: EBI)라 정의하고, 다양한 수학 중재의 특성과 결과 그리고 그 중재들의 효과 크기를 분석하여 증거기반 중재를 찾고자 하였습니다(김동일, 이대식, 신종호, 2016). 손승현 등(2011)에 따르면, 덧셈과 뺄셈, 곱셈과 나눗셈의 식과 답을 망설이지 않고 작성하는 능력은 사실적 지식에 해당하는 것으로, 이러한 수와 연산 영역에서 사실적 지식을 가르치는 데 효과성이 높은 중재는 직접교수, 놀이 활동, 또래교수로 나타났습니다. 간단한 연산 문제뿐 아니라 실제 상황에서 접할 수 있는 수학 문제를 해결하기 위한 지식은 절차적 지식으로, 이를 가르치는 데 효과적인 중재는 인지·메타인지 전략, 수학 문제 만들기 활동 그리고 도식기반 표상 전략으로 나타났습니다. 이 워크북은 이러한 효과적인 지도 방법들을 바탕으로 활동을 구성하였습니다.

 ## 4. RTI 교수법

RTI(Response-to-Intervention, 중재반응모형)는 2001년부터 학습장애 판별을 위해 새롭게 적용된 모델입니다. 1수준은 정규 수업시간 모든 일반 아동을 대상으로 실시하는 대집단 교수(약 20~30명)로, 진전도를 점검하여 지속적인 어려움을 보이는 아동을 선별한 후, 2수준 교수를 받도록 합니다. 2수준은 소집단 교수(약 5~7명)로, 보다 집중적으로 교육받을 수 있는 환경과 교재가 제공됩니다. 2수준에서 충분한 교수를 받았음에도 여전히 진전이 없는 아동은 3수준 교수를 받도록 합니다. 3수준 교수는 일대일 교수를 제공하도록 권고되며, 아동의 수준에 맞게 개별적으로 설계된 강도 높은 중재를 제공합니다. 이 교재는 2수준 또는 3수준 교수가 필요한 아동을 대상으로 교사와 아동의 소집단 또는 일대일 수업을 진행하는 데 효과적으로 활용할 수 있도록 제작되었으며, 아동의 개별적인 특성과 수준에 맞는 학습을 계획하고 진행해 나갈 수 있도록 1단계 수, 2단계 덧셈과 뺄셈, 3단계 곱셈, 4단계 나눗셈으로 구성되어 있습니다.

5. 수학 연산편 단계별 소개

1단계 수 (25차시)	2단계 덧셈과 뺄셈 (15차시)	3단계 곱셈 (21차시)	4단계 나눗셈 (12차시)
• 1~9까지 수와 0 알기 • 두 자리 수 알기 • 세 자리 수 알기 • 네 자리 수 알기	• 한 자리 수의 덧셈과 뺄셈 • 두 자리 수의 덧셈과 뺄셈 • 세 자리 수의 덧셈과 뺄셈	• 곱셈구구 • 두 자리 수와 한 자리 수의 곱셈 • 세 자리 수와 한 자리 수의 곱셈 • 두 자리 수와 두 자리 수의 곱셈	• 나눗셈식으로 나타내기 • 곱셈과 나눗셈의 관계 알기 • 두 자리 수와 한 자리 수의 나눗셈 • 나머지가 있는 나눗셈의 검산

〈참고문헌〉

교육부(2018). 교사용 지도서: 수학 3-1. 수학 3-2.

김동일, 이대식, 신종호(2016). DSM-5에 기반한 학습장애아동의 이해와 교육. 서울: 학지사.

손승현, 이주영, 문주영, 서유진(2011). 증거기반 중재 구축을 위한 초등수학 중재연구의 질 분석. 특수아동교육연구, 13(1), 291-321.

Baroody, A. J., & Standifer, D. J. (1993). Addition and subtraction in the primary grades. *Research ideas for the classroom: Early childhood mathematics*, 72-102.

교사 활용 팁

1. 수학 연산편 활용 팁

하나, 워크북을 시작하기 전 '기초학습기능 수행평가체제(BASA) 수학'을 활용하여 현재 수행 수준을 평가하고, 기초선을 확인하여 앞으로의 학습목표를 설정합니다. 현재 수행 수준에 알맞은 단계를 선택하여 학습을 진행합니다. 단계를 순서대로 진행하거나 필요에 따라 동시에 여러 단계를 진행할 수도 있습니다.

둘, 워크북은 크게 매 차시 교사와 함께하는 활동과 스스로 하는 활동으로 나뉘어 구성되어 있습니다. 교사와 함께하는 활동에서는 아동의 학습 흥미를 유발하고 이해를 돕기 위해 다양한 교구를 활용할 수 있으며, 스스로 하는 활동에서는 교사와 함께 학습한 내용을 충분히 습득하였는지 확인하도록 합니다.

셋, 워크북에서는 매 차시 마무리 활동으로 놀이 활동을 제시하여 수학에 흥미를 느끼며 학습한 내용을 반복할 수 있는 기회를 제공합니다. 제시된 놀이 활동뿐만 아니라 각 단계 개관에 제시된 보드게임이나 학습용 애플리케이션을 활용하여 학습한 내용을 생활 속에서 반복적으로 익힐 수 있도록 합니다.

넷, 워크북에 제시된 내용은 초등학교 수학 교육과정(수학 교과서와 수학 익힘책)을 바탕으로 기본적인 내용을 중심으로 구성하였습니다. 보충이나 심화 학습을 하고자 한다면 교과서나 다른 자료를 활용할 수 있습니다.

다섯, 2~3주 간격으로 '기초학습기능 수행평가체제(BASA) 수학'을 활용하여 진전도를 확인합니다. 아동의 학습속도가 예상목표보다 느리거나 빠를 경우 학습목표나 학습방법을 수정할 수 있습니다.

2. 구성과 특징

이 워크북은 수, 덧셈과 뺄셈, 곱셈, 나눗셈의 4단계로 구성되어 있으며, 기본적인 자연수 연산이 확립되는 초등학교 3학년 수준까지의 연산을 다루고 있습니다. 단계별 각 차시는 직접 교수 모형을 토대로,

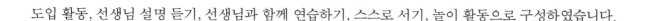

도입 활동, 선생님 설명 듣기, 선생님과 함께 연습하기, 스스로 서기, 놀이 활동으로 구성하였습니다.

도입 활동

생활 속에서 연산과 관련한 문제 상황을 제시하여 수학의 가치와 필요성을 인식하고 흥미를 유발하고자 하였습니다. 그리고 학습자 스스로 해결 방법에 대해 생각해 보도록 하는 기회를 제공하며, 어림셈 등의 수 감각을 익히는 활동을 제시하였습니다. 수업 시작 시 도입 활동을 하기에 앞서 지난 시간에 배운 내용을 복습하고 시작하도록 합니다.

선생님 설명 듣기

교사가 직접적으로 실물이나 구체적인 모형을 사용하여 수학적 개념이나 연산 방법을 시범해 보이고 제시합니다. 이와 함께 학생이 개념이나 알고리즘을 기계적으로 받아들이도록 하는 것이 아니라, 수의 감각을 발달시킬 수 있도록 연결큐브나 베이스텐과 같은 수 모형을 학생이 직접 조작해 보는 경험을 반복적으로 한 후에 설명을 제시하는 것이 좋습니다.

선생님과 함께 연습하기

교사의 주도적 설명 이후, 학생이 학습과정에 점차적으로 주도권을 가지고 참여하도록 합니다. 학생은 교사의 안내하에 수학적 개념이나 기능을 연습합니다. 교사는 학생의 반응을 살피며 질문, 피드백 등을 제공하면서 학습내용을 정확하게 습득할 수 있도록 돕습니다.

스스로 서기

스스로 서기는 선생님과 함께 연습하기 활동을 통해서 학습한 내용을 복습할 수 있는 기본적인 문제로 구성하였습니다. 매 차시 학습내용에 대한 형성평가로서, 학습목표 달성 여부를 파악합니다. 평가 결과, 정답률이 80%에 미치지 못한다면 재학습의 기회가 제공되어야 합니다.

놀이 활동

매 차시 마지막 부분에 제시된 놀이 활동을 통해서 학습내용을 혼자 또는 짝과 함께 즐겁게 연습하며 다질 수 있도록 하였습니다. 놀이 활동을 위해서는 색연필, 주사위, 계산기 등의 준비물이 필요합니다.

차례

단계
02

덧셈과
뺄셈

단계

01

수

1. 개관

    1단계 '수'는 기초적인 수의 개념과 자리의 수를 익히는 단계이다. 1~6차시에서는 한 자리 수인 9까지의 수와 0의 개념, 7~11차시에서는 두 자리 수인 10부터 50까지의 수, 12~16차시에서는 100까지의 수, 17~21차시에서는 100~999의 세 자리 수 개념, 22~25차시에서는 1,000~9,999의 네 자리 수 개념에 대해 익힌다. 이러한 수의 개념과 자리의 수는 일상생활에서 꼭 필요한 것이며, 사칙연산과 그보다 더 높은 수준의 수학 학습을 위한 기초가 되므로 반복 학습을 통해 자연스러우면서도 명확하게 익힐 필요가 있다. 따라서 이 교재는 명확한 개념 확립과 충분한 연습을 위하여 매우 세부적으로 단계를 나누어 학습자의 수준에 맞는 학습내용을 선택할 수 있고, 다양한 활동을 통해 학습자가 쉽고 재미있게 학습할 수 있도록 구성하였다.

2. 차시 구성

차시		차시명	학습목표
1	9까지 수	수 세기	사물의 수를 9까지 셀 수 있다.
2		1~9 알기	1~9의 수 개념을 알고 숫자 1~9로 나타내고 읽고 쓸 수 있다.
3		0 알기	0의 수 개념을 알고 숫자 0으로 나타내고 읽고 쓸 수 있다.
4		수의 순서	수 0~9의 순서를 이해하고, 순서를 수로 나타낼 수 있다.
5		1 큰 수/1 작은 수	1 큰 수, 1 작은 수를 말하고 쓸 수 있다.
6		크기 비교	9까지의 두 수의 크기를 비교할 수 있다.
7	50까지 수	10 알기	10의 의미를 알고 읽고 쓸 수 있다.
8		10~19 모으기/가르기	10~19의 수를 (10+낱개)로 모으고 가를 수 있다.
9		10~50 알기	10~50의 수를 10개씩 묶음과 낱개로 나타내고 읽고 쓸 수 있다.
10		수의 순서	50까지 수의 순서를 알 수 있다.
11		크기 비교	50까지 수의 크기를 비교할 수 있다.
12	100까지 수	99까지 수 알기	99까지 수를 10개씩 묶음과 낱개로 나타내고 읽고 쓸 수 있다.
13		100 알기	99보다 1 큰 수가 100이라는 것을 알고 읽고 쓸 수 있다.
14		수의 순서	100까지 수의 순서를 알 수 있다.

15	100까지 수	크기 비교	100까지 수의 크기를 비교할 수 있다.
16		10씩 뛰어 세기/묶기	10씩 뛰어 세고, 몇 묶음인지 세어 100을 이해하여 읽고 쓸 수 있다.
17	세 자리 수	몇백 알기	100이 몇이면 몇백이 됨을 이해하여 읽고 쓸 수 있다.
18		수의 구성	세 자리 수는 100이 몇, 10이 몇, 1이 몇으로 구성됨을 이해하여 세 자리 수를 읽고 쓸 수 있다.
19		자릿수 알기	세 자리 수는 백, 십, 일의 자릿수를 가지고 있음을 알고, 각 자리의 숫자가 나타내는 값을 이해할 수 있다.
20		뛰어 세기	1씩, 10씩, 100씩 뛰어 세기를 통해 세 자리 수의 계열을 익히고, 999보다 1 큰 수가 1,000임을 이해할 수 있다.
21		크기 비교	세 자리 수의 크기를 비교할 수 있다.
22	네 자리 수	천/몇천/수의 구성	천, 몇천, 네 자리 수를 이해하여 읽고 쓸 수 있다.
23		자릿수 알기	네 자리 수의 자리와 자릿값, 각 자리의 숫자가 나타내는 값을 이해할 수 있다.
24		뛰어 세기	네 자리 수의 계열을 알고 뛰어 셀 수 있다.
25		크기 비교	네 자리 수의 크기를 비교할 수 있다.

3. 지도 방법

- 새로 배우는 개념은 직접 교수를 통해 명확한 개념 이해와 확립을 돕는다.
- 구체물/반구체물을 사용하여 학생이 직접 반복적으로 조작하며 수의 개념을 이해할 수 있게 한다.
- 같은 표상을 반복적으로 활용하여 수 개념의 명확한 확립과 조작활동의 수월성을 높인다.
- 재미있는 놀이나 활동을 통해 자연스럽게 수를 익히고 크기 비교를 할 수 있게 한다.

4. 지도 시 유의사항

- 본시 학습에 앞서 학습목표를 확인하여 무엇을 배울지 분명히 알고 시작할 수 있게 한다.
- 새로 배우는 개념의 교수에서 다양한 예를 제시하여 반복 학습할 수 있게 한다.
- 학생의 수준에 맞는 차시를 선택하여 지도할 수 있으며, 본시 학습이 어려울 경우 거꾸로 돌아가서 필요한 차시를 복습하게 한다.

5. 평가

- 매 차시 '스스로 서기'에서 제시된 문제를 활용하여 해당 차시에 학습한 내용에 대해 평가한다.
- 매 차시 '놀이 활동'을 통해 즐겁게 놀이하며 평가하는 과정을 갖고, 자신이 아는 것과 모르는 것을 분명히 인지할 수 있도록 하여 자기 주도적으로 학습할 수 있게 한다.
- 매 차시별 평가 결과를 통해 다음 차시의 학습내용을 선택함으로써 평가와 교수가 유기적이고 순환적으로 연계되도록 한다.
- 2~3주 간격으로 BASA 수학을 활용하여 연산 유창성(속도와 정확도)을 평가한다.

6. 지도 시 참고자료

- 애플리케이션
- 보드게임

7. 참고문헌

교육부(2015). 교사용지도서: 수학 1-1, 1-2, 2-1, 2-2, 3-1, 3-2

01 차시 (9까지 수) 수 세기

📖 **학습목표** • 사물의 수를 9까지 셀 수 있다.

👆 도입: 수가 뭘까? 수는 왜 필요할까?

◆ 그림을 보고 설명해 보아요.

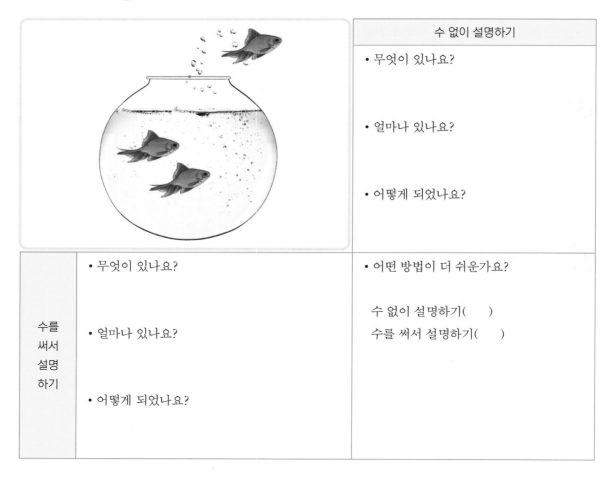

		수 없이 설명하기
		• 무엇이 있나요?
		• 얼마나 있나요?
		• 어떻게 되었나요?
수를 써서 설명 하기	• 무엇이 있나요? • 얼마나 있나요? • 어떻게 되었나요?	• 어떤 방법이 더 쉬운가요? 수 없이 설명하기( ) 수를 써서 설명하기( )

○ 수 없이 설명할 때 어떤 생각이 들었나요?

_____

○ 우리는 왜 수를 배울까요?

_____

활동 1: 선생님 설명 듣기

◆ 몇 개인가요? ☆의 수를 세고 몇 개인지 말하고, 글자로 써 보아요.

☆	하나	별 ( )개
	한(단위)	
☆ ☆	둘	별 ( )개
	두(단위)	
☆ ☆ ☆	셋	별 ( )개
	세(단위)	
☆ ☆ ☆ ☆	넷	별 ( )개
	네(단위)	
☆ ☆ ☆ ☆ ☆	다섯	별 ( )개
	다섯(단위)	
☆ ☆ ☆ ☆ ☆ ☆	여섯	별 ( )개
	여섯(단위)	
☆ ☆ ☆ ☆ ☆ ☆ ☆	일곱	별 ( )개
	일곱(단위)	
☆ ☆ ☆ ☆ ☆ ☆ ☆ ☆	여덟	별 ( )개
	여덟(단위)	
☆ ☆ ☆ ☆ ☆ ☆ ☆ ☆ ☆	아홉	별 ( )개
	아홉(단위)	

○ 연습해 볼까요? 읽으면서 따라 써 보아요.

하나	둘	셋	넷	다섯	여섯	일곱	여덟	아홉
하나								

🔢 활동 2: 선생님 설명 듣기

1. 수를 세는 말을 읽고 ○를 그려요.

하나	○
한(단위)	
둘	
두(단위)	
셋	
세(단위)	
넷	○ ○ ○ ○
네(단위)	
다섯	
다섯(단위)	
여섯	
여섯(단위)	
일곱	
일곱(단위)	
여덟	○ ○ ○ ○ ○ ○ ○ ○
여덟(단위)	
아홉	
아홉(단위)	

2. 같은 수도 상황에 따라 다르게 읽어요. 알맞은 단위를 골라 써 보아요.

	자동차 네 ( )
	사과 네 ( )
	연필 네 ( )
	꽃 네 ( )
	고양이 네 ( )

개	대	송이	마리	자루

👥 활동 3: 선생님과 함께 연습하기

1. 점의 수를 세고, 빈칸에 알맞은 말을 넣어 보아요.

점									말	단위
●									하나	한 (개)
●	●									(개)
●	●	●							셋	(개)
●	●	●	●							(개)
●	●	●	●	●					다섯	(개)
●	●	●	●	●	●				여섯	(개)
●	●	●	●	●	●	●				(개)
●	●	●	●	●	●	●	●			여덟 (개)
●	●	●	●	●	●	●	●	●	아홉	(개)

2. 알맞게 색칠해 보아요.

셋	●●●○○○○○○
일곱	○○○○○○○○○
넷	○○○○○○○○○
여덟	○○○○○○○○○
둘	○○○○○○○○○
아홉	○○○○○○○○○
하나	○○○○○○○○○
다섯	○○○○○○○○○

활동 4: 스스로 서기

◆ 아래의 문제들을 풀면서 얼마나 아는지 확인해 보아요.

1. ♥의 수를 세면서 알맞은 말을 써 보아요.

♥	♥ ♥ ♥	♥ ♥ ♥ ♥ ♥ ♥	♥ ♥	♥ ♥ ♥ ♥ ♥	♥ ♥ ♥ ♥ ♥ ♥ ♥ ♥ ♥	♥ ♥ ♥ ♥ ♥ ♥ ♥ ♥	♥ ♥	♥ ♥ ♥ ♥ ♥ ♥ ♥
하나								

2. 알맞게 이어 보아요.

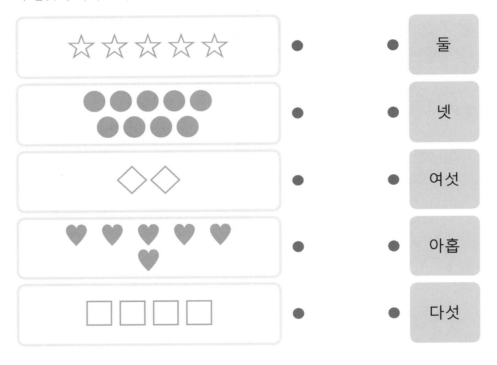

☆ ☆ ☆ ☆ ☆ ●   ● 둘

●●●●● ●   ● 넷
●●●

◇ ◇ ●   ● 여섯

♥ ♥ ♥ ♥ ♥ ●   ● 아홉
♥

□ □ □ □ ●   ● 다섯

3. 다음을 읽고 그림으로 나타내어 보아요.

① 큰 접시가 한 개 있습니다.
② 그 접시에는 사과가 세 개,
③ 딸기가 다섯 개 담겨 있습니다.
④ 접시 옆에는 포크가 두 개 놓여 있습니다.

📚 정리

◆ 9까지 수 세기

하나	둘	셋	넷	다섯	여섯	일곱	여덟	아홉
한(개)	두(개)	세(개)	네(개)	다섯(개)	여섯(개)	일곱(개)	여덟(개)	아홉(개)

🐴 놀이 활동

◆ 점 카드 〈부록〉 10틀 / 점 카드 1, 2

1. 점을 10틀에 올리기

2. 점 카드 빨리 집기

　(10틀에 넣기도 좋아요.)

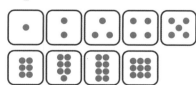

◆ 빠르게 세기 〈부록〉 주사위

1. 빠르게 세기-그림

　(점 카드를 이용해도 좋아요.)

2. 빠르게 세기-주사위 점 개수

　① 주사위 1개로~

　② 주사위 2개로~

02 차시 (9까지 수) 1~9 알기

📖 **학습목표** • 1~9의 수 개념을 알고 숫자 1~9로 나타내고 읽고 쓸 수 있다.

👆 도입: 사물의 개수를 나타내는 다른 방법은 없을까?

앞 차시에서 배운 대로 수 세기
• 무엇이 있나요?
– 남학생
–
–
–
–
–
• 얼마나 있나요?
– 남학생 (   ) 명
– 여학생 (   ) 명
– 칠판 (   ) 개
– 책상 (   ) 개
– 의자 (   ) 개
– 태극기 (   ) 개

○ 앞 차시에서 배운 대로 수 세기를 했을 때 불편한 점은 없었나요?

_____

○ 사물의 개수를 나타내는 (더 쉬운) 다른 방법은 없을까요? 이미 알고 있는 방법이 있다면 어떤 것인가요?

_____

활동 1: 선생님 설명 듣기

◆ 점의 수를 세고, 수를 읽고 써 보아요.

●	하나 일	1	1	1	1	1
● ●	둘 이	2	2	2	2	2
● ● ●	셋 삼	3	3	3	3	3
● ● ● ●	넷 사	4	4	4	4	4
● ● ● ● ●	다섯 오	5	5	5	5	5
● ● ● ● ● ●	여섯 육	6	6	6	6	6
● ● ● ● ● ● ●	일곱 칠	7	7	7	7	7
● ● ● ● ● ● ● ●	여덟 팔	8	8	8	8	8
● ● ● ● ● ● ● ● ●	아홉 구	9	9	9	9	9

○ 연습해 볼까요? 읽으면서 빈칸에 알맞은 수를 써 보아요.

하나	둘	셋	넷	다섯	여섯	일곱	여덟	아홉
일	이	삼	사	오	육	칠	팔	구
1					6			

📱 **활동 2: 선생님 설명 듣기**

1. 점의 수를 세고, ☐ 안에 알맞은 수를 써 보아요.

									1	1	1	1	1
●									2	2	2	2	2
●	●												
●	●	●											
●	●	●	●										
●	●	●	●	●									
●	●	●	●	●	●								
●	●	●	●	●	●	●							
●	●	●	●	●	●	●	●						
●	●	●	●	●	●	●	●	●					

2. 수를 읽고, ⚫를 그려요.

1 (　　)	○
2 이	
3 (　　)	○ ○ ○
4 사	
5 (　　)	○ ○ ○ ○ ○
6 육	
7 (　　)	
8 팔	
9 (　　)	

1. 막대를 이룬 칸을 세어 아래에 알맞은 수를 써 보아요.

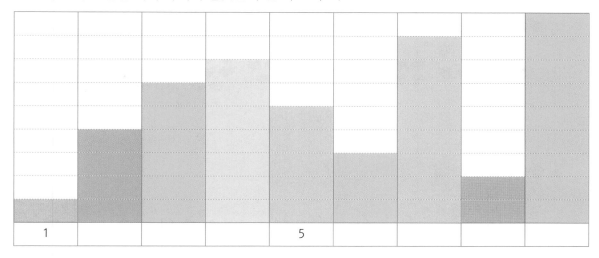

1				5				

2. 알맞게 색칠해 보아요.

5	●●●●●○○○○
9	○○○○○○○○○
1	○○○○○○○○○
3	○○○○○○○○○
7	○○○○○○○○○
4	○○○○○○○○○
8	○○○○○○○○○
2	○○○○○○○○○

 활동 4: 스스로 서기

◆ 아래의 문제들을 풀면서 얼마나 아는지 확인해 보아요.

1. ♥의 수를 세면서 알맞은 말을 써 보아요.

♥	♥♥♥	♥♥♥	♥♥	♥♥♥♥	♥♥♥♥♥	♥♥♥♥♥♥	♥♥♥	♥♥♥♥♥♥♥
1								

2. 알맞게 이어 보아요.

3. 다음을 읽고 칸 안에 알맞은 수를 써 보아요.

◀ 왼쪽, 가장 위: 사
  왼쪽, 중간: 팔
  왼쪽, 가장 아래: 이
▶ 오른쪽, 가장 위: 칠
  오른쪽, 중간: 오
  오른쪽, 가장 아래: 삼
■ 가운데, 가장 위: 일
  가운데, 중간: 육
  가운데, 가장 아래: 구

→

		7
	6	
2		

정리

◆ 1부터 9까지 수 알기

1	2	3	4	5	6	7	8	9
일	이	삼	사	오	육	칠	팔	구
하나	둘	셋	넷	다섯	여섯	일곱	여덟	아홉

놀이 활동

◆ 수 카드/점 카드 〈부록〉 10틀 / 1~9 수 카드 / 점 카드 2

1. 수 카드 빨리 집기

(10틀에 넣어도 좋아요.)

1			

⬆

1	2	3	4	5

6	7	8	9

2. 점 카드-수 카드 짝짓기

⠒ ----- 2

◆ 빠르게 세기 〈부록〉 수 카드 / 주사위

1. 빠르게 세기-그림

① 말로 답하기
② 수 카드 빨리 집기

2. 빠르게 세기-주사위 점 개수

① 주사위 1개로~

② 주사위 2개로~

03차시 (9까지 수) 0 알기

📖 **학습목표** • 0의 수 개념을 알고 숫자 0으로 나타내고 읽고 쓸 수 있다.

👆 도입: '아무것도 없는 것'은 수로 어떻게 나타낼까요?

◆ 각 모양의 개수를 세어서 알맞은 숫자로 나타내어 보아요.

☆	♥	▲	○	♣	◇	◉	●	◆	★

○ ★ 모양은 몇 개인가요?

_____

○ '아무것도 없는 것'은 수로 어떻게 나타낼 수 있을까요?

_____

활동 1: 선생님 설명 듣기

앞의 도입에서 ★은 몇 개였나요?

찾지 못했다고요? 그렇다면 잘한 거예요. 왜냐하면 ★은 없기 때문이죠.

이렇게 '아무것도 없는 것'을 표현하는 수는 무엇일까요?

바로 '0(영)'이에요. '0'이라 쓰고, '영'이라 읽어요.

다섯 번씩 따라 쓰고 읽어 보아요.

아무것도 없는 것	0	영

활동 2: 선생님과 함께 연습하기

○ 그림을 보고 알맞은 수를 써넣어 보아요.

♥	♥	♥	♥	♥	♥	♥	♥	♥

○ 한 번 더 해 보아요.

♥	♥	♥	♥	♥	♥	♥	♥	♥

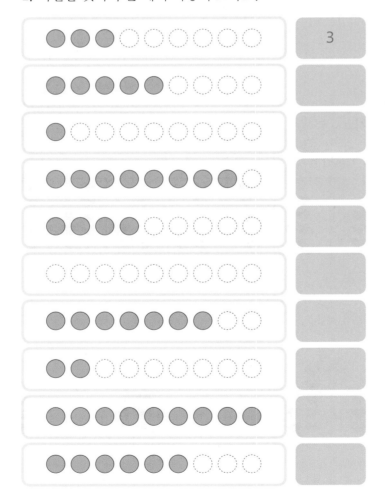

활동 3: 선생님과 함께 연습하기

1. 나머지 셋과 다른 하나를 찾아 ○해 보아요.

일곱	7	다섯	칠
1	하나	일	셋
여섯	팔	여덟	8
없다	구	0	영
셋	영	3	삼
오	사	다섯	5
셋	4	사	넷

2. 색칠한 것의 수를 세어 써넣어 보아요.

활동 4: 스스로 서기

◆ 아래의 문제들을 풀면서 얼마나 아는지 확인해 보아요.

1. 다음 수만큼 세어서 □로 묶어 보아요.

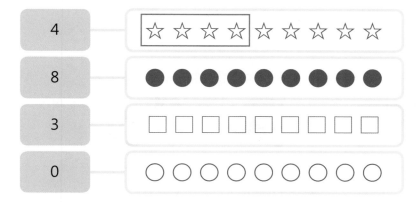

2. □로 묶은 것의 수를 세어 써넣어 보아요.

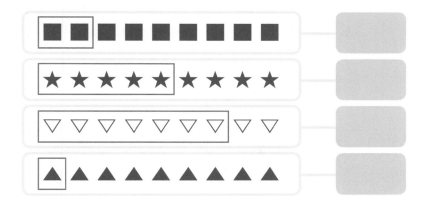

정리

◆ 수 '0' 알기

0	1	2	3	4	5	6	7	8	9
영	일	이	삼	사	오	육	칠	팔	구

'아무것도 없는 것'을 '0'이라고 쓰고, '영'이라고 읽어요.

04차시 (9까지 수) 수의 순서

📖 **학습목표** • 수 0~9의 순서를 이해하고, 순서를 수로 나타낼 수 있다.

👆 도입: 어디 있나요?

◆ 그림을 보고 설명해 보아요.

• 무엇이 있나요?				
• 그림을 보지 않고 있는 사람에게 각 동물의 위치를 설명해 보아요. (순서를 나타내는 말을 사용하지 않고)				
말은				
고양이는				
토끼는				
개는				
거북은				
• 그림을 보지 않고 있는 사람에게 각 동물들의 위치를 설명해 보아요. (순서를 나타내는 말을 사용하여)				

○ 순서를 나타내는 말을 사용하지 않고 설명할 때 어떤 생각이 들었나요?

_____

○ 순서를 나타내는 말을 사용했을 때는 어땠나요?

_____

활동 1: 선생님 설명 듣기

○ 순서를 나타내는 말(몇째)을 알아볼까요?

| 아홉째 | 여덟째 | 일곱째 | 여섯째 | 다섯째 | 넷째 | 셋째 | 둘째 | 첫째 |
| (9) | (8) | (7) | (6) | (5) | (4) | (3) | (2) | (1) |

따라 써 보아요!

아홉째	여덟째	일곱째	여섯째	다섯째	넷째	셋째	둘째	첫째

○ 더 연습해 볼까요? 빈칸에 알맞은 수/글자를 써 보아요.

1		3	4		6		8	
첫째	둘째		넷째	다섯째		일곱째		아홉째

활동 2: 선생님 설명 듣기

○ 수의 순서를 알아볼까요? 읽고, 따라 써 보아요.

0	→	1	→	2	→	3	→	4	→	5	→	6	→	7	→	8	→	9
( )	→	( )	→	( )	→	( )	→	( )	→	( )	→	( )	→	( )	→	( )	→	( )

○ 연습해 볼까요? 빈칸에 알맞은 수를 써 보아요.

0	→	1	→	2	→	( )	→	4	→	5	→	( )	→	7	→	( )	→	( )
( )	→	1	→	( )	→	( )	→	( )	→	5	→	( )	→	7	→	( )	→	9
0	→	( )	→	( )	→	3	→	( )	→	( )	→	6	→	( )	→	8	→	( )

활동 3: 선생님과 함께 연습하기

1. 기준을 넣어 순서 말하기: 알맞은 말에 ○표 해 보아요.

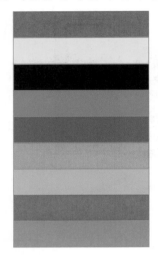

(1) 보라색은 위에서 (셋째, 다섯째) 입니다.

(2) 연두색은 아래에서 (일곱째, 셋째) 입니다.

(3) 검은색은 위에서 (셋째, 다섯째) 입니다.

(4) 아래에서 넷째는 (노란색, 주황색) 입니다.

(5) 위에서 넷째는 (분홍색, 초록색) 입니다.

2. 순서를 거꾸로 하여 수를 읽고, 써 보아요.

9	→	8	→	7	→	6	→	5	→	4	→	3	→	2	→	1	→	0
( )	→	( )	→	( )	→	( )	→	( )	→	( )	→	( )	→	( )	→	( )	→	( )

○ 연습해 볼까요? 빈칸에 알맞은 수를 써 보아요.

9	→	8	→	( )	→	6	→	5	→	( )	→	3	→	( )	→	( )	→	0
( )	→	7	→	6	→	( )	→	4	→	( )	→	2	→	( )	→	( )		
( )	→	8	→	( )	→	( )	→	5	→	( )	→	3	→	( )				
6	→	5	→	( )	→	( )	→	2	→	1	→	( )						
9	→	( )	→	7	→	( )	→	5	→	( )								
9	→	( )	→	( )	→	( )	→	5	→	( )	→	( )	→	( )	→	( )	→	( )

활동 4: 스스로 서기

◆ 아래의 문제들을 풀면서 얼마나 아는지 확인해 보아요.

1. 알맞게 색칠해 보아요. (기준: 왼쪽)

셋째	○ ○ ● ○ ○ ○ ○ ○ ○
일곱째	○ ○ ○ ○ ○ ○ ○ ○ ○
넷째	○ ○ ○ ○ ○ ○ ○ ○ ○
여덟째	○ ○ ○ ○ ○ ○ ○ ○ ○
둘째	○ ○ ○ ○ ○ ○ ○ ○ ○

2. 수를 순서대로 이어 보세요.

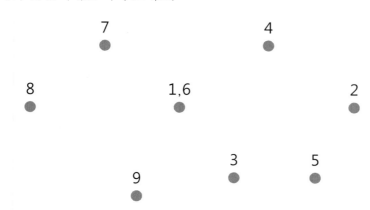

7 ●   4 ●

8 ●   1,6 ●   2 ●

                3 ●   5 ●
    9 ●

3. 다음을 읽고 그림으로 나타내어 보아요.

① 위에서 둘째 칸에 ○ 그리기
② 아래에서 첫째 칸에 △ 그리기
③ 아래에서 넷째 칸에 □ 그리기
④ 위에서 셋째 칸에 ♡ 그리기

→

| |
| |
| ♡ |
| |

정리

◆ 0~9까지 수 순서/순서 나타내는 말(몇째) 알기

0	1	2	3	4	5	6	7	8	9
×	첫째	둘째	셋째	넷째	다섯째	여섯째	일곱째	여덟째	아홉째

놀이 활동

◆ 주사위 놀이 〈부록〉 10틀-1 / 점 카드 1 / 주사위 2개

주사위 1개 또는 2개를 던져 나오는 수를 세어 10틀의 해당 칸에 점 올리기

05차시 (9까지 수) 1 큰 수/1 작은 수

📖 **학습목표** • 1 큰 수, 1 작은 수를 말하고 쓸 수 있다.

👆 도입: 1 큰 수? 1 작은 수?

◆ 그림을 보고 수들의 관계를 알아보아요.

○ 개수	0 (없다)	→	1	→	2	→	3	→	4	→	5	→	6	→	7	→	8	→	9
1			○		○		○		○		○		○		○		○		○
2					●		○		○		○		○		○		○		○
3							●		○		○		○		○		○		○
4									●		○		○		○		○		○
5											●		○		○		○		○
6													●		○		○		○
7															●		○		○
8																	●		○
9																			●

○ 0에서 1이 될 때, ○가 몇 개 늘었나요? (   )개

○ 1에서 2가 될 때, ○가 몇 개 늘었나요? (   )개

○ 7에서 8이 될 때, ○가 몇 개 늘었나요? (   )개

○ 8에서 9가 될 때, ○가 몇 개 늘었나요? (   )개

○ 1에서 0이 될 때, ○가 몇 개 줄었나요? (   )개

○ 2에서 1이 될 때, ○가 몇 개 줄었나요? (   )개

○ 8에서 7이 될 때, ○가 몇 개 줄었나요? (   )개

○ 9에서 8이 될 때, ○가 몇 개 줄었나요? (   )개

○ | 0 → 1 → 2 → 3 → 4 → 5 → 6 → 7 → 8 → 9 |

오른쪽의 수는 왼쪽의 수보다 얼마나 더 큰가요? (   )

○ | 9 → 8 → 7 → 6 → 5 → 4 → 3 → 2 → 1 → 0 |

오른쪽의 수는 왼쪽의 수보다 얼마나 더 작은가요? (   )

활동 1: 선생님 설명 듣기

◆ 1 큰 수를 알아볼까요? ◯를 그리고 빈칸에 알맞은 수를 써 보아요.

1	2	3	
◯	◯		← (2) ⤵ ◯를 1개 더(1 크게) 그리면?
◯	◯	◯	← (3) ⤴
2보다 1 큰 수는 (**3**)			

○ 연습해 볼까요?

1	2	3	4	
◯	◯	◯		← ( ) ⤵ ◯를 1개 더(1 크게) 그리면?
◯	◯	◯	◯	← ( ) ⤴
3보다 1 큰 수는 ( )				

1	2	3	4	5	
◯	◯	◯	◯		← ( ) ⤵ ◯를 1개 더(1 크게) 그리면?
◯	◯	◯	◯	◯	← ( ) ⤴
4보다 1 큰 수는 ( )					

○ 더 연습해 볼까요? ◯를 그리고 빈칸에 알맞은 말을 써 보아요.

	1 큰 수	(1 큰 수)	(1 큰 수)	( )	( )	( )	( )	( )	( )
0	1	2	3	4	5	6	7	8	9
	◯	◯	◯	◯	◯	◯	◯	◯	◯
		◯	◯	◯	◯	◯	◯	◯	◯
			◯	◯	◯	◯	◯	◯	◯
				◯	◯	◯	◯	◯	◯
					◯	◯	◯	◯	◯
						◯	◯	◯	◯
							◯	◯	◯
								◯	◯
									◯

활동 2: 선생님 설명 듣기

◆ 1 작은 수를 알아볼까요? ◯를 그리고 빈칸에 알맞은 수를 써 보아요.

1	2	3	
◯	◯	◯	← (3) ↘ ◯를 1개 지우면(1 작게) 그리면?
◯	◯		← (2) ↗
3보다 1 작은 수는 (**2**)			

○ 연습해 볼까요?

1	2	3	4	
◯	◯	◯	◯	← ( ) ↘ ◯를 1개 지우면(1 작게)?
◯	◯	◯		← ( ) ↗
4보다 1 작은 수는 ( )				

1	2	3	4	5	
◯	◯	◯	◯	◯	← ( ) ↘ ◯를 1개 지우면(1 작게)?
◯	◯	◯	◯		← ( ) ↗
5보다 1 작은 수는 ( )					

○ 더 연습해 볼까요? ◯를 그리고 빈칸에 알맞은 말을 써 보아요.

1 작은 수	(1 작은 수)	(1 작은 수)	( )	( )	( )	( )	( )	( )
0	1	2	3	4	5	6	7	8	9
	◯	◯	◯	◯	◯	◯	◯	◯	◯
		◯	◯	◯	◯	◯	◯	◯	◯
			◯	◯	◯	◯	◯	◯	◯
				◯	◯	◯	◯	◯	◯
					◯	◯	◯	◯	◯
						◯	◯	◯	◯
							◯	◯	◯
								◯	◯
									◯

활동 3: 선생님과 함께 연습하기

◆ 1 큰 수, 1 작은 수를 써 보아요.

1 작은 수 1 큰 수 ( ) ------ 4 ------ ( )	1 작은 수 1 큰 수 ( ) ------ 5 ------ ( )
1 작은 수 1 큰 수 ( ) ------ 7 ------ ( )	1 작은 수 1 큰 수 ( ) ------ 2 ------ ( )
1 작은 수 1 큰 수 ( ) ------ 1 ------ ( )	1 작은 수 1 큰 수 ( ) ------ 4 ------ ( )
1 작은 수 1 큰 수 ( ) ------ 8 ------ ( )	1 작은 수 1 큰 수 ( ) ------ 6 ------ ( )
1 작은 수 1 큰 수 ( ) ------ 3 ------ ( )	1 작은 수 1 큰 수 ( ) ------ 0 ------ ( )
1 작은 수 1 큰 수 ( ) ------ 5 ------ ( )	1 작은 수 1 큰 수 ( ) ------ 4 ------ ( )
1 작은 수 1 큰 수 ( ) ------ 8 ------ ( )	1 작은 수 1 큰 수 ( ) ------ 7 ------ ( )
1 작은 수 1 큰 수 ( ) ------ 2 ------ ( )	1 작은 수 1 큰 수 ( ) ------ 4 ------ ( )
1 작은 수 1 큰 수 ( ) ------ 6 ------ ( )	1 작은 수 1 큰 수 ( ) ------ 8 ------ ( )
1 작은 수 1 큰 수 ( ) ------ 0 ------ ( )	1 작은 수 1 큰 수 ( ) ------ 3 ------ ( )
1 작은 수 1 큰 수 ( ) ------ 1 ------ ( )	1 작은 수 1 큰 수 ( ) ------ 5 ------ ( )

활동 4: 스스로 서기

◆ 아래의 문제들을 풀면서 얼마나 아는지 확인해 보아요.

1. 알맞게 이어 보세요.

5보다 1 큰 수	●	●	4
1보다 1 작은 수	●	●	6
7보다 1 작은 수	●	●	0
8보다 1 큰 수	●	●	9

2. 1 큰 수, 1 작은 수를 써 보아요.

1 작은 수 1 큰 수	1 작은 수 1 큰 수
( ) ------ 4 ------ ( )	( ) ------ 5 ------ ( )
1 작은 수 1 큰 수	1 작은 수 1 큰 수
( ) ------ 1 ------ ( )	( ) ------ 7 ------ ( )

📚 정리

	1큰수	1큰수	1큰수	1큰수	1큰수	1큰수	1큰수	1큰수	1큰수
0	1	2	3	4	5	6	7	8	9
	1작은수	1작은수	1작은수	1작은수	1작은수	1작은수	1작은수	1작은수	1작은수

🐴 놀이 활동

◆ 주사위 놀이 〈부록〉 주사위 2개

주사위 1개 또는 2개를 던져 나온 수를 보고,

1. 1 큰 수 빨리 말하기

2. 1 작은 수 빨리 말하기

06차시 (9까지 수) 크기 비교

📖 **학습목표** • 9까지의 두 수의 크기를 비교할 수 있다.

👆 도입: 어느 쪽이 더 큰(많은)가요? 어느 쪽이 더 작은(적은)가요?

더 많은 쪽은?
더 적은 쪽은?

더 큰 쪽은?
더 작은 쪽은?

○ 물건의 수를 비교할 때 사용하는 말은?

_____ , _____

○ 수의 크기를 비교할 때 사용하는 말은?

_____ , _____

보기

크다	많다	적다	작다

활동 1: 선생님 설명 듣기

◆ 어떤 수가 더 클까요? 수만큼 △를 그리고 더 큰 수에 ○해 보아요.

3	△	△	△						
⑤	△	△	△	△	△				
수 5의 △가 더 많으니까 더 큰 수는 5예요.									
3									
2									
4									
7									
8									
0									
2									
9									
6									
5									
8									
4									
1									
7									
6									
9									

활동 2: 선생님 설명 듣기

◆ 수를 순서대로 써서 두 수의 크기를 비교해 보아요. (1 큰/작은 수의 응용)

1 큰 수	1 큰 수	1 큰 수	1 큰 수	1 큰 수	1 큰 수	1 큰 수	1 큰 수	1 큰 수	
0	1	2	3	4	5	6	7	8	9
1 작은 수	1 작은 수	1 작은 수	1 작은 수	1 작은 수	1 작은 수	1 작은 수	1 작은 수	1 작은 수	

← (왼쪽으로 갈수록) 작은 수   (오른쪽으로 갈수록) 큰 수 →

1. 알맞은 말에 ◯해 보아요.

6은 4보다	(큽니다 , 작습니다)
6은 8보다	(큽니다 , 작습니다)
9는 5보다	(큽니다 , 작습니다)
2는 7보다	(큽니다 , 작습니다)
0은 3보다	(큽니다 , 작습니다)
1은 3보다	(큽니다 , 작습니다)
7은 2보다	(큽니다 , 작습니다)
4는 9보다	(큽니다 , 작습니다)

2. 알맞은 수에 ◯해 보아요.

더 큰 수	8 , 3
더 작은 수	9 , 3
더 큰 수	5 , 7
더 큰 수	0 , 8
더 작은 수	6 , 4
더 큰 수	4 , 9
더 작은 수	7 , 1
더 큰 수	2 , 5

👥 활동 3: 선생님과 함께 연습하기

1. ●의 수보다 더 큰 수에 모두 ○해 보아요.

●									0	1	②	③	④	⑤	⑥	⑦	⑧	⑨
●	●								0	1	2	3	4	5	6	7	8	9
●	●	●							0	1	2	3	4	5	6	7	8	9
●	●	●	●						0	1	2	3	4	5	6	7	8	9
●	●	●	●	●					0	1	2	3	4	5	6	7	8	9
●	●	●	●	●	●				0	1	2	3	4	5	6	7	8	9
●	●	●	●	●	●	●			0	1	2	3	4	5	6	7	8	9
●	●	●	●	●	●	●	●		0	1	2	3	4	5	6	7	8	9
●	●	●	●	●	●	●	●	●	0	1	2	3	4	5	6	7	8	9

2. 다음의 수보다 더 작은 수에 모두 ○해 보아요.

8	1	4	7	9
4	0	3	5	7
3	5	2	0	6
7	6	9	4	7
0	5	1	8	9
5	4	3	2	1
1	2	8	0	3
9	8	5	1	2

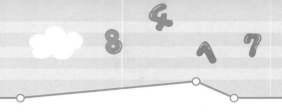

활동 4: 스스로 서기

◆ 아래의 문제들을 풀면서 얼마나 아는지 확인해 보아요.

1. ♡를 그려 더 큰 수를 찾아 써 보아요.

8									더 큰 수는 (　　) 입니다.
5									

2. 알맞게 이어 보세요.

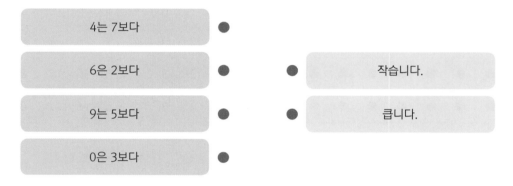

3. 다음의 두 조건을 모두 만족하는 수를 찾아 ○해 보아요.

① 3보다 크고 7보다 작다.　→　3　4　5　6
② 5보다 크고 9보다 작다.

① 4보다 크고 8보다 작다.　→　4　5　6　7
② 2보다 크고 6보다 작다.

정리

◆ 9까지의 두 수 크기 비교하기

1. 수만큼 ○ 그려	더 많은 쪽이 더 큰 수 더 적은 쪽이 더 작은 수
2. 수를 순서대로 나열하여	오른쪽(뒤)에 있을수록 더 큰 수 왼쪽(앞)에 있을수록 더 작은 수

놀이 활동

◆ 점 카드 〈부록〉 점 카드 2

1. 점 카드를 5개씩 나눠 가진다.

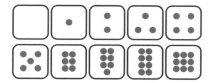

2. 섞어서 점이 보이지 않게 엎어 둔다.

3. 각자 하나씩 뒤집어 더 많은 점이 나오는 사
   람이 카드를 갖는다.
   (획득한 카드는 제일 아래에 둔다.)

4. 카드를 다섯 번 뒤집으면 게임은 끝!
   더 많은 카드를 가진 사람이 승!!

※ 규칙을 바꿔도 좋다.
   (예) 더 적은 점이 나오는 사람이 카드를 갖는다.

◆ 수 카드 〈부록〉 0~9 수 카드

1. 수 카드를 5개씩 나눠 가진다.

2. 섞어서 수가 보이지 않게 엎어 둔다.

3. 각자 하나씩 뒤집어 더 큰 수가 나오는 사람
   이 카드를 갖는다.
   (획득한 카드는 제일 아래에 둔다.)

4. 카드를 다섯 번 뒤집으면 게임은 끝!
   더 많은 카드를 가진 사람이 승!!

※ 규칙을 바꿔도 좋다.
   (예) 더 작은 수가 나오는 사람이 카드를 갖는다.

07차시 (50까지 수) 10 알기

📖 **학습목표** • 10의 의미를 알고 읽고 쓸 수 있다.

👆 도입: 9 다음 수(9보다 1 큰 수)는 뭘까요?

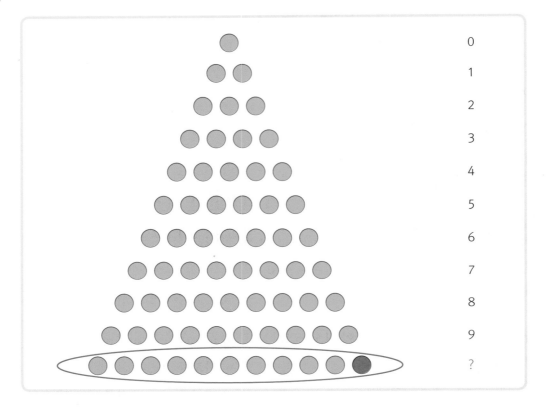

○ 우리가 배운 한 자리 수는 어떤 것들이 있나요?

○ 9 다음 수(9보다 1 큰 수)를 나타내는 한 자리 수가 있을까요?

_____

○ 있다면 무엇인가요? 없다면 어떻게 나타낼 수 있을까요?

_____

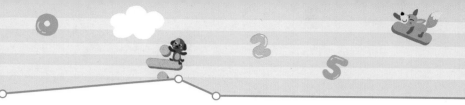

활동 1: 선생님 설명 듣기

◆ 그림을 보고 알맞은 0~9의 수를 쓰고, 자리 수에 맞게 채워 보아요.

그림	수	자리 수
(점 없음)	0	0 / 일의 자리
●	1	1 / 일의 자리
● ●		/ 일의 자리
● ● ●		/ 일의 자리
● ● ● ●		/ 일의 자리
● ● ● ● ●		/ 일의 자리
● ● ● ● ● / ●		/ 일의 자리
● ● ● ● ● / ● ●		/ 일의 자리
● ● ● ● ● / ● ● ●		/ 일의 자리
● ● ● ● ● / ● ● ● ●	?	? / 일의 자리

※ 9 다음 수(9보다 1 큰 수)를 나타내는 한 자리 수(일의 자리)는 없어요!

활동 2: 선생님 설명 듣기

○ 9 다음 수(9보다 1 큰 수)는 무엇일까요?

○ 9 다음 수(9보다 1 큰 수)를 10이라고 쓰고, 십(열)이라 읽어요.

● ● ● ● ● ● ● ● ● ●	10	십 열(개)

○ 다섯 번씩 따라 쓰고 읽어 보아요.

9 다음 수(9보다 1 큰 수)	10	십	열(개)

○ 연습해 볼까요? 한번 읽어 보아요.

0	1	2	3	4	5	6	7	8	9	10
영	일	이	삼	사	오	육	칠	팔	구	십
없음	하나	둘	셋	넷	다섯	여섯	일곱	여덟	아홉	열

활동 3: 선생님과 함께 연습하기

◆ 10이 되도록 ●를 더 그리고 몇 개를 그렸는지 ( ) 안에 쓰세요.

6	⚫⚫⚫⚫⚫⚫	( )
9	⚫⚫⚫⚫⚫⚫⚫⚫⚫	( )
5	⚫⚫⚫⚫⚫	( )
4	⚫⚫⚫⚫	( )
7	⚫⚫⚫⚫⚫⚫⚫	( )
2	⚫⚫	( )
3	⚫⚫⚫	( )
1	⚫	( )

활동 4: 스스로 서기

◆ 아래의 문제들을 풀면서 얼마나 아는지 확인해 보아요.

※ ( ) 안에 알맞은 말이나 수를 써넣어 보아요.

9보다 1 큰 수를 10이라 쓰고 ( ) 또는 ( )이라고 읽어요.	
10은 9보다 ( ) 커요.	
☆ ☆ ☆ ☆ ☆ ☆ ☆ ☆ ☆ ☆	( )
0 - 1 - 2 - 3 - 4 - 5 - 6 - 7 - 8 - ( ) - ( )	
영 - 일 - 이 - ( ) - 사 - 오 - 육 - 칠 - 팔 - ( ) - ( )	
하나 - 둘 - 셋 - ( ) - 다섯 - 여섯 - ( ) - 여덟 - 아홉 - ( )	

📘 정리

◆ 10 알기(9 다음 수, 9보다 1 큰 수)

0	1	2	3	4	5	6	7	8	9	10
영	일	이	삼	사	오	육	칠	팔	구	십
없음	하나	둘	셋	넷	다섯	여섯	일곱	여덟	아홉	열

🐴 놀이 활동

◆ 점 카드 〈부록〉 10틀 / 점 카드 1

1. 점을 10틀에 올리면서 10 익히기

08차시 (50까지 수) 10~19 모으기/가르기

📖 **학습목표** • 10~19의 수를 (10+낱개)로 모으고 가를 수 있다.

👆 **도입: 스마일 쿠키를 포장해 볼까요?**

◆ 1봉지에 10개씩 담으면 몇 봉지가 되고, 몇 개가 남을까요?

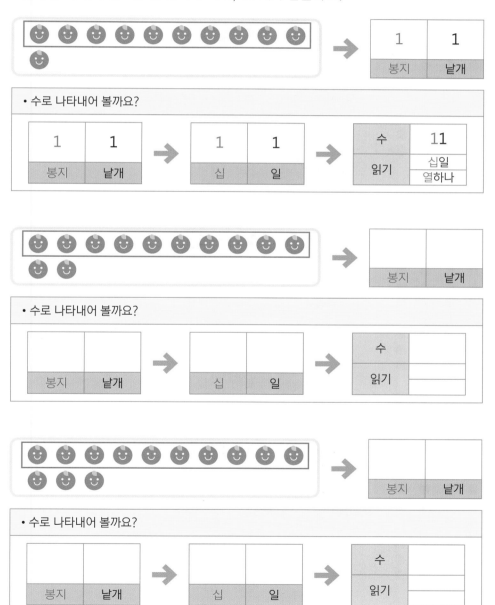

1	1
봉지	낱개

• 수로 나타내어 볼까요?

1	1
봉지	낱개

1	1
십	일

수	11
읽기	십일
	열하나

봉지	낱개

• 수로 나타내어 볼까요?

봉지	낱개

십	일

수	
읽기	

봉지	낱개

• 수로 나타내어 볼까요?

봉지	낱개

십	일

수	
읽기	

활동 1: 선생님 설명 듣기

◆ 몇 개인가요? ●를 세어 10묶음과 낱개의 수를 쓰고, 수로 나타내어 보아요.

그림	묶음(십)의 자리	낱개(일)의 자리	수	읽기
● ● ● ● ●　● ● ● ● ●	1	0	10	십 / 열
● ● ● ● ●　● ● ● ● ●　●	1	1	11	십일 / 열하나
(점 그림)	십의 자리	일의 자리		
(점 그림)	십의 자리	일의 자리		
(점 그림)	십의 자리	일의 자리		
(점 그림)	십의 자리	일의 자리		
(점 그림)	십의 자리	일의 자리		
(점 그림)	십의 자리	일의 자리		
(점 그림)	십의 자리	일의 자리		
(점 그림)	십의 자리	일의 자리		

활동 2: 선생님 설명 듣기

1. 10~19의 수를 모으기 해 보고, ( )에 알맞은 수를 써 보아요.

(10개씩 묶음 1개) + (낱개 0개) = (   )

(10개씩 묶음 1개) + (낱개 1개) = (   )

(10개씩 묶음 1개) + (낱개 2개) = (   )

(10개씩 묶음 1개) + (낱개 3개) = (   )

(10개씩 묶음 1개) + (낱개 4개) = (   )

(10개씩 묶음 1개) + (낱개 5개) = (   )

(10개씩 묶음 1개) + (낱개 6개) = (   )

(10개씩 묶음 1개) + (낱개 7개) = (   )

(10개씩 묶음 1개) + (낱개 8개) = (   )

(10개씩 묶음 1개) + (낱개 9개) = (   )

2. 10~19의 수를 가르기 해 보고, ( )에 알맞은 수를 써 보아요.

10 = 10개씩 묶음 (   )개 + 낱개 (   )개

11 = 10개씩 묶음 (   )개 + 낱개 (   )개

12 = 10개씩 묶음 (   )개 + 낱개 (   )개

13 = 10개씩 묶음 (   )개 + 낱개 (   )개

14 = 10개씩 묶음 (   )개 + 낱개 (   )개

15 = 10개씩 묶음 (   )개 + 낱개 (   )개

16 = 10개씩 묶음 (   )개 + 낱개 (   )개

17 = 10개씩 묶음 (   )개 + 낱개 (   )개

18 = 10개씩 묶음 (   )개 + 낱개 (   )개

19 = 10개씩 묶음 (   )개 + 낱개 (   )개

활동 3: 선생님과 함께 연습하기

1. 10~19의 수를 복습해 보고, 빈칸에 알맞은 수나 말을 넣어 보아요.

〈10~19의 수 읽고 쓰기〉

10	11		13		15		17	18	
십	십일	십이		십사		십육		십팔	십구
열	열하나		열셋		열다섯	열여섯	열일곱		열아홉

〈10~19의 수 가르기〉

수	11	15	16	13	19	12	18	17	14	10
10묶음										
낱개										

〈10~19의 수 모으기〉

10묶음	1	1	1	1	1	1	1	1	1	1
낱개	2	6	8	3	0	1	5	4	7	9
수										

2. 0~19의 수를 읽고 써 보고, 빈칸에 알맞은 수나 말을 넣어 보아요.

0		2	3	4		6		8	9
	일		삼	사	오		칠	팔	
없음	하나	둘		넷		여섯			아홉
10	11		13		15		17	18	
십	십일	십이		십사		십육		십팔	십구
열	열하나		열셋		열다섯	열여섯	열일곱		열아홉

활동 4: 스스로 서기

◆ 아래의 문제들을 풀면서 얼마나 아는지 확인해 보아요.

1. 10~19의 수를 쓰고 읽어 보고, 빈칸에 알맞은 수나 글을 써 보아요.

10		12	13		15		17		19
십	십일		십삼	십사		십육			십구
열	열하나	열둘			열다섯			열여덟	

2. 알맞게 이어 보세요.

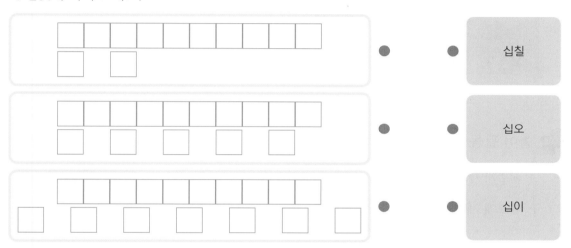

●　　　●　십칠

●　　　●　십오

●　　　●　십이

3. (   )에 알맞은 수나 글자를 써 보아요.

10개씩 1묶음, 낱개 9개는 (   )라 쓰고, (   ) 또는 열아홉이라고 읽어요.
13은 10개씩 (   )묶음, 낱개 (   )개로 가를 수 있어요.

4. 다음을 읽고 (   )에 알맞은 수를 써 보아요.

① 세리는 사탕을 10개 가지고 있어요.
② 엄마께서 6개를 더 주셨어요.

〈질문〉
세리가 가진 사탕은 모두 몇 개인가요?

→

〈풀이〉
세리가 가진 사탕은 10개씩 (   )묶음과
낱개 (   )개니까 모두 (   )개야.
이것을 두 가지 방법으로 읽어 보면,
(   ), (   )이지.

📚 정리

◆ 10~19의 수 읽기

10	11	12	13	14	15	16	17	18	19
십	십일	십이	십삼	십사	십오	십육	십칠	십팔	십구
열	열하나	열둘	열셋	열넷	열다섯	열여섯	열일곱	열여덟	열아홉

◆ 10~19의 수 모으고 가르기

	10	11	12	13	14	15	16	17	18	19
10묶음	1	1	1	1	1	1	1	1	1	1
낱개	0	1	2	3	4	5	6	7	8	9

🐴 놀이 활동

◆ 빠르게 세기

1. 빠르게 세기-그림

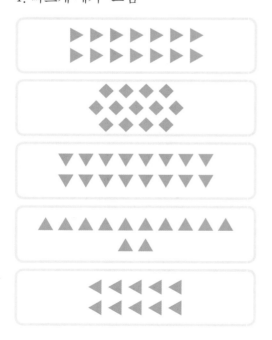

◆ 모으기 가르기 〈부록〉 0~9 수 카드

1. 모으기

• 0~9 수 카드 중 하나를 뽑아 10과 모으기
  를 하여 나오는 수 말하기

  ➡ 10과

0	1	2	3	4
5	6	7	8	9

2. 가르기

• 10~19 수 중 하나를 말하면 10과 어떤 수
  로 이루어졌는지 말하기

  ➡ 10과

0	1	2	3	4
5	6	7	8	9

09 차시 (50까지 수) 10~50 알기

📖 **학습목표** • 10~50의 수를 10개씩 묶음과 낱개로 나타내고 읽고 쓸 수 있다.

👆 도입: 스마일 쿠키를 포장해 볼까요?

◆ 1봉지에 10개씩 담으면 몇 봉지가 되고, 몇 개가 남을까요?

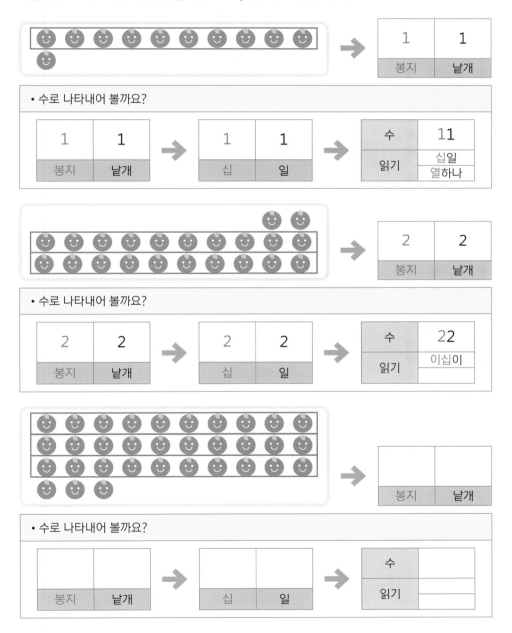

활동 1: 선생님 설명 듣기

◆ (낱개가 없는) 몇십을 알아볼까요? ●를 10개씩 묶고, 수로 나타내어 보아요.

	1 묶음(십)의 자리	**0** 낱개(일)의 자리	10	십 열
	2 십의 자리	**0** 일의 자리	20	이십 스물
	십의 자리	일의 자리		서른
	십의 자리	일의 자리		마흔
	십의 자리	일의 자리		쉰

○ 연습해 볼까요? 읽으면서 따라 써 보아요.

10	20	30	40	50
십	이십	삼십	사십	오십
열	스물	서른	마흔	쉰

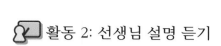

활동 2: 선생님 설명 듣기

◆ 몇 개인가요? /를 세어 10묶음과 낱개의 수를 쓰고, 수로 나타내어 보아요.

(모형)				
🗄 ///	**1** 묶음(십)의 자리	**3** 낱개(일)의 자리	**13**	십삼 ············ 열셋
🗄🗄 ////	**2** 십의 자리	**5** 일의 자리	**25**	이십오 ············ 스물다섯
🗄🗄🗄 //	**3** 십의 자리	**2** 일의 자리	**32**	삼십이 ············ 서른둘
🗄🗄🗄🗄 ////	**4** 십의 자리	**5** 일의 자리	**45**	사십오 ············ 마흔다섯
🗄🗄 ///// //	 십의 자리	 일의 자리		 ············
🗄 ///// ////	 십의 자리	 일의 자리		 ············
🗄🗄🗄 ///// /	 십의 자리	 일의 자리		 ············
🗄🗄🗄🗄 ///	 십의 자리	 일의 자리		 ············
🗄🗄🗄🗄🗄	 십의 자리	 일의 자리		 ············
🗄🗄🗄 ///// ///	 십의 자리	 일의 자리		 ············
🗄 ///// /////	 십의 자리	 일의 자리		 ············

👥 활동 3: 선생님과 함께 연습하기

◆ 10~50의 수를 복습해 보고, 빈칸에 알맞은 수나 말을 넣어 보아요.

〈10개씩 묶어 세기〉

10개씩				
1묶음	2묶음	3묶음	4묶음	5묶음
10			40	
	이십			오십
열		서른		

〈10~50의 수 가르기〉

수	10	11	12	13	14	15	16	17	18	19
10묶음										
낱개										
수	20	21	22	23	24	25	26	27	28	29
10묶음										
낱개										
수	30	31	32	33	34	35	36	37	38	39
10묶음										
낱개										
수	40	41	42	43	44	45	46	47	48	49
10묶음										
낱개										
수	50	38	41	29	17	25	32	46	13	22
10묶음										
낱개										

〈10~50의 수 모으기〉

10묶음	1	3	2	4	5	3	1	4	2	1
낱개	2	6	8	3	0	1	5	4	7	9
수										

활동 4: 스스로 서기

◆ 아래의 문제들을 풀면서 얼마나 아는지 확인해 보아요.

1. 알맞게 이어 보세요.

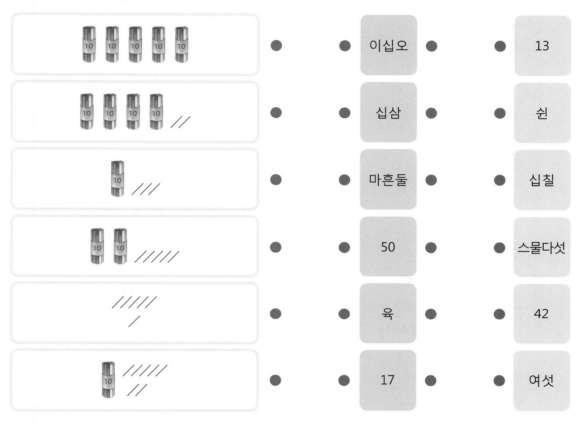

2. ( )에 알맞은 수나 글자를 써 보아요.

10개씩 1묶음, 낱개 3개는 (   )라 쓰고, (   ) 또는 열셋이라고 읽어요.
26은 10개씩 (   )묶음, 낱개 (   )개로 가를 수 있어요.
10개씩 3묶음, 낱개 8개는 (   )라 쓰고, (   ) 또는 삼십팔이라고 읽어요.
41은 10개씩 (   )묶음, 낱개 (   )개로 가를 수 있어요.
10개씩 5묶음, 낱개 0개는 (   )라 쓰고, (   ) 또는 쉰이라고 읽어요.
★ ★ ★ ★ ★ ★ ★ ★ ★ ★   ★ ★ ★ ★ ★ ★ ★ ★ ★ ★   ★ ★ ☆ ☆ ☆ ☆ ☆ ☆ ☆ ☆   ☆ ☆ ☆ ☆ ☆ ☆ ☆ ☆ ☆ ☆   〈문제〉 ★은 (   )개이고,   ☆은 (   )개예요.

📚 정리

◆ 50까지 수 알기

수	0	1	2	3	4	5	6	7	8	9
10묶음	0	0	0	0	0	0	0	0	0	0
낱개	0	1	2	3	4	5	6	7	8	9
읽기	영	일	이	삼	사	오	육	칠	팔	구
	없음	하나	둘	셋	넷	다섯	여섯	일곱	여덟	아홉
수	10	11	12	13	14	15	16	17	18	19
10묶음	1	1	1	1	1	1	1	1	1	1
낱개	0	1	2	3	4	5	6	7	8	9
읽기	십	십일	십이	십삼	십사	십오	십육	십칠	십팔	십구
	열	열하나	열둘	열셋	열넷	열다섯	열여섯	열일곱	열여덟	열아홉
수	20	21	22	23	24	25	26	27	28	29
10묶음	2	2	2	2	2	2	2	2	2	2
낱개	0	1	2	3	4	5	6	7	8	9
읽기	이십	이십일	이십이	이십삼	이십사	이십오	이십육	이십칠	이십팔	이십구
	스물	스물하나	스물둘	스물셋	스물넷	스물다섯	스물여섯	스물일곱	스물여덟	스물아홉
수	30	31	32	33	34	35	36	37	38	39
10묶음	3	3	3	3	3	3	3	3	3	3
낱개	0	1	2	3	4	5	6	7	8	9
읽기	삼십	삼십일	삼십이	삼십삼	삼십사	삼십오	삼십육	삼십칠	삼십팔	삼십구
	서른	서른하나	서른둘	서른셋	서른넷	서른다섯	서른여섯	서른일곱	서른여덟	서른아홉
수	40	41	42	43	44	45	46	47	48	49
10묶음	4	4	4	4	4	4	4	4	4	4
낱개	0	1	2	3	4	5	6	7	8	9
읽기	사십	사십일	사십이	사십삼	사십사	사십오	사십육	사십칠	사십팔	사십구
	마흔	마흔하나	마흔둘	마흔셋	마흔넷	마흔다섯	마흔여섯	마흔일곱	마흔여덟	마흔아홉

수	50
10묶음	5
낱개	0
읽기	오십
	쉰

놀이 활동

◆ 빠르게 세기

1. 빠르게 세기-그림

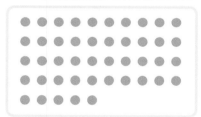

◆ 모으기 가르기 〈부록〉0~9 수 카드

1. 0~9 수 카드 중 2개를 뽑아 50까지 수 만들고 읽어 보기

| 1 | 2 | → | 1 | 2 | 와 | 2 | 1 |

십이   이십일
(열둘)   (스물하나)

2. 0~9 수 카드 중 2개를 뽑아 50까지 수 만들고 10묶음과 낱개 수 말하기

| 3 | 6 | → | 3 | 6 |

10묶음 (3), 낱개 (6)

10차시 (50까지 수) 수의 순서

📖 **학습목표** • 50까지 수의 순서를 알 수 있다.

👆 도입: 수의 순서는 어떻게 정해질까요?

◆ [2, 3차시]에서 배운 0~9 수의 순서와 50까지의 수를 생각하며, 0~50 수의 순서를 알아보아요.

0 → 1 → 2 → 3 → 4 → 5 → 6 → 7 → 8 → 9
→ ( )

○ 빈칸에 들어갈 9 다음 수(9보다 1 큰 수)는 얼마인가요? ( )

0 → 1 → 2 → 3 → 4 → 5 → 6 → 7 → 8 → 9
→ ( ) → ( ) → ( ) → ( ) → ( ) → ( ) → ( ) → ( ) → ( ) → ( )

○ 빈칸에 들어갈 10~19까지의 수를 순서대로 써 볼까요?

_____

0 → 1 → 2 → 3 → 4 → 5 → 6 → 7 → 8 → 9
→ ( ) → ( ) → ( ) → ( ) → ( ) → ( ) → ( ) → ( ) → ( ) → ( )
→ ( ) → ( ) → ( ) → ( ) → ( ) → ( ) → ( ) → ( ) → ( ) → ( )

○ 다음 빈칸에 들어갈 20~29까지의 수를 순서대로 써 볼까요?

_____

_____

🎧 활동 1: 선생님 설명 듣기

◆ [5차시]에서 배운 '1 큰 수'를 복습해 본 다음, 0~50 수의 순서를 알아볼까요? 1씩 커지는 수를 읽고 따라 써 보아요.

	1 큰 수	1 큰 수	1 큰 수	1 큰 수	1 큰 수	1 큰 수	1 큰 수	1 큰 수	1 큰 수
0	1	2	3	4	5	6	7	8	9

0 → 1 → 2 → 3 → 4 → 5 → 6 → 7 → 8 → 9
( ) → ( ) → ( ) → ( ) → ( ) → ( ) → ( ) → ( ) → ( ) → ( )

→ 10 → 11 → 12 → 13 → 14 → 15 → 16 → 17 → 18 → 19
→ ( ) → ( ) → ( ) → ( ) → ( ) → ( ) → ( ) → ( ) → ( ) → ( )

→ 20 → 21 → 22 → 23 → 24 → 25 → 26 → 27 → 28 → 29
→ ( ) → ( ) → ( ) → ( ) → ( ) → ( ) → ( ) → ( ) → ( ) → ( )

→ 30 → 31 → 32 → 33 → 34 → 35 → 36 → 37 → 38 → 39
→ ( ) → ( ) → ( ) → ( ) → ( ) → ( ) → ( ) → ( ) → ( ) → ( )

→ 40 → 41 → 42 → 43 → 44 → 45 → 46 → 47 → 48 → 49
→ ( ) → ( ) → ( ) → ( ) → ( ) → ( ) → ( ) → ( ) → ( ) → ( )

→ 50
→ ( )

○ 연습해 볼까요? 빈칸에 알맞은 수를 써 보아요.

0	1	2		4				8	9
10			13			16	17		
	21			24	25				29
30		32				36		38	
			43		45		47		

활동 2: 선생님 설명 듣기

◆ [5차시]에서 배운 '1 작은 수'를 복습해 본 다음, 0~50 수의 순서를 거꾸로 하여 1씩 작아지는 수를 읽고, 써 보아요.

0	1	2	3	4	5	6	7	8	9
1 작은 수	1 작은 수	1 작은 수	1 작은 수	1 작은 수	1 작은 수	1 작은 수	1 작은 수	1 작은 수	

50 → 49 → 48 → 47 → 46 → 45 → 44 → 43 → 42 → 41

( ) → ( ) → ( ) → ( ) → ( ) → ( ) → ( ) → ( ) → ( ) → ( )

→ 40 → 39 → 38 → 37 → 36 → 35 → 34 → 33 → 32 → 31

→ ( ) → ( ) → ( ) → ( ) → ( ) → ( ) → ( ) → ( ) → ( ) → ( )

→ 30 → 29 → 28 → 27 → 26 → 25 → 24 → 23 → 22 → 21

→ ( ) → ( ) → ( ) → ( ) → ( ) → ( ) → ( ) → ( ) → ( ) → ( )

→ 20 → 19 → 18 → 17 → 16 → 15 → 14 → 13 → 12 → 11

→ ( ) → ( ) → ( ) → ( ) → ( ) → ( ) → ( ) → ( ) → ( ) → ( )

→ 10 → 9 → 8 → 7 → 6 → 5 → 4 → 3 → 2 → 1

→ ( ) → ( ) → ( ) → ( ) → ( ) → ( ) → ( ) → ( ) → ( ) → ( )

→ 0

→ ( )

○ 연습해 볼까요? 빈칸에 알맞은 수를 써 보아요.

50	49	48			45		43		41
40			37			34	33		
	29			26	25			22	
		18				14		12	
10			7	6			3		1
0									

활동 3: 선생님과 함께 연습하기

1. 수를 순서대로 세면서 빈칸에 알맞은 수를 써 보아요.

0	→ ( )	→ ( )	→ 3	→ ( )	→ 5	→ 6	→ ( )	→ 8	→ 9
( )	→ 14	→ ( )	→ 16	→ ( )	→ ( )	→ 19			

20	→ 21	→ ( )	→ ( )	→ 24	→ 25	→ ( )	→ 27
( )	→ ( )	→ ( )	→ 36	→ 37	→ ( )	→ 39	

38	→ ( )	→ ( )	→ 41	→ 42	→ 43	→ ( )	→ ( )
( )	→ 44	→ ( )	→ 46	→ ( )	→ ( )	→ 49	→ ( )

2. 수를 거꾸로 세면서 빈칸에 알맞은 수를 써 보아요.

9	→ ( )	→ 7	→ ( )	→ ( )	→ 4	→ 3	→ ( )	→ 1	→ ( )
23	→ ( )	→ 21	→ ( )	→ 19	→ 18	→ ( )	→ 16	→ 15	

38	→ ( )	→ ( )	→ 35	→ ( )	→ 33	→ ( )	→ ( )
( )	→ ( )	→ ( )	→ 38	→ 37	→ ( )	→ 35	

49	→ ( )	→ ( )	→ 46	→ 45	→ ( )	→ 43
( )	→ ( )	→ 48	→ 47	→ ( )	→ ( )	→ 44	→ ( )

3. 1 작은 수와 1 큰 수를 써 보아요.

1 작은 수 1 큰 수	1 작은 수 1 큰 수
( ) ------ 7 ------ ( )	( ) ------ 15 ------ ( )
( ) ------ 20 ------ ( )	( ) ------ 39 ------ ( )
( ) ------ 41 ------ ( )	( ) ------ 48 ------ ( )

 활동 4: 스스로 서기

◆ 아래의 문제들을 풀면서 얼마나 아는지 확인해 보아요.

1. 빈칸에 알맞은 수를 써넣어 보아요.

22		24
5		7
39		41

18		20
45		47
10		12

2. 위의 수를 아래 칸에 순서대로 나열해 보아요.

41	44	42	43

3. ○와 ★에 들어갈 수를 [　] 안에 써넣어 보아요.

26 – 27 – ○ – □ – ★ – ▲ – 32

○: [　　　] , ★: [　　　]

4. 다음을 읽고 오른쪽 칸에 써 가며 답을 구해 보아요.

① 29보다 크고 36보다 작은 수예요.
② 34보다 1 작은 수예요.
③ 32보다 1 큰 수예요.
④ 10개 묶음의 수와 낱개의 수가 같아요.

 →

📚 정리

◆ 0~50 수의 순서 알기

0	1	2	3	4	5	6	7	8	9
10	11	12	13	14	15	16	17	18	19
20	21	22	23	24	25	26	27	28	29
30	31	32	33	34	35	36	37	38	39
40	41	42	43	44	45	46	47	48	49
50									

🐴 놀이 활동

◆ 순서대로/거꾸로 수 찾아 ○표 하기

아래에 흩어진 0~50의 수를 순서대로/거꾸로 찾아 ○표 하세요. (선생님! 확인해 주세요.)

```
     30              1    7              15
         9      2  50          47              26
                 24                11
     27      14              5          35
  3          49          0
                 46      10    23    34
             6
        8      42              48          12
  4            19          38
              28
     43        25      13                  16
        18              21      31        41
              36        22
           29
     20  44              17
        45  33              39      37
           32              40
```

◆ 순서대로/거꾸로 수 빠르게 말하기

1. 0~10/0~20/0~30/0~40/0~50 수를 순서대로 빠르게 말하기

2. 0~10/0~20/0~30/0~40/0~50 수를 거꾸로 빠르게 말하기

(학생의 수준에 맞춰 수의 범위/방향을 바꿔 가며 연습해 보세요.)

11차시 (50까지 수) 크기 비교

📖 **학습목표** • 50까지 수의 크기를 비교할 수 있다.

👆 도입: 어느 쪽이 더 큰가요?

◆ 그림을 보고 말해 보아요.

• 어느 쪽이 더 큰가요? (더 크다고 생각하는 쪽에 ○ 해요.)
(오른쪽 , 왼쪽)
• 왜 그렇게 생각하나요?

• 어느 쪽이 더 큰가요? (더 크다고 생각하는 쪽에 ○ 해요.)
(오른쪽 , 왼쪽)
• 왜 그렇게 생각하나요?

○ 위 두 활동을 통해 수를 비교하는 방법을 알아냈다면 적어 보아요.

_____

활동 1: 선생님 설명 듣기

◆ 50까지 수의 크기를 비교해 보아요.

〈10개씩 묶음의 수가 다를 때〉

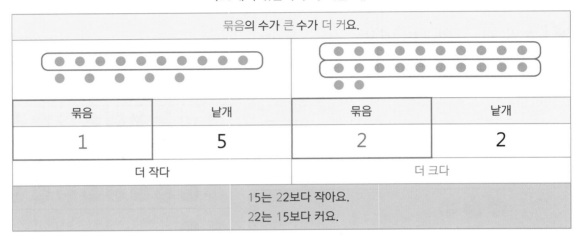

묶음의 수가 큰 수가 더 커요.			
묶음	낱개	묶음	낱개
1	5	2	2
더 작다		더 크다	
15는 22보다 작아요. 22는 15보다 커요.			

○ 연습해 볼까요?

수		묶음과 낱개로 나타내기				더 큰 쪽에 ○	
12	37	1	2	3	7	12	(37)
		묶음	낱개	묶음	낱개		

수		묶음과 낱개로 나타내기				더 큰 쪽에 ○	
42	30					42	30
		묶음	낱개	묶음	낱개		

수		묶음과 낱개로 나타내기				더 큰 쪽에 ○	
33	29					33	29
		묶음	낱개	묶음	낱개		

수		묶음과 낱개로 나타내기				더 큰 쪽에 ○	
28	45					28	45
		묶음	낱개	묶음	낱개		

수		묶음과 낱개로 나타내기				더 큰 쪽에 ○	
31	11					31	11
		묶음	낱개	묶음	낱개		

활동 2: 선생님 설명 듣기

◆ 50까지 수의 크기를 비교해 보아요.

〈10개씩 묶음의 수가 같을 때〉

낱개의 수가 큰 수가 더 커요.			
묶음	낱개	묶음	낱개
1	5	1	2
더 크다		더 작다	
15는 12보다 커요. 12는 15보다 작아요.			

○ 연습해 볼까요?

수		묶음과 낱개로 나타내기				더 큰 쪽에 ○	
32	37	3	2	3	7	32	(37)
		묶음	낱개	묶음	낱개		

수		묶음과 낱개로 나타내기				더 큰 쪽에 ○	
42	40					42	40
		묶음	낱개	묶음	낱개		

수		묶음과 낱개로 나타내기				더 큰 쪽에 ○	
23	29					23	29
		묶음	낱개	묶음	낱개		

수		묶음과 낱개로 나타내기				더 큰 쪽에 ○	
18	15					18	15
		묶음	낱개	묶음	낱개		

수		묶음과 낱개로 나타내기				더 큰 쪽에 ○	
38	39					38	39
		묶음	낱개	묶음	낱개		

활동 3: 선생님과 함께 연습하기

1. 그림을 보고 더 큰 쪽에 ○표 해요.

2. 수를 보고 더 작은 쪽에 ○표 해요.

26	36		13	42
45	15		5	15
31	18		24	27
43	28		32	19

수를 보고 더 큰 쪽에 ○표 해요.

8	16		50	40
16	15		33	29
41	25		20	34
37	46		44	17

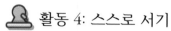

활동 4: 스스로 서기

◆ 아래의 문제들을 풀면서 얼마나 아는지 확인해 보아요.

1. ♡와 ♥의 수를 세고 빈칸에 알맞은 수를 써요.

♡ ♡	♥ ♥
( )개	( )개
( )은/는 ( )보다 커요. ( )은/는 ( )보다 작아요.	

2. 가장 큰 수에 ◯표 해요.

31	44	28

50	36	19	39

가장 작은 수에 ◯표 해요.

16	20	7	47

26	28	32	47	24

3. 오른쪽에 수를 써 가며 답을 찾아보아요. 조건에 맞는 수는 몇 개인가요?

① 20보다 커요.

② 30보다 작아요.

③ 25보다 커요.

④ 28보다 작아요.

→

답: (   )개

📚 정리

◆ 50까지 수 크기 비교

1. 10개씩 묶음 수가 다를 때	묶음 수가 큰 쪽이 더 큰 수 묶음 수가 작은 쪽이 더 작은 수
2. 10개씩 묶음 수가 같을 때	낱개가 큰 쪽이 더 큰 수 낱개가 작은 쪽이 더 작은 수

🐎 놀이 활동

◆ 점 카드/수 카드 〈부록〉 점 카드 2 / 0~9 수 카드 / 주사위-1

1. 점 카드와 수 카드(낱개 수)를 섞어 0~9가 1장씩 되도록 나눠 가진다(10장씩).

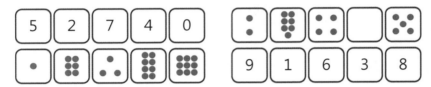

2. 자신의 카드를 뒤집어 놓은 상태에서 1장씩 고른다.
   골라서 나온 수는 낱개 수가 된다.
   낱개 수만으로 누가 더 큰지(더 작은지) 비교해 본다.

3. 주사위-1 (10개 묶음 수)를 던져 나오는 수가
   10개 묶음 수가 된다.
   묶음 수와 낱개 수를 비교하여
   더 큰 쪽(혹은 더 작은 쪽)이 이기고
   낱개 수 카드를 뺏어 온다.

5. 한쪽의 카드가 사라지면 게임은 끝나고, 모든 카드를 가진 사람이 최종 승자!

12차시 (100까지 수) 99까지 수 알기

📖 **학습목표** • 99까지의 수를 10개씩 묶음과 낱개로 나타내고 쓰고 읽을 수 있다.

👆 도입: 스마일 쿠키를 포장해 볼까요?

◆ 1봉지에 10개씩 담으면 몇 봉지가 되고, 몇 개가 남을까요?

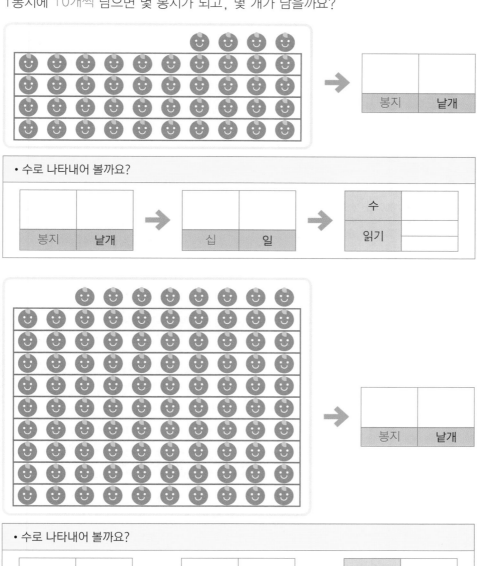

봉지	낱개

• 수로 나타내어 볼까요?

봉지	낱개

→

십	일

→

수	
읽기	

봉지	낱개

• 수로 나타내어 볼까요?

봉지	낱개

→

십	일

→

수	
읽기	

활동 1: 선생님 설명 듣기

◆ (낱개가 없는) 몇십을 알아볼까요? ●를 10개씩 묶고, 수로 나타내어 보아요.

	묶음(십)의 자리	낱개(일)의 자리	60	육십
	6	0		예순
	십의 자리	일의 자리		일흔
	십의 자리	일의 자리		여든
	십의 자리	일의 자리		아흔

○ 연습해 볼까요? 읽으면서 따라 써 보아요.

60		70		80		90	
육십		칠십		팔십		구십	
예순		일흔		여든		아흔	

활동 2: 선생님 설명 듣기

◆ 몇 개인가요? /를 세어 10묶음과 낱개의 수를 쓰고, 수로 나타내어 보아요.

그림	묶음(십)의 자리	낱개(일)의 자리	수	읽기
10묶음 5, 낱개 2	5	2	52	오십이 / 쉰둘
10묶음 6, 낱개 4	6	4	64	육십사 / 예순넷
10묶음 7, 낱개 6	7	6	76	칠십육 / 일흔둘
10묶음 8, 낱개 1	8	1	81	팔십일 / 여든하나
10묶음 9, 낱개 3	9	3	93	구십삼 / 아흔셋
10묶음 8, 낱개 8	십의 자리	일의 자리		
10묶음 5, 낱개 5	십의 자리	일의 자리		
10묶음 8, 낱개 6	십의 자리	일의 자리		
10묶음 9, 낱개 4	십의 자리	일의 자리		
10묶음 6	십의 자리	일의 자리		

활동 3: 선생님과 함께 연습하기

◆ 0~99의 수에 대해 알아보고, 빈칸에 알맞은 수나 말을 넣어 보아요.

〈0~99의 수 가르기〉

수	0	1	2	3	4	5	6	7	8	9
10묶음										
낱개										
수	10	11	12	13	14	15	16	17	18	19
10묶음										
낱개										
수	20	21	22	23	24	25	26	27	28	29
10묶음										
낱개										
수	30	31	32	33	34	35	36	37	38	39
10묶음										
낱개										
수	40	41	42	43	44	45	46	47	48	49
10묶음										
낱개										
수	50	51	52	53	54	55	56	57	58	59
10묶음										
낱개										
수	60	61	62	63	64	65	66	67	68	69
10묶음										
낱개										
수	70	71	72	73	74	75	76	77	78	79
10묶음										
낱개										
수	80	81	82	83	84	85	86	87	88	89
10묶음										
낱개										
수	90	91	92	93	94	95	96	97	98	99
10묶음										
낱개										

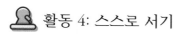 활동 4: 스스로 서기

◆ 아래의 문제들을 풀면서 얼마나 아는지 확인해 보아요.

1. 빈칸에 알맞은 수나 글자를 써넣어 보아요.

〈10개씩 묶어 세기〉

10개씩 (낱개는 0)								
1묶음	2묶음	3묶음	4묶음	5묶음	6묶음	7묶음	8묶음	9묶음
10			40			70	80	
	이십			오십			팔십	
열		서른			예순			아흔

〈0~99의 수 모으기〉

10묶음	3	7	4	0	5	9	1	2	6	8
낱개	9	2	8	3	5	7	4	1	0	6
수										

2. (   )에 알맞은 수나 글자를 써 보아요.

10개씩 5묶음, 낱개 7개는 (   )라 쓰고, (   ) 또는 쉰일곱이라고 읽어요.
83은 10개씩 (   )묶음, 낱개 (   )개로 가를 수 있고, (,   )이라고 읽어요.
10개씩 9묶음, 낱개 4개는 (   )라 쓰고, 구십사 또는 (   )이라고 읽어요.
70은 10개씩 (   )묶음, 낱개 (   )개로 가를 수 있고, (,   )이라고 읽어요.
10개씩 6묶음, 낱개 2개는 (   )라 쓰고, (   ) 또는 예순둘이라고 읽어요.
38은 10개씩 (   )묶음, 낱개 (   )개로 가를 수 있고, (,   )이라고 읽어요.
10개씩 0묶음, 낱개 9개는 (   )라 쓰고, (,   )이라고 읽어요.
15는 10개씩 (   )묶음, 낱개 (   )개로 가를 수 있고, (,   )이라고 읽어요.
10개씩 2묶음, 낱개 6개는 (   )라 쓰고, (   ) 또는 스물여섯이라고 읽어요.

〈문제〉 ☂은 10개씩 (   )묶음이고,
낱개 (   )이므로
모두 (   )개예요.

정리

◆ 0~99의 수 알기

0부터 99까지의 수는 모두 10개씩 묶음의 수와 낱개의 수로 이루어졌어요.

10개씩 묶음의 수를 앞(왼쪽)에 쓰고, 낱개의 수를 뒤(오른쪽)에 쓰면 수가 완성되지요.

〈예〉

7	4
10묶음	낱개

➡

7	4

➡

74

놀이 활동

◆ 빠르게 세기

1. 빠르게 세기-그림

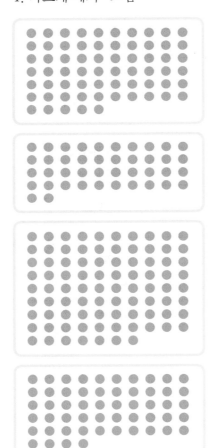

◆ 모으기 가르기 〈부록〉0~9 수 카드 2장

1. 0~9 수 카드 중 2개를 뽑아 99까지 수 만들고 읽어 보기

8 5 ➡ 8 5 와 5 8

팔십 오   오십 팔
(여든다섯)   (쉰여덟)

2. 0~9 수 카드 중 2개를 뽑아 50까지 수 만들고 10묶음과 낱개 수 말하기

6 2 ➡ 2 6

10묶음 (2), 낱개 (6)

➡ 6 2

10묶음 (6), 낱개 (2)

13차시 (100까지 수) 100 알기

📖 **학습목표** • 99보다 1 큰 수가 100이라는 것을 알고 읽고 쓸 수 있다.

👆 도입: [7차시]에서 9보다 1 큰 수(9 다음 수)는 10임을 배웠어요.
그렇다면 99보다 1 큰 수(99 다음 수)는 뭘까요?

◆ ● 1개를 10개씩 묶음이라고 할 때, 아래의 수를 세어 보아요.

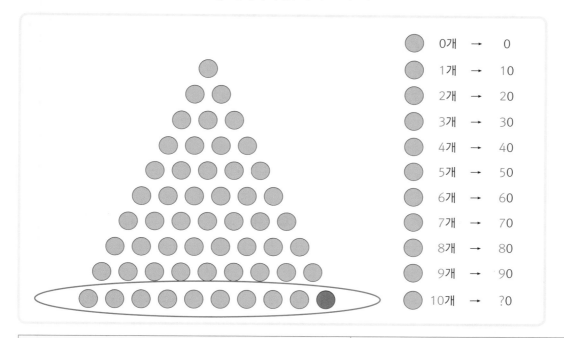

• 9 다음 수(9보다 1 큰 수)가 뭐였나요?	• ? 자리에 들어갈 수는 뭘까요?
• 99를 10개 묶음과 낱개로 나눠 보아요.	
●●●●●●●●● 　 ○○○○○○○○○	
10개 묶음: ( )개　　　 낱개: ( )개	
• 99에 낱개 1개 ○를 더해 보아요.	
●●●●●●●●● 　 ○○○○○○○○○○	
10개 묶음: ( )개　 낱개: ( )개 = 10개 묶음: ( )개	
●●●●●●●●●●	
10개 묶음: ( )개, 낱개: ( )개	

활동 1: 선생님 설명 듣기

◆ 도입에서 살펴본 내용을 이어가 볼까요?

99보다 1 큰 수(99 다음 수)를 알아보아요.

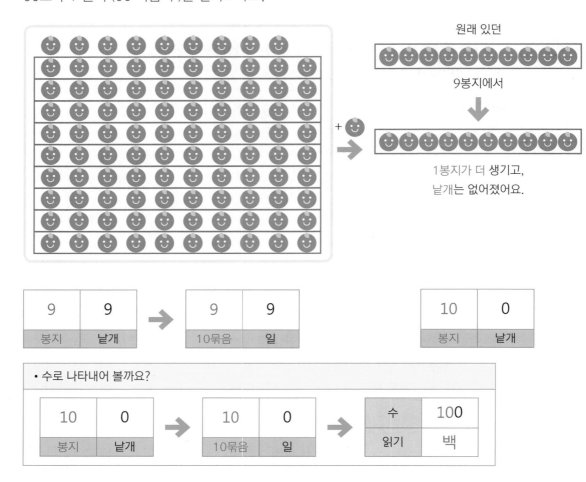

9	9
봉지	낱개

➡

9	9
10묶음	일

10	0
봉지	낱개

• 수로 나타내어 볼까요?

10	0
봉지	낱개

➡

10	0
10묶음	일

➡

수	100
읽기	백

활동 2: 선생님 설명 듣기

◆ 99보다 1 큰 수(99 다음 수)는 무엇일까요?

10	10	10	10	10	100	백
10	10	10	10	• • • • • • • • • •		

99보다 1 큰 수(99 다음 수)를 100이라고 쓰고, 백이라 읽어요.

활동 3: 선생님과 함께 연습하기

◆ 다섯 번씩 따라 쓰고 읽어 보아요.

99보다 1큰 수(99 다음 수)	100	백

○ 연습해 볼까요? 빈칸을 채워 보아요.

90	91	92	93	94	95	96	97	98	99	100

90	91	92	93	94	95	96	97	98		

90	91	92	93	94	95	96	97			

90	91	92	93	94	95	96				

90	91	92	93	94	95					

활동 4: 스스로 서기

◆ 아래의 문제들을 풀면서 얼마나 아는지 확인해 보아요.

※ ( ) 안에 알맞은 말이나 수를 써넣어 보아요.

99보다 1 큰 수(99 다음 수)를 (   )이라 쓰고 (   )이라고 읽어요.
100은 99보다 (   ) 커요.
90 – 91 – 92 – 93 – 94 – 95 – 96 – 97 – 98 – 99 – (   )

정리

◆ 100 알기(99 다음 수, 99보다 1 큰 수)

90	91	92	93	94	95	96	97	98	99	100 백

놀이 활동

◆ 누가 100에 먼저 도착하나? 〈부록〉 주사위(1~6점)

1	2	3	4	5	6	7	8	9	10
36	37	38	39	40	41	42	43	44	11
35	64	65	66	67	68	69	70	45	12
34	63	84	85	86	87	88	71	46	13
33	62	83	96	97	98	89	72	47	14
32	61	82	95	100	99	90	73	48	15
31	60	81	94	93	92	91	74	49	16
30	59	80	79	78	77	76	75	50	17
29	58	57	56	55	54	53	52	51	18
28	27	26	25	24	23	22	21	20	19

1. 주사위를 던져 큰 수가 나오는 사람이 먼저 시작합니다.

2. 주사위를 던져 나오는 수만큼 칸을 색칠합니다. (수의 순서대로)

3. 100에 먼저 도착하는 사람이 이깁니다.

14차시 (100까지 수) 수의 순서

📖 **학습목표** • 100까지 수의 순서를 알 수 있다.

👆 도입: 99 다음 수가 100인 것을 알았지요?

그럼, 이제 0~100의 수의 순서를 알아보아요.

그전에 0~50의 수의 순서를 [10차시]에서 배웠으니 복습하고 넘어갈까요?

○ 빈칸에 알맞은 수를 써넣어 보아요.

0 → 1 → 2 → 3 → 4 → 5 → 6 → 7 → 8 → 9
→ ( ) → 11 → 12 → 13 → 14 → 15 → ( ) → 17 → 18 → 19
→ 20 → ( ) → 22 → 23 → 24 → 25 → 26 → 27 → 28 → ( )
→ ( ) → 31 → 32 → ( ) → 34 → 35 → 36 → 37 → 38 → 39
→ 40 → 41 → ( ) → 43 → 44 → 45 → 46 → ( ) → 48 → 49
→ ( )

○ 50~100의 수도 크게 다르지 않아요.

　0~50의 수를 순서대로 혼자 쓸 수 있다면,

　5~100의 수도 쉽게 쓸 수 있을 거예요.

　준비됐으면, 그럼 시작해 볼까요? ^-^

활동 1: 선생님 설명 듣기

◆ 50~100의 수의 순서를 알아볼까요? 1씩 커지는 수를 읽고 따라 써 보아요.

50 → 51 → 52 → 53 → 54 → 55 → 56 → 57 → 58 → 59
( ) → ( ) → ( ) → ( ) → ( ) → ( ) → ( ) → ( ) → ( ) → ( )

→ 60 → 61 → 62 → 63 → 64 → 65 → 66 → 67 → 68 → 69
→ ( ) → ( ) → ( ) → ( ) → ( ) → ( ) → ( ) → ( ) → ( ) → ( )

→ 70 → 71 → 72 → 73 → 74 → 75 → 76 → 77 → 78 → 79
→ ( ) → ( ) → ( ) → ( ) → ( ) → ( ) → ( ) → ( ) → ( ) → ( )

→ 80 → 81 → 82 → 83 → 84 → 85 → 86 → 87 → 88 → 89
→ ( ) → ( ) → ( ) → ( ) → ( ) → ( ) → ( ) → ( ) → ( ) → ( )

→ 90 → 91 → 92 → 93 → 94 → 95 → 96 → 97 → 98 → 99
→ ( ) → ( ) → ( ) → ( ) → ( ) → ( ) → ( ) → ( ) → ( ) → ( )

→ 100
→ ( )

○ 연습해 볼까요? 빈칸에 알맞은 수를 써 보아요.

50	51	52		54			57		59
60			63			66		68	
	71			74	75			78	
80		82				86			89
			93		95		97		

활동 2: 선생님 설명 듣기

◆ 50~100 수의 순서를 거꾸로 하여 1씩 작아지는 수를 읽고, 써 보아요.

100 → 99 → 98 → 97 → 96 → 95 → 94 → 93 → 92 → 91
( ) → ( ) → ( ) → ( ) → ( ) → ( ) → ( ) → ( ) → ( ) → ( )

→ 90 → 89 → 88 → 87 → 86 → 85 → 84 → 83 → 82 → 81
→ ( ) → ( ) → ( ) → ( ) → ( ) → ( ) → ( ) → ( ) → ( ) → ( )

→ 80 → 79 → 78 → 77 → 76 → 75 → 74 → 73 → 72 → 71
→ ( ) → ( ) → ( ) → ( ) → ( ) → ( ) → ( ) → ( ) → ( ) → ( )

→ 70 → 69 → 68 → 67 → 66 → 65 → 64 → 63 → 62 → 61
→ ( ) → ( ) → ( ) → ( ) → ( ) → ( ) → ( ) → ( ) → ( ) → ( )

→ 60 → 59 → 58 → 57 → 56 → 55 → 54 → 53 → 52 → 51
→ ( ) → ( ) → ( ) → ( ) → ( ) → ( ) → ( ) → ( ) → ( ) → ( )

→ 50
→ ( )

○ 연습해 볼까요? 빈칸에 알맞은 수를 써 보아요.

100		98			95		93		91
90			87			84	83		
	79			76	75			72	
		68				64		62	
60			57	56			53		51

활동 3: 선생님과 함께 연습하기

1. 수를 순서대로 세면서 빈칸에 알맞은 수를 써 보아요.

50	→ ( )	→ ( )	→ 53	→ ( )	→ 55	→ 56	→ ( )					
62	→ ( )	→ 64	→ ( )	→ 66	→ ( )	→ ( )	→ 69					

70	→ 71	→ ( )	→ ( )	→ 74	→ 75	→ ( )	→ 77
( )	→ ( )	→ ( )	→ 86	→ 87	→ ( )	→ 89	

88	→ ( )	→ ( )	→ 91	→ 92	→ 93	→ ( )	→ ( )
( )	→ 94	→ ( )	→ 96	→ ( )	→ ( )	→ 99	( )

2. 수를 거꾸로 세면서 빈칸에 알맞은 수를 써 보아요.

( )	→ ( )	→ 98	→ 97	→ ( )	→ 95	→ 94	→ ( )
93	→ ( )	→ 91	→ ( )	→ 89	→ 88	→ ( )	→ 86

78	→ ( )	→ ( )	→ 75	→ ( )	→ 73	→ ( )	→ ( )
( )	→ ( )	→ ( )	→ 68	→ 67	→ ( )	→ 65	

69	→ ( )	→ ( )	→ 66	→ 65	→ ( )	→ 63	
( )	→ ( )	→ 54	→ 53	→ ( )	→ ( )	→ ( )	

3. 1 작은 수와 1 큰 수를 써 보아요.

1 작은 수 1 큰 수	1 작은 수 1 큰 수
( ) ------ 84 ------ ( )	( ) ------ 62 ------ ( )
1 작은 수 1 큰 수	1 작은 수 1 큰 수
( ) ------ 59 ------ ( )	( ) ------ 70 ------ ( )
1 작은 수 1 큰 수	1 작은 수 1 큰 수
( ) ------ 99 ------ ( )	( ) ------ 51 ------ ( )

활동 4: 스스로 서기

◆ 아래의 문제들을 풀면서 얼마나 아는지 확인해 보아요.

1. 빈칸에 알맞은 수를 써넣어 보아요.

82		84
55		57
59		61

68		70
75		77
98		100

2. 위의 수를 아래 칸에 순서대로 나열해 보아요.

98	100	97	99

```
┌──────┐     ┌──────┐   ┌──────┐     ┌──────┐
│      │ - - │      │ - │      │ - - │      │
└──────┘     └──────┘   └──────┘     └──────┘
```

3. □와 ▲에 들어갈 수를 [   ] 안에 써넣어 보아요.

○ – 69 – □ – 71 – ▲ – 73

□ : [   ]   ,   ▲ : [   ]

4. 다음을 읽고 오른쪽 칸에 써 가며 답을 구해 보아요.

① 69보다 크고 82보다 작은 수예요.
② 76보다 1 큰 수예요.
③ 78보다 1 작은 수예요.
④ 10개 묶음의 수와 낱개의 수가 같아요.

📘 정리

◆ 0~100 수의 순서 알기

0	1	2	3	4	5	6	7	8	9
10	11	12	13	14	15	16	17	18	19
20	21	22	23	24	25	26	27	28	29
30	31	32	33	34	35	36	37	38	39
40	41	42	43	44	45	46	47	48	49
50	51	52	53	54	55	56	57	58	59
60	61	62	63	64	65	66	67	68	69
70	71	72	73	74	75	76	77	78	79
80	81	82	83	84	85	86	87	88	89
90	91	92	93	94	95	96	97	98	99
100									

🐴 놀이 활동

◆ 1 큰 수, 1 작은 수 말하기 〈부록〉 0~9 수 카드 2장씩 / 자리 수 판 2개

1. 수 카드를 오려서 한 세트씩(0~9) 모아 잘 섞어서 뒤집어 놓는다.

× 2

2. 각 세트에서 카드 1장씩을 뽑아 자리 수 판에 올린다.

3. 만든 수를 읽고 1 큰 수, 1 작은 수가 무엇인지 말한다.

※ 단, '00'이 나올 경우: '0'과 '100'으로 생각한다.

15차시 (100까지 수) 크기 비교

📖 **학습목표** • 100까지 수의 크기를 비교할 수 있다.

👆 도입: 어느 쪽이 더 큰가요?

◆ [11차시, 활동 1, 2]에서 50까지 수의 크기 비교하는 방법을 배웠어요.
그때를 떠올리며 그림을 보고 말해 보아요.

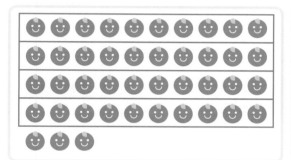

• 어느 쪽이 더 큰가요? (더 크다고 생각하는 쪽에 ○ 해요.)
(오른쪽 , 왼쪽)
• 왜 그렇게 생각하나요?

<table>
<tr><td style="text-align:center">43</td><td style="text-align:center">34</td></tr>
</table>

• 어느 쪽이 더 큰가요? (더 크다고 생각하는 쪽에 ○ 해요.)
(오른쪽 , 왼쪽)
• 왜 그렇게 생각하나요?

○ 위 두 활동을 통해 수를 비교하는 방법을 기억해 냈다면 말해 보아요. 100까지의 수에서도 같은 방법을 사용해서 크기를 비교할 거예요.

활동 1: 선생님 설명 듣기

◆ 100까지 수의 크기를 비교해 보아요.

〈10개씩 묶음의 수가 다를 때〉

10 묶음의 수가 큰 수가 더 커요.			
⑩ ⑩ ⑩ ⑩ ⑩ ● ● ● ● ● ● ●		⑩ ⑩ ⑩ ⑩ ⑩ ⑩ ● ● ● ●	
10 묶음	낱개	10 묶음	낱개
5	7	6	4
더 작다		더 크다	
57은 64보다 작아요. 64는 57보다 커요.			

○ 연습해 볼까요?

수		묶음과 낱개로 나타내기				더 큰 쪽에 ○	
82	91	8	2	9	1	82	(91)
		묶음	낱개	묶음	낱개		

수		묶음과 낱개로 나타내기				더 큰 쪽에 ○	
60	59					60	59
		묶음	낱개	묶음	낱개		

수		묶음과 낱개로 나타내기				더 큰 쪽에 ○	
74	58					74	58
		묶음	낱개	묶음	낱개		

수		묶음과 낱개로 나타내기				더 큰 쪽에 ○	
58	88					58	88
		묶음	낱개	묶음	낱개		

수		묶음과 낱개로 나타내기				더 큰 쪽에 ○	
100	99					100	99
		묶음	낱개	묶음	낱개		

활동 2: 선생님 설명 듣기

◆ 100까지 수의 크기를 비교해 보아요.

〈10개씩 묶음의 수가 같을 때〉

낱개의 수가 큰 수가 더 커요.			
⑩ ⑩ ⑩ ⑩ ⑩ ⑩ ● ● ●		⑩ ⑩ ⑩ ⑩ ⑩ ⑩ ● ● ● ● ● ●	
10 묶음	낱개	10 묶음	낱개
6	3	6	6
더 작다		더 크다	
63은 66보다 작아요. 66은 63보다 커요.			

○ 연습해 볼까요?

수		묶음과 낱개로 나타내기				더 큰 쪽에 ○	
58	53	5	8	5	3	(58)	53
		묶음	낱개	묶음	낱개		

수		묶음과 낱개로 나타내기				더 큰 쪽에 ○	
61	68					61	68
		묶음	낱개	묶음	낱개		

수		묶음과 낱개로 나타내기				더 큰 쪽에 ○	
79	77					79	77
		묶음	낱개	묶음	낱개		

수		묶음과 낱개로 나타내기				더 큰 쪽에 ○	
85	80					85	80
		묶음	낱개	묶음	낱개		

수		묶음과 낱개로 나타내기				더 큰 쪽에 ○	
99	96					99	96
		묶음	낱개	묶음	낱개		

👥 활동 3: 선생님과 함께 연습하기

1. 그림을 보고 더 큰 쪽에 ○표 해요.

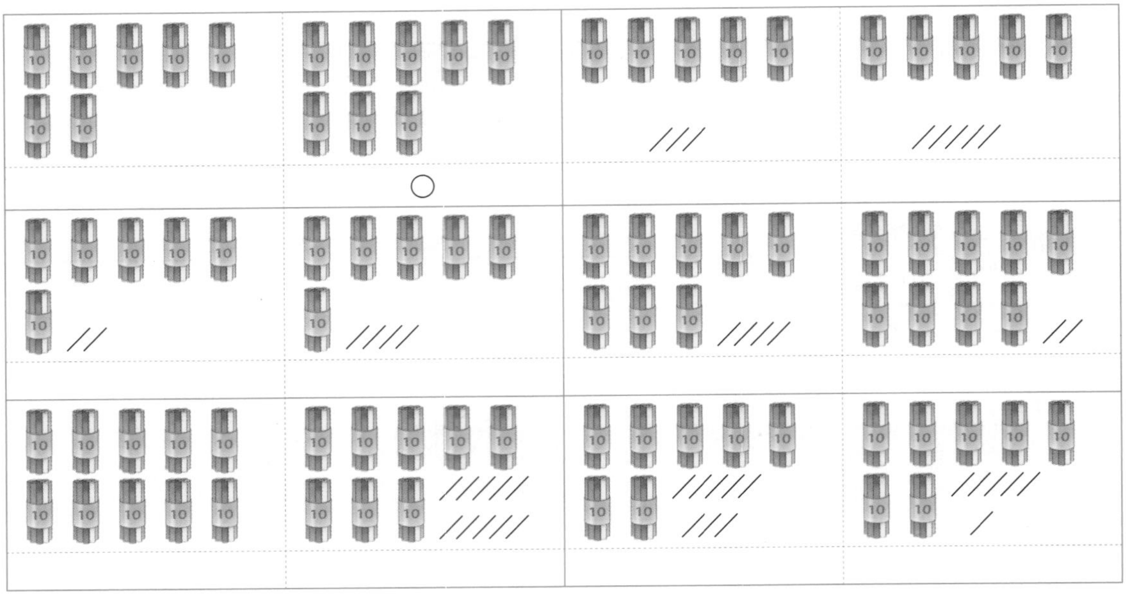

2. 수를 보고 더 작은 쪽에 ○표 해요.

(72) 76   83 62

95 55   55 75

91 88   64 57

93 100   60 59

수를 보고 더 큰 쪽에 ○표 해요.

78 (96)   80 50

76 55   63 99

81 85   100 84

70 66   94 97

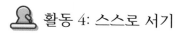

활동 4: 스스로 서기

◆ 아래의 문제들을 풀면서 얼마나 아는지 확인해 보아요.

1. ♡와 ♥의 수를 세고 빈칸에 알맞은 수를 써요.

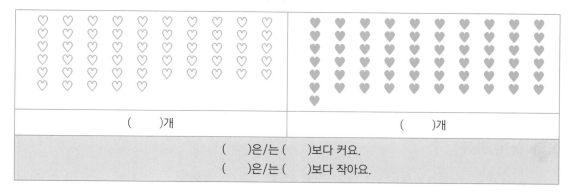

2. 가장 큰 수에 ○표 해요.

70	90	80	

61	59	73	60

가장 작은 수에 ○표 해요.

96	100	78	87	

86	88	82	87	84

3. 오른쪽에 수를 써 가며 답을 찾아보아요. 조건에 맞는 수는 몇 개인가요?

① 85보다 커요.
② 100보다 작아요.
③ 93보다 커요.
④ 98보다 작아요.

답: (   )개

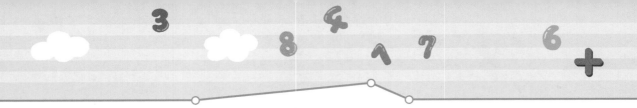

📚 정리

◆ 100까지 수 크기 비교

1. 10개씩 묶음 수가 다를 때	묶음 수가 큰 쪽이 더 큰 수 묶음 수가 작은 쪽이 더 작은 수
2. 10개씩 묶음 수가 같을 때	낱개가 큰 쪽이 더 큰 수 낱개가 작은 쪽이 더 작은 수

🐴 놀이 활동

◆ 누가 누가 더 큰가/작은가? 〈부록〉0~9 수 카드 2장씩 / 자리 수 판 2개

1. 수 카드를 오려서 한 세트씩(0~9) 모아 잘 섞어서 뒤집어 놓는다.

2. 각 세트에서 카드 1장씩을 뽑아 자리 수 판에 올린다.

3. 만든 수 중 더 큰/작은 수를 고르고 비교하여 더 큰/작은 수를 가진 사람이 이긴다.

※ 단, '00'이 나올 경우: '0'과 '100'으로 생각한다.

1단계 수

16차시 (100까지 수) 10씩 뛰어 세기/묶기

📖 **학습목표** • 10씩 뛰어 세고, 몇 묶음인지 세어 100을 이해하여 읽고 쓸 수 있다.

👆 도입: 뛰어 세기 해 볼까요?

◆ 뛰어 세기가 뭘까요? 직접 하면서 알아보아요.

0	1	2	3	4	5	6	7	8	9	10

• 0에서 시작하여 2씩 뛰어 세기 해 보아요. 어떤 수들을 거쳐 가나요?
(0), (   ), (   ), (   ), (   ), (   )
• 0에서 시작하여 5씩 뛰어 세기 해 보아요. 어떤 수들을 거쳐 가나요?
(0), (   ), (   )
• 0에서 시작하여 10씩 뛰어 세기 해 보아요. 어떤 수들을 거쳐 가나요?
(0), (   )

◆ 묶어 세기 해 볼까요?

앞에서 배운 것처럼 10개씩 묶어 세어 몇 개인지 알아보아요.

• 10개씩 몇 묶음인가요? 모두 몇 개인가요?
(   )묶음, 모두 (   )개

활동 1: 선생님 설명 듣기

◆ 0부터 시작하여 10씩 뛰어 세기 하고, 해당 칸에 ○해 보아요.

0	1	2	3	4	5	6	7	8	9
(10)	11	12	13	14	15	16	17	18	19
20	21	22	23	24	25	26	27	28	29
30	31	32	33	34	35	36	37	38	39
40	41	42	43	44	45	46	47	48	49
50	51	52	53	54	55	56	57	58	59
60	61	62	63	64	65	66	67	68	69
70	71	72	73	74	75	76	77	78	79
80	81	82	83	84	85	86	87	88	89
90	91	92	93	94	95	96	97	98	99
100									

○ 10씩 뛰어 세기 해서 나온 수를 아래 빈칸에 써 넣고 연습해 보아요.

1번	2번	3번	4번	5번	6번	7번	8번	9번	10번
10	20								
10									

○ 10씩 뛰어 세기를 열 번 해서 나온 수는 무엇인가요? (   )

활동 2: 선생님 설명 듣기

◆ 10개씩 묶어 세어 몇 묶음, 몇 개인지 알아보아요.

	1	10		6	60
	10묶음	개수		10묶음	개수
	10묶음	개수		10묶음	개수
	10묶음	개수		10묶음	개수
	10묶음	개수		10묶음	개수
	10묶음	개수		10묶음	개수

○ 10개씩 묶어 세기 해서 나온 수를 아래 빈칸에 써 넣고 연습해 보아요.

1묶음	2묶음	3묶음	4묶음	5묶음	6묶음	7묶음	8묶음	9묶음	10묶음
10	20								
10									

○ 10개씩 10묶음인 수는 무엇인가요? (   )

활동 3: 선생님과 함께 연습하기

◆ 다양한 방법으로 100을 알아보아요.

아래 수직선에서 빈칸에 알맞은 수를 써넣어 보아요.

0	10	( )	30	40	50	( )	70	80	90	( )

◆ 아래 10원짜리 동전을 세어 모두 얼마인지 써넣어 보아요.

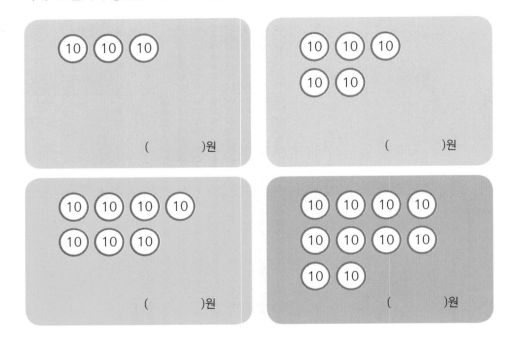

◆ 지금까지 100을 나타낸 방법들을 생각나는 대로 써 보아요.

1	99보다 1 큰 수 (99 다음 수)
2	( )이라고 쓰고, ( )이라고 읽어요.
3	0부터 ( )씩 뛰어 세기 하여 ( )번째 수
4	( )개씩 묶어 세기 하여 ( )묶음인 수

활동 4: 스스로 서기

◆ 아래의 문제들을 풀면서 얼마나 아는지 확인해 보아요.

1. 빈칸에 알맞은 수를 써넣어 보아요.

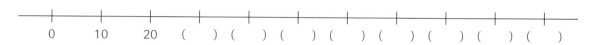

0   10   20   (   )   (   )   (   )   (   )   (   )   (   )   (   )   (   )

2. ●은 모두 몇 개인가요?   (   )개

3. 자신만의 방법으로 100을 설명해 보아요.

📚 정리

◆ 100 알기(뛰어 세기/묶어 세기)

10씩 뛰어 세기 하여 10번째 수
10개씩 묶어 세기 하여 10묶음인 수

1	0	0
10묶음 10개	10묶음	낱개

🐴 놀이 활동

◆ 10개씩 묶어 100 만들기, 100은 몇 개인가요?

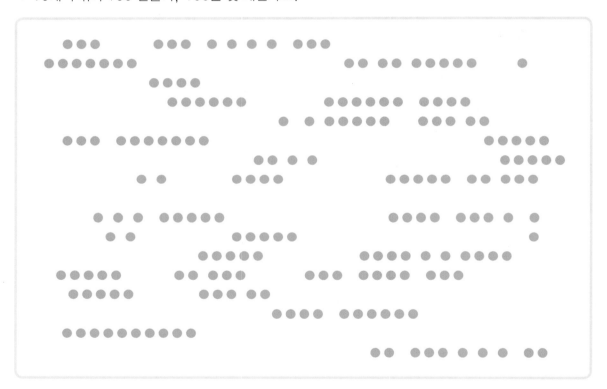

10묶음이 10개인 100이 (   )개 있어요.

17차시 (세 자리 수) 몇백 알기

📖 **학습목표** • 100이 몇이면 몇백이 됨을 이해하여 읽고 쓸 수 있다.

👆 도입: 100이 몇이면 어떻게 될까요?

◆ [9, 12차시]에서 이미 배운 몇십을 보면서 생각해 보아요.

• 얼마인가요? 수로 나타내어 보아요.

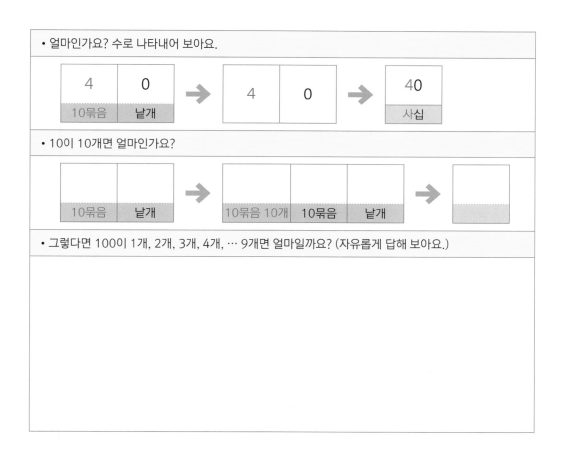

• 10이 10개면 얼마인가요?

• 그렇다면 100이 1개, 2개, 3개, 4개, … 9개면 얼마일까요? (자유롭게 답해 보아요.)

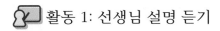

활동 1: 선생님 설명 듣기

◆ 100이 몇이면 얼마가 될까요? 100을 직접 그리고 몇백을 알아보아요.

	1	0	0	100	백
⑩⑩⑩⑩⑩ ⑩⑩⑩⑩⑩	10묶음 10개	10묶음	낱개		
⑩⑩	2	0	0	200	이백
	10묶음 10개	10묶음	낱개		
⑩⑩⑩					
	10묶음 10개	10묶음	낱개		
	10묶음 10개	10묶음	낱개		
	10묶음 10개	10묶음	낱개		
	10묶음 10개	10묶음	낱개		
	10묶음 10개	10묶음	낱개		
	10묶음 10개	10묶음	낱개		

○ 연습해 볼까요? 읽으면서 따라 써 보아요.

100	200	300	400	500	600	700	800	900
100	200	300						
백	이백							
백								

활동 2: 선생님과 함께 연습하기

◆ 몇백에 대해 계속 알아보아요. 빈칸에 알맞은 수나 글자를 써넣어 보아요.

100 개수	1개	2개	3개	4개	5개	6개	7개	8개	9개
수	100								
읽기	백								

○ 계속 연습해 볼까요? 빈칸에 알맞은 글자나 수를 써넣어 보아요.

수	100	200	300	400	500	600	700	800	900
읽기	백								
100의 개수	1								

활동 3: 스스로 서기

◆ 아래의 문제들을 풀면서 얼마나 아는지 확인해 보아요.

1. 빈칸에 알맞은 수를 써넣어 보아요.

100 개수	3	7	5	9	2	4	1	8	6
수									
읽기									

2. 수로 나타내어 보아요.

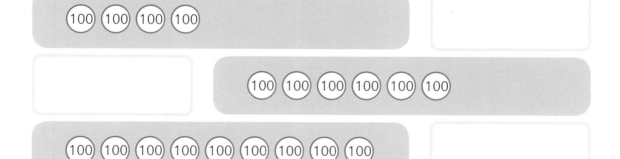

정리

◆ 몇백 알기

100 개수	1개	2개	3개	4개	5개	6개	7개	8개	9개
수	100	200	300	400	500	600	700	800	900
읽기	(일)백	이백	삼백	사백	오백	육백	칠백	팔백	구백

놀이 활동

◆ 100이 몇 개면 얼마일까요? 〈부록〉 0~9 수 카드

1. 수 카드를 오려서 한 세트씩(0~9) 모아 잘 섞어서 뒤집어 놓는다.

1개

2. 수 카드를 1개씩 뽑아 백 자리에 넣는다.

3. 만든 수에서 100이 몇 개인지 말하고 읽은 후, 그림으로 나타내어 본다.

(예) 3 →

백	십	일	100의 개수	수 읽기	그림		
3	0	0	100이 3개	삼백	(100)	(100)	(100)

18차시 (세 자리 수) 수의 구성

📖 **학습목표** • 세 자리 수는 100이 몇, 10이 몇, 1이 몇으로 구성됨을 이해하여 세 자리 수를 읽고 쓸 수 있다.

도입: 세 자리 수는 어떻게 읽고 쓸까요?

◆ 100, 10, 1로 이루어진 수는 어떻게 나타낼까요?

그림을 보고 생각해 보아요.

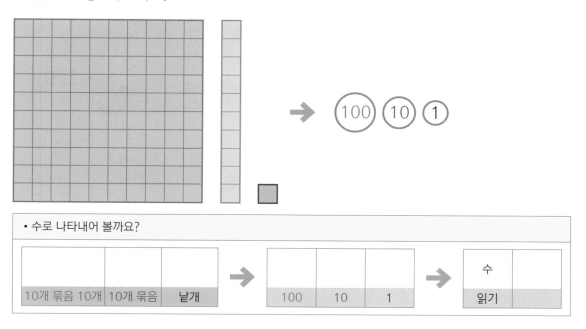

10개 묶음 10개	10개 묶음	낱개		100	10	1		수 읽기

• 수로 나타내어 볼까요?

◆ 세 자리 수가 어떻게 이루어졌는지 알았나요?

100, 10, 1로 이루어진 수를 어떻게 쓰고 읽는지 알아보아요.

활동 1: 선생님 설명 듣기

◆ 세 자리 수는 어떻게 이루어졌을까요?

100, 10, 1을 1개씩 사용하여 다양한 수들을 만들어 쓰고 읽어 보아요.

	10묶음 10개 (100)	10묶음 (10)	낱개 (1)		
①1			1	1	일
⑩10		1	0	10	십
⑩⑩100	1	0	0	100	백
⑩10 ①1		1	1	11	십일
⑩⑩100 ①1	1	0	1	101	백일
⑩⑩100 ⑩10	1	1	0	110	백십
⑩⑩100 ⑩10 ①1	1	1	1	111	백십일

◆ 위의 100, 10, 1로 이루어진 수들 중에서 세 자리 수만 찾아 써 보아요.

10묶음 10개 (100)	10묶음 (10)	낱개 (1)

〈질문〉 공통점이 무엇인가요?

➡ (   )을 가지고 있다.

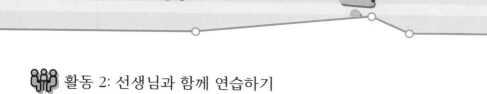

활동 2: 선생님과 함께 연습하기

◆ 100, 10, 1의 그림을 보고 빈칸에 알맞은 수를 쓰고 읽어 보아요.

(단, 세 자리 수가 되려면 100은 꼭 1개 이상 있어야 함을 기억해요.)

그림	10묶음 10개 (100)	10묶음 (10)	낱개 (1)	수	읽기
(100) (1) (1)	1	0	2	102	백 이
(100) (10) (10)					
(100) (100)					
(100) (100) (1)					
(100) (10) (1) (1)					
(100) (10) (10) (10) (1)					
(100) (10) (1) (100) (10) (1) (1)					
(100) (100) (10) (1) (1) (100) (10) (10) (1)					
(100) (10) (10) (10) (1) (1) (100) (100) (100) (1) (1)					

👥 **활동 3: 선생님과 함께 연습하기**

◆ 100, 10, 1의 그림을 자유롭게 그린 후 수로 나타내고 읽어 보아요.

(단, 세 자리 수가 되려면 100은 꼭 1개 이상 있어야 함을 기억해요.)

100 10 1 1 100 10 1	2	2	3	223	이백 이십 삼
	10묶음 10개 (100)	10묶음 (10)	낱개 (1)		
	10묶음 10개 (100)	10묶음 (10)	낱개 (1)		
	10묶음 10개 (100)	10묶음 (10)	낱개 (1)		
	10묶음 10개 (100)	10묶음 (10)	낱개 (1)		
	10묶음 10개 (100)	10묶음 (10)	낱개 (1)		
	10묶음 10개 (100)	10묶음 (10)	낱개 (1)		
	10묶음 10개 (100)	10묶음 (10)	낱개 (1)		

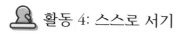 활동 4: 스스로 서기

◆ 아래의 문제들을 풀면서 얼마나 아는지 확인해 보아요.

1. 아래 그림을 보고 빈칸을 채워 보아요.

	10묶음 10개 (100)	10묶음 (10)	낱개 (1)	수	읽기
(100)(100)(1)(1)(1)(10)(1)(100)(100)(10)(10)(1)(1)					

2. 알맞게 이어 보세요.

357 ● ● 오백이십구

529 ● ● 칠백칠십

909 ● ● 삼백오십칠

770 ● ● 구백구

3. 다음을 읽고 그림을 그린 후, 수로 나타내고 읽어 보아요.

① 100이 4개 있어요.
② 10이 5개 있어요.
③ 1이 9개 있어요.

➡

수: (   )
읽기: (   )

정리

◆ 세 자리 수 알기

□	△	○
10묶음 10개 (100)	10묶음 (10)	낱개 (1)

➡️

수	□△○
읽기	□백△십○

놀이 활동

◆ 세 자리 수 만들고, 수 알기 〈부록〉 0~9 수 카드

1. 수 카드를 오려서 한 세트씩(0~9) 모아 잘 섞어서 뒤집어 놓는다.

0	1	2	3	4
5	6	7	8	9

1개

2. 수 카드를 3개 뽑는다.

3. 가능한 세 자리 수를 모두 만든다.

4. 만든 수에서 100/10/1이 몇 개인지 말하고, 수를 읽는다.

(예) 3, 7, 1 ➡️

백	십	일	100의 개수	수 읽기
1	3	7	100이 1개, 10이 3개, 1이 7개	백삼십칠
1	7	3		
3	1	7		
3	7	1		
7	1	3		
7	3	1		

19차시 (세 자리 수) 자릿수 알기

📖 **학습목표** • 세 자리 수는 백, 십, 일의 자릿수를 가지고 있음을 알고, 각 자리의 숫자가 나타내는 값을 이해할 수 있다.

👆 도입: 세 자리 수의 각 자릿수는 무엇일까요?

◆ [18차시]에서 배운 세 자리 수를 생각하며 답해 보아요.

• 수로 나타내어 볼까요?

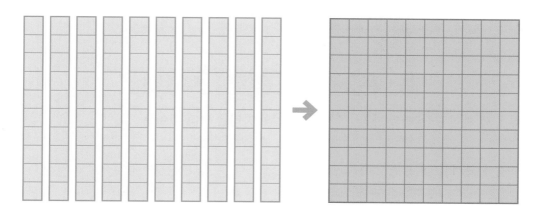

• 수로 나타내어 볼까요?

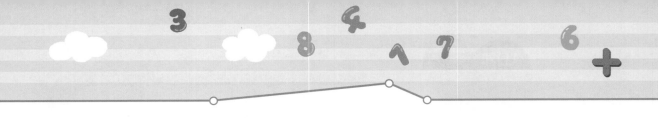

활동 1: 선생님 설명 듣기

◆ 세 자리 수에서 각각의 자릿수가 나타내는 것이 무엇일까요?

[18차시]에서 배운 내용을 통해 알아보아요.

	10묶음 10개 (100)	10묶음 (10)	낱개 (1)		
①			1	1	일
⑩		1	0	10	십
⑩⑩	1	0	0	100	백

세 자리 수가 되려면 100이 꼭 있어야 하는 걸 알 수 있어요.

세 자리 수에서 각각의 자릿수가 나타내는 것은

1	0	0
백(100)의 자리	십(10)의 자리	일(1)의 자리

이렇게 세 자리 수는 백의 자리, 십의 자리, 일의 자리를 갖고 있어요.

○ 연습해 볼까요? 읽으면서 따라 써 보아요.

1	0	0
백의 자리	십의 자리	일의 자리

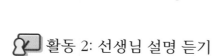

활동 2: 선생님 설명 듣기

◆ 각 자릿수의 숫자가 나타내는 것이 무엇일까요?

[18차시]에서 배운 내용을 통해 알아보아요.

		백의 자리	십의 자리	일의 자리		
(100)	(1)	1	0	1	101	백일
(100) (10)		1	1	0	110	백십
(100) (10)	(1)	1	1	1	111	백십일

○ 각 자리의 숫자는 각각 백, 십, 일의 개수를 나타내요.

○ 연습해 볼까요? 빈칸에 알맞은 수를 써넣어 보아요.

	백의 자리	십의 자리	일의 자리	
101	1	0	1	▶ 100이 (1)개 10이 (0)개 1이 (1)개
470				▶ 100이 ( )개 10이 ( )개 1이 ( )개
351				▶ 100이 ( )개 10이 ( )개 1이 ( )개
246				▶ 100이 ( )개 10이 ( )개 1이 ( )개
829				▶ 100이 ( )개 10이 ( )개 1이 ( )개

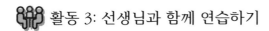

활동 3: 선생님과 함께 연습하기

◆ 세 자리 수를 읽고 빈칸에 알맞은 글자나 수를 써넣어 보아요.

187	1	8	7	▶100이 (1)개 = 100 10이 (8)개 = 80 1이 (7)개 = 7
	( )의 자리	( )의 자리	( )의 자리	
475				▶100이 ( )개 10이 ( )개 1이 ( )개
	( )의 자리	( )의 자리	( )의 자리	
846				▶100이 ( )개 10이 ( )개 1이 ( )개
	( )의 자리	( )의 자리	( )의 자리	
252				▶100이 ( )개 10이 ( )개 1이 ( )개
	( )의 자리	( )의 자리	( )의 자리	
329				▶100이 ( )개 10이 ( )개 1이 ( )개
	( )의 자리	( )의 자리	( )의 자리	
500				▶100이 ( )개 10이 ( )개 1이 ( )개
	( )의 자리	( )의 자리	( )의 자리	
731				▶100이 ( )개 10이 ( )개 1이 ( )개
	( )의 자리	( )의 자리	( )의 자리	
913				▶100이 ( )개 10이 ( )개 1이 ( )개
	( )의 자리	( )의 자리	( )의 자리	
664				▶100이 ( )개 10이 ( )개 1이 ( )개
	( )의 자리	( )의 자리	( )의 자리	

활동 4: 스스로 서기

◆ 아래의 문제들을 풀면서 얼마나 아는지 확인해 보아요.

1. 빈칸에 알맞은 (세 자리 수의) 자릿수 이름을 써넣어 보아요.

1	0	0
( )의 자리	( )의 자리	( )의 자리

2. 100, 10, 1의 개수를 보고 알맞은 세 자리 수로 나타내어 보아요.

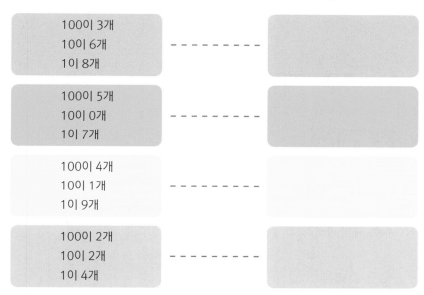

100이 3개
10이 6개
1이 8개

- - - - - - - - -

100이 5개
10이 0개
1이 7개

- - - - - - - - -

100이 4개
10이 1개
1이 9개

- - - - - - - - -

100이 2개
10이 2개
1이 4개

- - - - - - - - -

3. 빈칸에 알맞은 글자나 수를 써넣어 보아요.

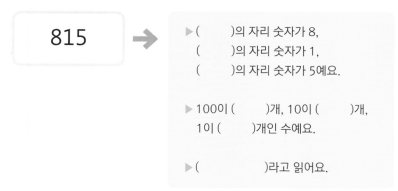

815 →

▶ (   )의 자리 숫자가 8,
(   )의 자리 숫자가 1,
(   )의 자리 숫자가 5예요.

▶ 100이 (   )개, 10이 (   )개,
1이 (   )개인 수예요.

▶ (   )라고 읽어요.

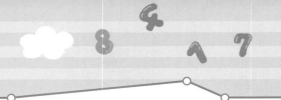

📗 정리

◆ 세 자리 수의 자릿수 알기

1	0	0
백의 자리	십의 자리	일의 자리

세 자리 수는 백의 자리, 십의 자리, 일의 자리를 갖고 있어요.

그래서 각 자리의 숫자는 백의 개수, 십의 개수, 일의 개수를 나타내요.

🐴 놀이 활동

◆ 세 자리 수 만들고, 수 알기 〈부록〉 0~9 수 카드 3세트

1. 수 카드를 오려서 한 세트씩(0~9) 모아 잘 섞어서 뒤집어 놓는다.

0	1	2	3	4
5	6	7	8	9

3개(세트당 백/십/일의 자리)

2. 백/십/일의 자리 수 카드 세트에서 각각 1장씩을 뽑는다.

3. 가능한 세 자리 수를 모두 만든다.

4. 만든 수에서 100/10/1이 몇 개인지 말하고, 수를 읽은 후, 가장 큰/작은 수를 찾는다.

(예) 5, 2, 6 ➡

백	십	일	100의 개수	수 읽기	
2	5	6	100이 2개, 10이 5개, 1이 6개	이백오십육	가장 작은 수
2	6	5			
5	2	6			
5	6	2			
6	2	5			
6	5	2			가장 큰 수

20차시 (세 자리 수) 뛰어 세기

📖 **학습목표** • 1씩, 10씩, 100씩 뛰어 세기를 통해 세 자리 수의 계열을 익히고, 999보다 1 큰 수가 1000임을 이해할 수 있다.

👆 도입: 세 자리 수의 뛰어 세기를 해 볼까요?

◆ [16차시]에서 배운 것처럼 1씩, 10씩 뛰어 세기를 해 보아요.

100	(101)	(102)	(103)	104	105	106	107	108	109	(110)
111	112	113	114	115	116	117	118	119	(120)	121
122	123	124	125	126	127	128	129	(130)	131	132
133	134	135	136	137	138	139	140	141	142	143
144	145	146	147	148	149	150	151	152	153	154
155	156	157	158	159	160	161	162	163	164	165
166	167	168	169	170	171	172	173	174	175	176
177	178	179	180	181	182	183	184	185	186	187
188	189	190	191	192	193	194	195	196	197	198
199	(200)	201	202	203	204	205	206	207	208	…

• 1씩 뛰어 세기 하면, 무슨 자리의 숫자가 커지나요?

100	101	102	103	104	105	106	…

(　　)의 자리

• 10씩 뛰어 세기 하면, 무슨 자리의 숫자가 커지나요?

100	110	120	130	140	150	160	…

(　　)의 자리

• 100씩 뛰어 세기 하면, 무슨 자리의 숫자가 커질까요? (빈칸을 채워 보아요.)

100	200						…

(　　)의 자리

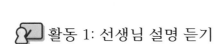

활동 1: 선생님 설명 듣기

◆ 다양한 방법으로 1씩, 10씩, 100씩 뛰어 세기를 해 보아요.
  아래 수직선에서 빈칸에 알맞은 수를 써넣어 보아요.

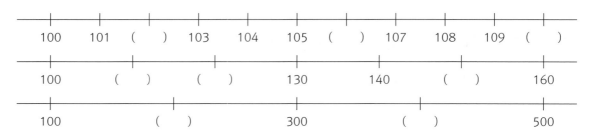

◆ 아래 동전을 세어 모두 얼마인지 써넣어 보아요.

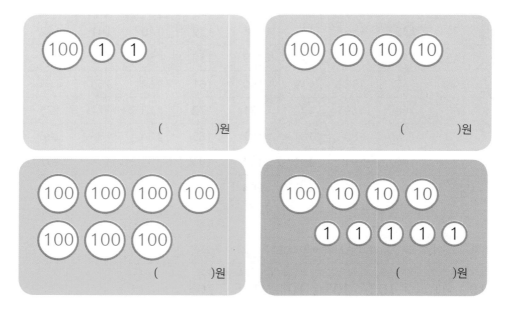

○ 연습해 볼까요? 읽으면서 따라 써 보아요.

1씩	100	101	102	103	104	105	106	107	108	109
10씩	100	110	120	130	140	150	160	170	180	190
100씩	100	200	300	400	500	600	700	800	900	?

활동 2: 선생님 설명 듣기

◆ 999보다 1 큰 수(999 다음 수)는 무엇일까요?

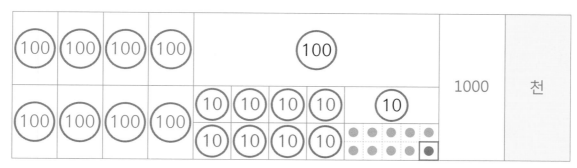

999보다 1 큰 수(999 다음 수)를 1000이라고 쓰고, 천이라 읽어요.

활동 3: 선생님과 함께 연습하기

◆ 다섯 번씩 따라 쓰고 읽어 보아요.

999보다 1큰 수(999 다음 수)	1000	천

○ 연습해 볼까요? 빈칸을 채워 보아요.

| 990 | 991 | 992 | 993 | 994 | 995 | 996 | 997 | 998 | | |

| 900 | 910 | 920 | 930 | 940 | 950 | 960 | 970 | | |

| 100 | 200 | 300 | 400 | 500 | 600 | | | |

활동 4: 스스로 서기

◆ 아래의 문제들을 풀면서 얼마나 아는지 확인해 보아요.

※ ( ) 안에 알맞은 말이나 수를 써넣어 보아요.

999보다 1 큰 수(999 다음 수)를 (　　　)이라 쓰고 (　　　)이라고 읽어요.
1000은 999보다 (　　　) 커요.
990 – 991 – 992 – 993 – 994 – 995 – 996 – 997 – 998 – 999 – (　　　)
900 – 910 – 920 – 930 – 940 – 950 – 960 – 970 – 980 – 990 – (　　　)
1000은 990보다 (　　　) 커요.
100 – 200 – 300 – 400 – 500 – 600 – 700 – 800 – 900 – (　　　)
1000은 900보다 (　　　) 커요.

정리

◆ 999보다 1 큰 수 알기

990	991	992	993	994	995	996	997	998	999	1000 천

놀이 활동

◆ 1000 만들기

※ 그림을 그려 가며 다양한 방법으로 1000을 만들어 봅시다.

1	100이 10개	(100)(100)(100)(100)(100)(100)(100)(100)(100)(100)
2	100이 9개 10이 10개	
3		
4		

21차시 (세 자리 수) 크기 비교

📖 **학습목표** • 세 자리 수의 크기를 비교할 수 있다.

👆 도입: 어느 쪽이 더 큰가요?

◆ [15차시, 활동 1, 2]에서 100까지 수의 크기 비교하는 방법을 배웠어요.
그때를 떠올리며 그림을 보고 말해 보아요.

• 어느 쪽이 더 큰가요? (더 크다고 생각하는 쪽에 ○ 해요.)
(오른쪽 , 왼쪽)
• 왜 그렇게 생각하나요?

95   **93**

• 어느 쪽이 더 큰가요? (더 크다고 생각하는 쪽에 ○ 해요.)
(오른쪽 , 왼쪽)
• 왜 그렇게 생각하나요?

○ 위 두 활동을 통해 수를 비교하는 방법을 기억해 냈다면 말해 보아요.
100 이상의 세 자리 수에서도 같은 방법을 사용해서 크기를 비교할 거예요.

활동 1: 선생님 설명 듣기

◆ 세 자리 수의 크기를 비교해 보아요.

〈백의 자리의 수가 다를 때〉

〈1등〉 백의 자리 수가 큰 수가 더 커요.					
129			215		
1	2	9	2	1	5
백의 자리	십의 자리	일의 자리	백의 자리	십의 자리	일의 자리
더 작다			더 크다		
129는 215보다 작아요. 215는 129보다 커요.					

○ 연습해 볼까요?

수	묶음과 낱개로 나타내기			더 큰 쪽에 ○	
	백의 자리	십의 자리	일의 자리		
275	2	7	5	275	(527)
527	5	2	7		
810				810	108
108					
684				684	784
784					
339				339	402
402					
567				567	692
692					
500				500	499
499					

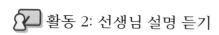

활동 2: 선생님 설명 듣기

1. 세 자리 수의 크기를 비교해 보아요.

〈백의 자리의 수가 같을 때〉

〈2등〉 십의 자리 수가 큰 수가 더 커요.					
229			215		
2	2	9	2	1	5
백의 자리	십의 자리	일의 자리	백의 자리	십의 자리	일의 자리
더 크다			더 작다		
215는 229보다 작아요. 229는 215보다 커요.					

○ 연습해 볼까요?

수	묶음과 낱개로 나타내기			더 큰 쪽에 ○	
	백의 자리	십의 자리	일의 자리		
275	2	7	5	(275)	227
227	2	2	7		
810				810	808
808					
684				684	648
648					
339				339	302
302					
562				562	592
592					
400				400	499
499					

2. 세 자리 수의 크기를 비교해 보아요.

〈백/십의 자리 수가 같을 때〉

〈3등〉 일의 자리 수가 큰 수가 더 커요.					
229			225		
2	2	9	2	2	5
백의 자리	십의 자리	일의 자리	백의 자리	십의 자리	일의 자리
더 크다			더 작다		
	225는 229보다 작아요. 229는 225보다 커요.				

○ 연습해 볼까요?

수	묶음과 낱개로 나타내기			더 큰 쪽에 ○	
	백의 자리	십의 자리	일의 자리		
275	2	7	5	275	(277)
277	2	7	7		
810				810	818
818					
684				684	688
688					
339				339	332
332					
593				593	592
592					
400				400	409
409					

활동 3: 선생님과 함께 연습하기

◆ 수를 보고 더 작은 쪽에 ○표 해요.

(172)	176		283	362
495	455		653	275
991	888		464	462
903	100		670	579
728	726		830	532
796	595		706	755
821	835		861	865
740	636		170	966

◆ 수를 보고 더 큰 쪽에 ○표 해요.

172	(176)		803	602
985	955		153	175
901	808		921	981
963	800		604	592
778	796		870	570
796	756		663	699
821	835		100	104
780	866		914	917

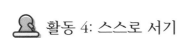

활동 4: 스스로 서기

◆ 아래의 문제들을 풀면서 얼마나 아는지 확인해 보아요.

1. 가장 큰 수에 ○표 해요.

170	190	180

651	529	673	660

가장 작은 수에 ○표 해요.

296	180	379	287

386	488	382	487	384

2. 오른쪽에 수를 써 가며 답을 찾아보아요. 조건에 맞는 수는 몇 개인가요?

① 500보다 커요.
② 600보다 작아요.
③ 백, 십, 일의 자리 수가
   모두 같아요.

답: (   )개

정리

◆ 세 자리 수의 크기 비교

〈1등〉 **백**의 자리 수가 **다를** 때	백의 자리 수가 큰 쪽이 더 큰 수 백의 자리 수가 작은 쪽이 더 작은 수
〈2등〉 **백**의 자리 수가 **같을** 때	십의 자리 수가 큰 쪽이 더 큰 수 십의 자리 수가 작은 쪽이 더 작은 수
〈3등〉 **백/십**의 자리 수가 **같을** 때	일의 자리 수가 큰 쪽이 더 큰 수 일의 자리 수가 작은 쪽이 더 작은 수

🐴 놀이 활동

◆ 누가 누가 더 큰/작은가? 〈부록〉 0~9 수 카드 3세트 / 자리 수 판 2개

1. 수 카드를 3세트 오려서 1세트씩(0~9) 모아 잘 섞어서 뒤집어 놓는다.

| 0 | 1 | 2 | 3 | 4 |
| 5 | 6 | 7 | 8 | 9 |

3개

2. 각 세트에서 카드 1장씩을 뽑아 자리 수 판에 올린다.

| 8 | 3 | 1 |

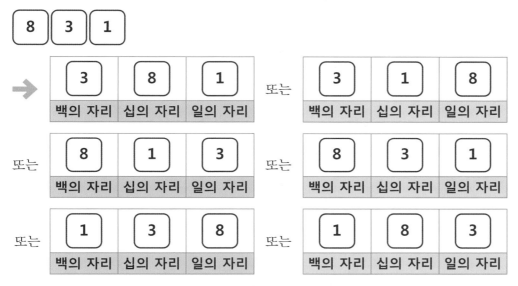

→
| 3 | 8 | 1 |
| 백의 자리 | 십의 자리 | 일의 자리 |

또는
| 3 | 1 | 8 |
| 백의 자리 | 십의 자리 | 일의 자리 |

또는
| 8 | 1 | 3 |
| 백의 자리 | 십의 자리 | 일의 자리 |

또는
| 8 | 3 | 1 |
| 백의 자리 | 십의 자리 | 일의 자리 |

또는
| 1 | 3 | 8 |
| 백의 자리 | 십의 자리 | 일의 자리 |

또는
| 1 | 8 | 3 |
| 백의 자리 | 십의 자리 | 일의 자리 |

3. 만든 수 중 더 큰/작은 수를 고르고 비교하여 가장 큰/작은 수를 찾아본다.

※ 단, '000'이 나올 경우: '0'과 '1000'으로 생각한다.

22 차시 (네 자리 수) 천/몇천/수의 구성

📖 **학습목표** • 천, 몇천, 네 자리 수를 이해하여 읽고 쓸 수 있다.

👆 도입: 1000 이상의 수에 대해 알아볼까요?

◆ [9, 12, 17차시]에서 이미 배운 몇십, 몇백을 보면서 생각해 보아요.

• 얼마인가요? 수로 나타내어 보아요.

십	일

➡️

➡️

수	
읽기	

• 100이 3개면 얼마인가요?

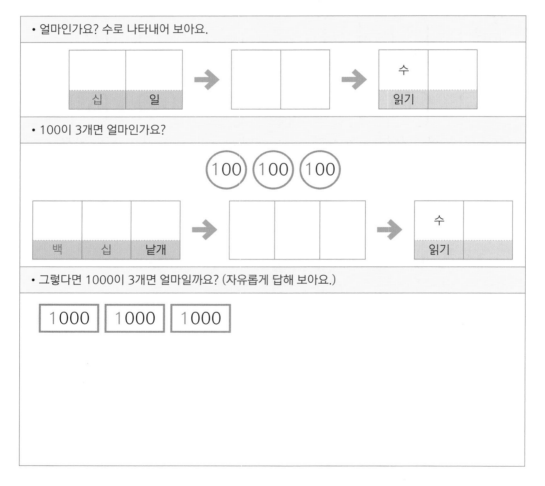

100 100 100

백	십	낱개

➡️

➡️

수	
읽기	

• 그렇다면 1000이 3개면 얼마일까요? (자유롭게 답해 보아요.)

1000	1000	1000

활동 1: 선생님 설명 듣기

◆ 1000이 몇이면 얼마가 될까요? 몇천을 알아보아요.

(그림)	천	백	십	일		
100 100 100 100 100 / 100 100 100 100 100	1	0	0	0	1000	천
	천	백	십	일		
1000 1000	2	0	0	0	2000	이천
	천	백	십	일		
1000 1000 1000						
	천	백	십	일		
100 100 1000 / 1000						
	천	백	십	일		
100 100 1000 / 100 1000						
	천	백	십	일		
100 100 1000 / 100 100 1000						
	천	백	십	일		
100 100 100 1000 / 100 100 1000						
	천	백	십	일		
100 100 100 1000 / 100 100 100 1000						
	천	백	십	일		
10 10 10 10 1000 / 10 10 10 1000						
	천	백	십	일		

○ 연습해 볼까요? 읽으면서 따라 써 보아요.

1000	2000	3000	4000	5000	6000	7000	8000	9000
1000	2000	3000						
천	이천							
천								

활동 2: 선생님 설명 듣기

◆ 네 자리 수는 어떻게 이루어졌을까요?

1000, 100, 10, 1을 1개씩 사용하여 다양한 수들을 만들어 쓰고 읽어 보아요.

	천	백	십	일		
1000	1	0	0	0	1000	천
1000 ①	1	0	0	1	1001	천일
1000 ⑩	1	0	1	0	1010	천십
1000 ⑩⓪	1	1	0	0	1100	천백
1000 ⑩①	1	0	1	1	1011	천십일
1000 ⑩⓪ ⑩ ①	1	1	1	1	1111	천백십일

이렇게 1000, 100, 10, 1로 이루어진 수들이 네 자리 수예요.

○ 아래의 네 자리 수를 읽어 보아요.

	천	백	십	일	
1187	1	1	8	7	천백팔십칠
2475					
5846					

활동 3: 선생님과 함께 연습하기

◆ 아래의 네 자리 수를 읽어 보아요.

1187	1	1	8	7	천백팔십칠
	천	백	십	일	
2475					
	천	백	십	일	
3846					
	천	백	십	일	
4720					
	천	백	십	일	
5519					
	천	백	십	일	
6632					
	천	백	십	일	
7061					
	천	백	십	일	
8353					
	천	백	십	일	
9208					
	천	백	십	일	

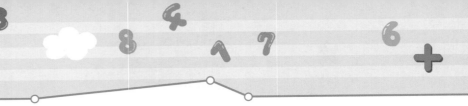

활동 4: 스스로 서기

◆ 아래의 문제들을 풀면서 얼마나 아는지 확인해 보아요.

1. 빈칸에 알맞은 수나 글자를 써넣어 보아요.

1000	2000		4000		6000	7000		9000
	이천	삼천				칠천	팔천	

2. 알맞게 이어 보세요.

3502 ●		● 구천오백이십삼
6085 ●		● 육천팔십오
2722 ●		● 칠천구백십사
9523 ●		● ( )
7914 ●		● 삼천오백이

3. 다음을 읽고 그림을 그린 후, 수로 나타내고 읽어 보아요.

① 1000이 3개 있어요.
② 100이 1개 있어요.
③ 10이 5개 있어요.
④ 1이 6개 있어요.

→

수: ( )
읽기: ( )

📚 정리

◆ 네 자리 수 알기

수	☆□△○
읽기	☆천□백△십○

🐴 놀이 활동

◆ 수 받아쓰기

※ 선생님께서 불러 주시는 네 자리 수를 빠르게 받아쓰기 해 봅시다.

번호	천	백	십	일
1	3	7	9	1
2				
3				
4				
5				
6				
7				
8				
9				
10				
11				
12				
13				
14				
15				

➡

네 자리 수
3791

23차시 (네 자리 수) 자릿수 알기

📖 **학습목표** • 네 자리 수의 자리와 자릿값, 각 자리의 숫자가 나타내는 값을 이해할 수 있다.

👆 도입: 네 자리 수의 각 자릿수는 무엇일까요?

◆ 그림을 보고 답해 보아요.

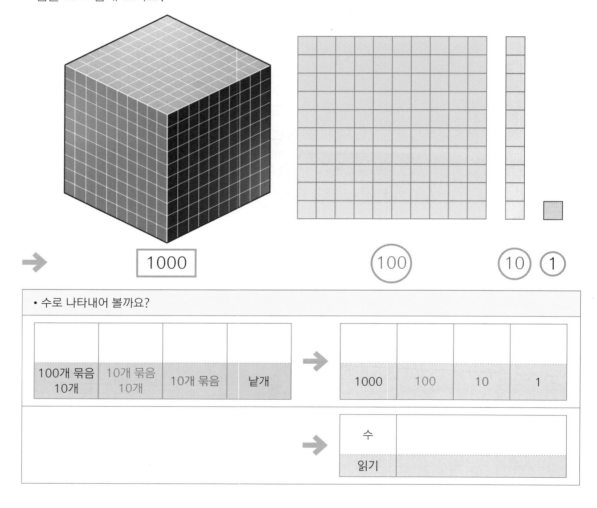

네 자리 수가 어떻게 이루어졌는지 알았나요?

1000, 100, 10, 1로 이루어진 수를 어떻게 쓰고 읽는지 알아보아요.

활동 1: 선생님 설명 듣기

◆ 네 자리 수에서 각각의 자릿수가 나타내는 것이 무엇일까요?

	천	백	십	일		
①				1	1	일
⑩			1	0	10	십
⑩⑩ (100)		1	0	0	100	백
1000	1	0	0	0	1000	천

네 자리 수가 되려면 1000이 꼭 있어야 하는 걸 알 수 있어요.

네 자리 수에서 각각의 자릿수가 나타내는 것은

1	0	0	0
천(1000)의 자리	백(100)의 자리	십(10)의 자리	일(1)의 자리

이렇게 네 자리 수는 천의 자리, 백의 자리, 십의 자리, 일의 자리를 갖고 있어요.

○ 연습해 볼까요? 읽으면서 따라 써 보아요.

1	0	0	0
천의 자리	백의 자리	십의 자리	일의 자리

활동 2: 선생님 설명 듣기

◆ 각 자릿수의 숫자가 나타내는 것이 무엇일까요?

1000		1	0	0	0	1000	천
		천의 자리	백의 자리	십의 자리	일의 자리		
1000	①	1	0	0	1	1001	천 일
		천의 자리	백의 자리	십의 자리	일의 자리		
1000	⑩	1	0	1	0	1010	천 십
		천의 자리	백의 자리	십의 자리	일의 자리		
1000	⑩⑩	1	1	0	0	1100	천 백
		천의 자리	백의 자리	십의 자리	일의 자리		

○ 각 자리의 숫자는 각각 천, 백, 십, 일의 개수를 나타내요.

○ 연습해 볼까요? 빈칸에 알맞은 수를 써넣어 보아요.

6101	6	1	0	1	▶1000이 (6)개 100이 (1)개 10이 (0)개 1이 (1)개
	천의 자리	백의 자리	십의 자리	일의 자리	
1470					▶1000이 ( )개 100이 ( )개 10이 ( )개 1이 ( )개
	천의 자리	백의 자리	십의 자리	일의 자리	
4351					▶1000이 ( )개 100이 ( )개 10이 ( )개 1이 ( )개
	천의 자리	백의 자리	십의 자리	일의 자리	
9246					▶1000이 ( )개 100이 ( )개 10이 ( )개 1이 ( )개
	천의 자리	백의 자리	십의 자리	일의 자리	

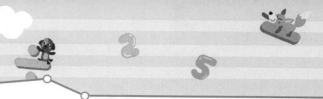

👥 활동 3: 선생님과 함께 연습하기

◆ 세 자리 수를 읽고 빈칸에 알맞은 글자나 수를 써넣어 보아요.

5187	5	1	8	7	▶ 1000이 (5)개 = 5000 100이 (1)개 = 100 10이 (8)개 = 80 1이 (7)개 = 7
	천의 자리	백의 자리	십의 자리	일의 자리	
7475					▶ 1000이 ( )개 = 100이 ( )개 = 10이 ( )개 = 1이 ( )개 =
	( )의 자리	( )의 자리	( )의 자리	( )의 자리	
3846					▶ 1000이 ( )개 = 100이 ( )개 = 10이 ( )개 = 1이 ( )개 =
	( )의 자리	( )의 자리	( )의 자리	( )의 자리	
1252					▶ 1000이 ( )개 = 100이 ( )개 = 10이 ( )개 = 1이 ( )개 =
	( )의 자리	( )의 자리	( )의 자리	( )의 자리	
9329					▶ 1000이 ( )개 = 100이 ( )개 = 10이 ( )개 = 1이 ( )개 =
	( )의 자리	( )의 자리	( )의 자리	( )의 자리	
2500					▶ 1000이 ( )개 = 100이 ( )개 = 10이 ( )개 = 1이 ( )개 =
	( )의 자리	( )의 자리	( )의 자리	( )의 자리	
6731					▶ 1000이 ( )개 = 100이 ( )개 = 10이 ( )개 = 1이 ( )개 =
	( )의 자리	( )의 자리	( )의 자리	( )의 자리	

활동 4: 스스로 서기

◆ 아래의 문제들을 풀면서 얼마나 아는지 확인해 보아요.

1. 빈칸에 알맞은 (네 자리 수의) 자릿수 이름을 써넣어 보아요.

1	0	0	0
( )의 자리	( )의 자리	( )의 자리	( )의 자리

2. 1000, 100, 10, 1의 개수를 보고 알맞은 네 자리 수로 나타내어 보아요.

1000이 2개, 100이 8개,
10이 6개, 1이 8개   - - - - - - -

1000이 5개, 100이 0개,
10이 7개, 1이 6개   - - - - - - -

1000이 4개, 100이 1개,
10이 9개, 1이 5개   - - - - - - -

1000이 2개, 100이 2개,
10이 4개, 1이 3개   - - - - - - -

3. 빈칸에 알맞은 글자나 수를 써넣어 보아요.

2903 →

▶ (   )의 자리 숫자가 2,
   백의 자리 숫자가 (   ),
   십의 자리 숫자가 (   ),
   (   )의 자리 숫자가 3이에요.

▶ 1000이 (   )개, 100이 (   )개,
   10이 (   )개, 1이 (   )개인 수예요.

▶ (   )라고 읽어요.

정리

◆ 네 자리 수의 자릿수 알기

1	0	0	0
천의 자리	백의 자리	십의 자리	일의 자리

네 자리 수는 천의 자리, 백의 자리, 십의 자리, 일의 자리를 갖고 있어요.
그래서 각 자리의 숫자는 천의 개수, 백의 개수, 십의 개수, 일의 개수를 나타내요.

놀이 활동

◆ 네 자리 수 빨리 찾기

※ 선생님께서 불러 주시는 네 자리 수를 빠르게 찾아 동그라미 해 봅시다.

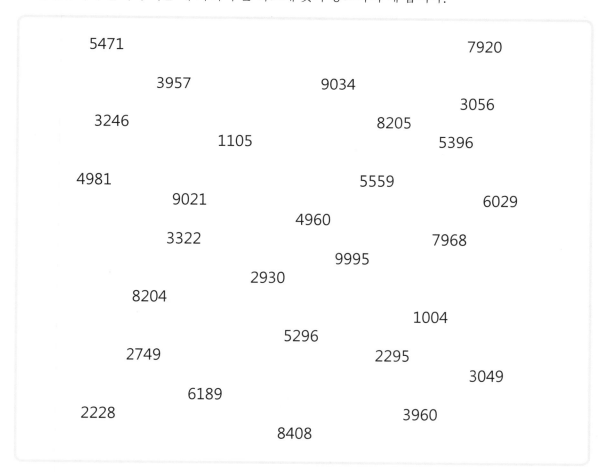

24차시 (네 자리 수) 뛰어 세기

📖 **학습목표** • 네 자리 수의 계열을 알고 뛰어 셀 수 있다.

👆 도입: 네 자리 수의 뛰어 세기를 해 볼까요?

◆ [16, 20차시]에서 배운 것처럼 1씩, 10씩, 100씩 뛰어 세기를 해 보아요.

1000	1001	1002	1003	1004	1005	1006	1007	1008	1009	1010
1011	1012	1013	1014	1015	1016	1017	1018	1019	1020	1021
1022	1023	1024	1025	1026	1027	1028	1029	1030	1031	1032
1033	1034	1035	1036	1037	1038	1039	1040	1041	1042	1043
1044	1045	1046	1047	1048	1049	1050	1051	1052	1053	1054
1055	1056	1057	1058	1059	1060	1061	1062	1063	1064	…
1088	1089	1090	1091	1092	1093	1094	1095	1096	1097	1098
1099	1100	1101	1102	1103	1104	1105	1106	1107	1108	…

• 1씩 뛰어 세기 하면, 무슨 자리의 숫자가 커지나요?

1000	1001	1002	1003	1004	1005	1006	…

(　)의 자리

• 10씩 뛰어 세기 하면, 무슨 자리의 숫자가 커지나요?

1100	1110	1120	1130	1140	1150	1160	…

(　)의 자리

• 100씩 뛰어 세기 하면, 무슨 자리의 숫자가 커질까요? (빈칸을 채워 보아요.)

1100	1200	1300	1400	1500	1600	1700	…

(　)의 자리

• 1000씩 뛰어 세기 하면, 무슨 자리의 숫자가 커질까요? (빈칸을 채워 보아요.)

1000	2000						…

(　)의 자리

활동 1: 선생님 설명 듣기

◆ 다양한 방법으로 1씩, 10씩, 100씩, 1000씩 뛰어 세기를 해 보아요.
아래 수직선에서 빈칸에 알맞은 수를 써넣어 보아요.

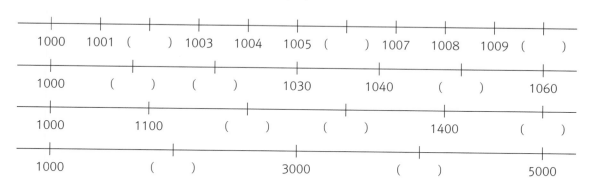

1000 1001 ( ) 1003 1004 1005 ( ) 1007 1008 1009 ( )

1000 ( ) ( ) 1030 1040 ( ) 1060

1000 1100 ( ) ( ) 1400 ( )

1000 ( ) 3000 ( ) 5000

활동 2: 선생님과 함께 연습하기

◆ 1000원, 100원, 10원, 1원짜리 동전을 세어 모두 얼마인지 써넣어 보아요.

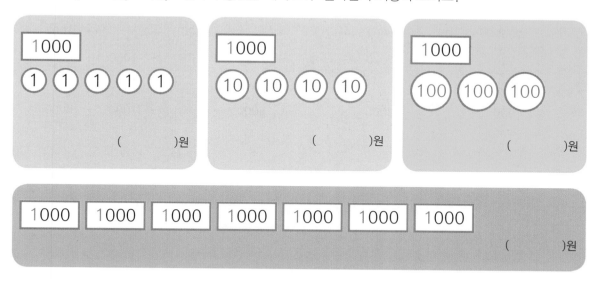

| 1000 | 1000 | 1000 | 1000 | 1000 | 1000 | 1000 |

( )원

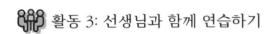

활동 3: 선생님과 함께 연습하기

◆ 네 자리 수를 1씩, 10씩, 100씩, 1000씩 뛰어 세기를 해 보아요(따라 쓰기).

1씩	1000	1001	1002	1003	1004	1005	1006	1007	1008	1009
10씩	1000	1010	1020	1030	1040	1050	1060	1070	1080	1090
100씩	1000	1100	1200	1300	1400	1500	1600	1700	1800	1900
1000씩	1000	2000	3000	4000	5000	6000	7000	8000	9000	?

활동 4: 스스로 서기

◆ (   ) 안에 알맞은 말이나 수를 써넣어 보아요.

1000 →	1001 →	1002 → ( ) →	( ) →	1005 →	( ) →	1007	
1000 →	( ) →	1020 → ( ) →	1040 →	1050 →	1060 →	( )	
1000 →	1100 →	( ) → 1300 →	1400 →	( ) →	1600 →	( )	
1000 →	( ) →	3000 → ( ) →	5000 →	( ) →	7000 →	8000	

📚 정리

◆ 네 자리 수의 뛰어 세기

1씩	1000	1001	1002	1003	1004	1005	1006	1007	1008	...
10씩	1000	1010	1020	1030	1040	1050	1060	1070	1080	...
100씩	1000	1100	1200	1300	1400	1500	1600	1700	1800	...
1000씩	1000	2000	3000	4000	5000	6000	7000	8000	9000	?

🐎 놀이 활동

◆ 5000을 누가 먼저 넘었나?

1. 똑같이 1000에서 시작합니다.

2. 가위바위보를 하여 이긴 사람은 1000씩 뛰어 세고, 진 사람은 100씩 뛰어 셉니다.

3. 먼저 5000을 넘기는 사람이 이깁니다.

	이긴	진	진	이긴	진	진	결과
(예)	1000	2000	2100	2200	3200	3300	3400	진
	1000	1100	2100	3100	3200	4200	5200	이긴

진　　　이긴　　　이긴　　　진　　　이긴　　　이긴

4. 넘겨야 할 수와 뛰어 세는 단위를 다양하게 바꿔도 됩니다.

(예) 이기면 100씩, 지면 10씩, 2000 넘기기

25차시 (네 자리 수) 크기 비교

📖 **학습목표** • 네 자리 수의 크기를 비교할 수 있다.

👆 **도입: 어느 쪽이 더 큰가요?**

◆ [21차시, 활동 1, 2, 3]에서 세 자리 수의 크기 비교하는 방법을 배웠어요.
  그때를 떠올리며 그림을 보고 말해 보아요.

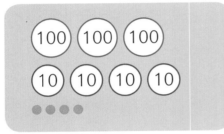
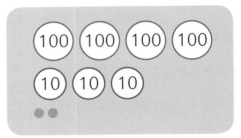

• 어느 쪽이 더 큰가요? (더 크다고 생각하는 쪽에 ○ 해요.)
(오른쪽 , 왼쪽)
• 왜 그렇게 생각하나요?

695   **793**

• 어느 쪽이 더 큰가요? (더 크다고 생각하는 쪽에 ○ 해요.)
(오른쪽 , 왼쪽)
• 왜 그렇게 생각하나요?

○ 위 두 활동을 통해 수를 비교하는 방법을 기억해 냈다면 말해 보아요.
  네 자리 수에서도 같은 방법을 사용해서 크기를 비교할 거예요.

활동 1: 선생님 설명 듣기

1. 네 자리 수의 크기를 비교해 보아요.

〈천의 자리의 수가 다를 때〉

〈1등〉 천의 자리 수가 큰 수가 더 커요.							
3129				5215			
3	1	2	9	5	2	1	5
천의 자리	백의 자리	십의 자리	일의 자리	천의 자리	백의 자리	십의 자리	일의 자리
더 작다				더 크다			
3129는 5215보다 작아요. 5215는 3129보다 커요.							

○ 연습해 볼까요?

수	묶음과 낱개로 나타내기				더 큰 쪽에 ○
	천의 자리	백의 자리	십의 자리	일의 자리	
5275	5	2	7	5	⬭5272 3527
3527	3	5	2	7	
3810					3810 4108
4108					
6684					6684 5784
5784					
8339					8339 6402
6402					
9567					9567 2692
2692					
7500					7500 3499
3499					

2. 네 자리 수의 크기를 비교해 보아요.

〈천의 자리의 수가 같을 때〉

〈2등〉 백의 자리 수가 큰 수가 더 커요.							
6329				6215			
6	3	2	9	6	2	1	5
천의 자리	백의 자리	십의 자리	일의 자리	천의 자리	백의 자리	십의 자리	일의 자리
더 크다				더 작다			
6215는 6329보다 작아요. 6329는 6215보다 커요.							

○ 연습해 볼까요?

수	묶음과 낱개로 나타내기				더 큰 쪽에 ○	
	천의 자리	백의 자리	십의 자리	일의 자리		
2375	2	3	7	5	(2375)	2227
2227	2	2	2	7		
8210					8210	8408
8408						
6784					6784	6248
6248						
3939					3939	3002
3002						
5662					5662	5192
5192						
4900					4900	4899
4899						

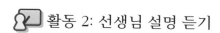

활동 2: 선생님 설명 듣기

1. 네 자리 수의 크기를 비교해 보아요.

〈천/백의 자리 수가 같을 때〉

〈3등〉 십의 자리 수가 큰 수가 더 커요.							
8259				8215			
8	2	5	9	8	2	1	5
천의 자리	백의 자리	십의 자리	일의 자리	천의 자리	백의 자리	십의 자리	일의 자리
더 크다				더 작다			
8215는 8259보다 작아요. 8259는 8215보다 커요.							

○ 연습해 볼까요?

수	묶음과 낱개로 나타내기				더 큰 쪽에 ○	
	천의 자리	백의 자리	십의 자리	일의 자리		
6245	6	2	4	5	6245	(6277)
6277	6	2	7	7		
3820					3820	3818
3818						
5604					5604	5688
5688						
7379					7379	7332
7332						
9533					9533	9592
9592						
2410					2410	2409
2409						

2. 네 자리 수의 크기를 비교해 보아요.

〈천/백/십의 자리 수가 같을 때〉

〈4등〉 일의 자리 수가 큰 수가 더 커요.							
9229				9225			
9	2	2	**9**	9	2	2	**5**
천의 자리	백의 자리	십의 자리	일의 자리	천의 자리	백의 자리	십의 자리	일의 자리
더 크다				더 작다			

9225는 9229보다 작아요.
9229는 9225보다 커요.

○ 연습해 볼까요?

수	묶음과 낱개로 나타내기				더 큰 쪽에 ○	
	천의 자리	백의 자리	십의 자리	일의 자리		
6275	6	2	7	5	6275	(6277)
6277	6	2	7	7		
1810					1810	1818
1818						
2684					2684	2688
2688						
8339					8339	8332
8332						
3593					3593	3592
3592						
5400					5400	5409
5409						

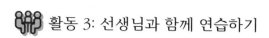 활동 3: 선생님과 함께 연습하기

◆ 수를 보고 <u>더 작은</u> 쪽에 ○표 해요.

(6172)	6176			5283	4562
5495	7455			2653	2275
9910	8088			7464	5462
5903	6100			6701	6579
3728	2726			1830	6532
2796	2595			8706	8705
8321	8315			8616	8656
7402	6368			1700	9660

◆ 수를 보고 <u>더 큰</u> 쪽에 ○표 해요.

1272	(3176)			3803	4602
9285	9255			1653	1575
9001	8098			9421	9481
5963	5800			6704	5792
6778	8796			1870	1570
2796	2756			7663	7699
8921	8035			1000	1014
7680	1866			7914	7917

🧑 활동 4: 스스로 서기

◆ 아래의 문제들을 풀면서 얼마나 아는지 확인해 보아요.

1. 가장 큰 수에 ○표 해요.

2170	3190	5180

7651	7529	7673	7660

가장 작은 수에 ○표 해요.

5296	2180	8379	3287

7386	7388	7382	7387	7384

2. 오른쪽에 수를 써 가며 답을 찾아 보아요. 조건에 맞는 수는 몇 개인가요?

① 3000보다 커요.
② 3500보다 작아요.
③ 백의 자리 수는 천의 자리 수보다 작아요.
 십의 자리 수는 백의 자리 수보다 작아요.

→

답: (   )개

📘 정리

◆ 네 자리 수의 크기 비교

〈1등〉 천의 자리 수가 다를 때	천의 자리 수가 큰 쪽이 더 큰 수 천의 자리 수가 작은 쪽이 더 작은 수
〈2등〉 천의 자리 수가 같을 때	백의 자리 수가 큰 쪽이 더 큰 수 백의 자리 수가 작은 쪽이 더 작은 수
〈3등〉 천/백의 자리 수가 같을 때	십의 자리 수가 큰 쪽이 더 큰 수 십의 자리 수가 작은 쪽이 더 작은 수
〈4등〉 천/백/십의 자리 수가 같을 때	일의 자리 수가 큰 쪽이 더 큰 수 일의 자리 수가 작은 쪽이 더 작은 수

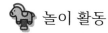 놀이 활동

◆ 누가 누가 더 큰/작은가? 〈부록〉 0~9 수 카드 4세트 / 자리 수 판 2개

1. 수 카드를 4세트 오려서 1세트씩(0~9) 모아 잘 섞어서 뒤집어 놓는다.

0	1	2	3	4
5	6	7	8	9

4개

2. 각 세트에서 카드 1장씩을 뽑아 자리 수 판에 올린다.

8	3	1	5

→

3	8	1	5
천	백	십	일

또는

3	8	5	1
천	백	십	일

또는

8	1	5	3
천	백	십	일

또는

8	1	3	5
천	백	십	일

또는

1	5	3	8
천	백	십	일

또는

1	5	8	3
천	백	십	일

또는

5	3	8	1
천	백	십	일

또는

5	3	1	8
천	백	십	일

3. 만든 수 중 더 큰/작은 수를 고르고 비교하여 가장 큰/작은 수를 찾아본다.

※ 단, '000'이 나올 경우: '0'으로 생각한다.

단계

02

덧셈과 뺄셈

1. 개관

  우리는 일상생활에서 덧셈과 뺄셈을 계산해야 하는 문제 상황과 마주하게 된다. 이러한 상황에서 문제를 해결하기 위해서는 덧셈과 뺄셈의 기본이 되는 다양한 수 세기 전략과 더불어 수의 크기, 수의 관련성, 수의 규칙성 등에 대해 알아야 한다. 뿐만 아니라 덧셈과 뺄셈의 의미, 알고리즘에 의한 계산 방법을 포함한 덧셈과 뺄셈을 계산하는 다양한 방법 등에 대해 알아야 한다. 이에 따라 2단계 덧셈과 뺄셈에서는 1단계 수에서 학습한 내용을 바탕으로 덧셈과 뺄셈의 의미를 이해하고, 덧셈과 뺄셈을 계산하는 다양한 방법에 대해 학습하며, 나아가 다양한 활동을 통해 덧셈과 뺄셈을 빠르고 정확하게 계산할 수 있도록 반복하여 연습한다. 구체적으로, 2단계 덧셈과 뺄셈에서는 받아올림과 받아내림이 없는 한 자리 수의 덧셈과 뺄셈에서부터 받아올림과 받아내림이 있는 세 자리 수의 덧셈과 뺄셈에 대한 내용을 포함하고 있으며, 오류 유형에 따른 중재를 통해 연산 유창성을 향상시킬 수 있도록 구성하였다.

2. 덧셈과 뺄셈의 차시 구성

차시	차시명	학습목표
1	두 수의 합이 9 이하인 덧셈	두 수의 합이 9 이하인 수를 모을 수 있다. 두 수의 합이 9 이하인 수를 덧셈식으로 나타낼 수 있다.
2	두 수의 합이 9 이하인 덧셈	두 수의 합이 9 이하인 수의 덧셈식을 그림 그리기 방법으로 계산할 수 있다. 두 수의 합이 9 이하인 수의 덧셈식을 이어 세기 방법으로 계산할 수 있다.
3	한 자리 수의 뺄셈	두 수의 합이 9 이하인 수를 가를 수 있다. 한 자리 수의 뺄셈을 식으로 나타낼 수 있다.
4	한 자리 수의 뺄셈	한 자리 수의 뺄셈식을 그림 그리기 방법으로 계산할 수 있다. 한 자리 수의 뺄셈식을 이어 세기 방법으로 계산할 수 있다.
5	한 자리 수의 덧셈과 뺄셈	0을 포함한 덧셈식과 뺄셈식을 계산할 수 있다. 덧셈과 뺄셈의 관계를 알고, 덧셈식과 뺄셈식을 계산할 수 있다.
6	받아올림이 없는 두 자리 수와 한 자리 수의 덧셈	받아올림이 없는 두 자리 수와 한 자리 수의 덧셈을 식으로 나타낼 수 있다. 받아올림이 없는 두 자리 수와 한 자리 수의 덧셈식을 계산할 수 있다.
7	받아올림이 없는 두 자리 수와 두 자리 수의 덧셈	받아올림이 없는 두 자리 수와 두 자리 수의 덧셈을 식으로 나타낼 수 있다. 받아올림이 없는 두 자리 수와 두 자리 수의 덧셈식을 계산할 수 있다.

8	받아내림이 없는 두 자리 수와 한 자리 수의 뺄셈	받아내림이 없는 두 자리 수와 한 자리 수의 뺄셈을 식으로 나타낼 수 있다. 받아내림이 없는 두 자리 수와 한 자리 수의 뺄셈식을 계산할 수 있다.
9	받아내림이 없는 두 자리 수와 두 자리 수의 뺄셈	받아내림이 없는 두 자리 수와 두 자리 수의 뺄셈을 식으로 나타낼 수 있다. 받아내림이 없는 두 자리 수와 두 자리 수의 뺄셈식을 계산할 수 있다.
10	두 수의 합이 10인 한 자리 수의 덧셈과 뺄셈	두 수의 합이 10인 한 자리 수의 덧셈을 할 수 있다. 두 수의 합이 10인 한 자리 수의 뺄셈을 할 수 있다.
11	두 수의 합이 11 이상인 한 자리 수의 덧셈과 뺄셈	두 수의 합이 11 이상인 한 자리 수의 덧셈을 할 수 있다. 두 수의 합이 11 이상인 한 자리 수의 뺄셈을 할 수 있다.
12	받아올림이 있는 두 자리 수의 덧셈	받아올림이 있는 두 자리 수와 한 자리 수의 덧셈을 할 수 있다. 받아올림이 있는 두 자리 수와 두 자리 수의 덧셈을 할 수 있다.
13	받아내림이 있는 두 자리 수의 뺄셈	받아내림이 있는 두 자리 수와 한 자리 수의 뺄셈을 할 수 있다. 받아내림이 있는 두 자리 수와 두 자리 수의 뺄셈을 할 수 있다.
14	세 자리 수의 덧셈	받아올림이 없는 세 자리 수의 덧셈을 할 수 있다. 받아올림이 있는 세 자리 수의 덧셈을 할 수 있다.
15	세 자리 수의 뺄셈	받아내림이 없는 세 자리 수의 뺄셈을 할 수 있다. 받아내림이 있는 세 자리 수의 뺄셈을 할 수 있다.

3. 덧셈과 뺄셈의 계산 지도 방법

1) 직접 교수 모형

직접 교수 모형에서는 행동주의 이론을 바탕으로 구조화되고 반복적인 연습을 통해 덧셈과 뺄셈을 학습한다. 교수자는 계열화 및 조직화된 교수를 설계하고, 직접적이고 명백하며 분명한 과제를 제시하고, 시범을 보이며, 피드백을 제공한다. 이러한 과정을 통해 학습자는 자신이 해결해야 하는 과제를 분명하게 이해하고, 잘못된 반응에 대한 신속한 교정을 통해 시행착오를 줄여 나간다.

2) 원리 탐구 학습 모형

원리 탐구 학습 모형에서는 학습자가 수학자와 같은 경험, 즉 수학적 지식을 구성하고, 수학적 원리를 창안하는 등의 경험을 하는 것을 목적으로 한다. 다시 말해, 학습자가 수학적 사실, 원리, 법칙 등을 스스로 발견할 수 있도록 하는 것이다. 원리 탐구 학습 모형에서는 학습자가 수학적 원리에 대한 지식을 형성하는 것뿐만 아니라 이러한 과정을 중시한다. 따라서 교수자의 일방적인 강의식 수업보다 학습자의 적극적이고 자발적인 참여를 유도하는 것을 권장한다. 원리 탐구 학습 모형에서는 일반적으로 '새로운 문제 상황 제시 → 수학적 원리의 필요성 인식 → 수학적 원리가 내재된 조작 활동 → 수학적 원리의 형식화 → 수학적 원리 익히기 및 적용하기'와 같은 단계로 수업이 진행된다. 원리 탐구 학습 모형 적용 시 학습자가 스스로 탐구할 수 있는 기회를 제공하는 동시에 학습자의 수준을 고려하여 적절한 안내를 제공할 수 있도록 한다. 또한 충분한 자료와 근거를 바탕으로 원리를 도출하고 검증할 수 있도록 한다.

4. 오류 유형에 따른 지도 방법

1) 잘못된 연산

(1) 정의: 잘못된 연산 방법으로 문제를 해결한 경우

(2) 예시

덧셈	$\begin{array}{r} 4\ 5\ 4 \\ +\ 1\ 8\ 7 \\ \hline 2\ 6\ 7 \end{array}$	덧셈이 아니라 뺄셈으로 계산한 경우	뺄셈	$\begin{array}{r} 2\ 4\ 2 \\ -\ 1\ 7\ 1 \\ \hline 4\ 1\ 3 \end{array}$	뺄셈이 아니라 덧셈으로 계산한 경우

(3) 교수 · 학습 전략

- 질문하기
- 시각적 단서 제시하기
- 기호를 언어화하기
- 언어를 기호화하기

2) 계산상의 오류

(1) 정의: 올바른 연산 방법으로 문제를 해결하려 했으나 계산을 잘못한 경우

(2) 예시

덧셈	$\begin{array}{r} 4\ 1 \\ +\ \ \ 3 \\ \hline 4\ 5 \end{array}$	1 + 3 = 5로 잘못 계산한 경우	뺄셈	$\begin{array}{r} 2\ 5\ 6 \\ -\ 1\ 3\ 2 \\ \hline 1\ 1\ 3 \end{array}$	6 - 2 = 3으로, 5 - 3 = 1로 잘못 계산한 경우

(3) 교수 · 학습 전략

- 묶음으로 가르치기

3) 결함 있는 알고리즘

(1) 정의: 올바른 연산 방법으로 문제를 해결하려 했으나 계산을 잘못한 경우

(2) 예시

덧셈	2 6 +　　3 1 1	같은 자릿수끼리 더하지 않고 무조건 더한 경우	뺄셈	6 2 2 － 2 4 4 4 2 2	연산 절차를 따르지 않고 무조건 큰 수에서 작은 수를 뺀 경우

(3) 교수 · 학습 전략

- 어림하기
- 게임보드와 모형은행 사용하기
- 자릿값을 나누어 계산하기
- 칸이 그려진 종이 사용하기
- 차례로 커지게 계산하기
- 칩 교환 게임하기
- (막대, 블록, 주판, 자릿값 도표 등을 사용하여) 묶음으로 가르치기
- 종이 가리개 사용하기
- 풀어서 계산하기(확장된 표기법 사용하기)

4) 받아올림 및 받아내림 오류

(1) 정의: 받아올림 및 받아내림이 필요한 상황에서 하지 않거나, 필요하지 않은 상황에서 한 경우

(2) 예시

덧셈	2 4 9 + 1 2 8 3 6 7	받아올림을 하지 않고 계산한 경우	뺄셈	7 9 2 － 4 2 9 3 7 3	받아내림을 하지 않고 계산한 경우

(3) 교수 · 학습 전략

- 질문하기
- 칸이 그려진 종이 사용하기
- 어림하기
- (막대, 블록, 주판, 자릿값 도표 등을 사용하여) 묶음으로 가르치기
- 풀어서 계산하기(확장된 표기법 사용하기)
- 게임보드와 모형은행 사용하기

- 숫자 카드 사용하기
- 칩 교환 게임하기
- 부분으로 나누어 계산하기
- 교환법칙과 결합법칙 적용하기
- 받아올림 및 받아내림하는 수 표기하기

5) 자릿값의 오류

(1) 정의: 답을 잘못된 자리에 쓰는 경우

(2) 교수 · 학습 전략

- 어림하기
- 자릿값 강조하기
- 자릿값을 나누어 계산하기
- 교환법칙과 결합법칙 적용하기
- 칸이 그려진 종이 사용하기
- 차례로 커지게 계산하기
- 피라미드 연산방식 사용하기
- 블록을 사용하여 묶음으로 가르치기

6) 부주의로 인한 오류

(1) 정의: 실수로 틀리게 계산한 경우

(2) 교수 · 학습 전략

- 주의집중하기
- 정확성 향상시키기

7) 임의 오류

(1) 정의: 오류에서 체계성을 발견하지 못한 경우

(2) 교수 · 학습 전략

- 선행지식 파악하기

5. 지도 시 유의사항

• 두 수 혹은 세 수의 덧셈 혹은 뺄셈을 식으로 나타낼 때 자릿수를 맞추어 적을 수 있도록 지도한다.
• 처음에는 그림이나 다양한 방법의 수 세기를 통해 덧셈과 뺄셈을 계산하지만 이후에는 덧셈과 뺄셈구구 인출을 통해 덧셈과 뺄셈을 계산할 수 있도록 지도한다.
• 학생이 동일한 유형의 오류를 반복적으로 보이는 경우 오류 유형에 따른 교수·학습 전략을 통해 오류를 교정할 수 있도록 지도한다.
• 학생이 불안, 학습된 무기력 등 정서적인 어려움을 나타내는 경우 이에 대한 중재를 제공한다.

6. 평가

• 매 차시 '스스로 서기'에서 제시된 문제를 활용하여 해당 차시에 학습한 내용에 대해 평가한다.
• 매 차시 '놀이 활동'을 통해 즐겁게 놀이하며 평가하는 과정을 갖고, 자신이 아는 것과 모르는 것을 분명히 인지할 수 있도록 하여 자기 주도적으로 학습할 수 있게 한다.
• 매 차시별 평가 결과를 통해 다음 차시의 학습내용을 선택함으로써 평가와 교수가 유기적이고 순환적으로 연계되도록 한다.
• 2~3주 간격으로 BASA 수학을 활용하여 연산 유창성(속도와 정확도)을 평가한다.

7. 지도 시 참고자료

1) 애플리케이션

• 어린이 기초수학공부–덧셈 뺄셈, 어린이용 수학 게임: 숫자, 덧셈, 뺄셈, 구구단, 자두는 수학천재, 매쓰랜드: 암산, 덧셈 그리고 뺄셈의 게임 등

2) 보드게임

• 할리갈리, 로보 77(덧셈과 뺄셈만으로 하기), 셈셈피자가게 등

8. 참고문헌

교육부(2015). 교사용지도서: 수학 2-1.

국립특수교육원(2009). 특수교육학 용어사전. 서울: 하우.

김동일(2006). 기초학습기능 수행평가체제: 수학검사. 서울: 학지사.

01 차시

두 수의 합이 9 이하인 덧셈(1)

📖 **학습목표**
- 두 수의 합이 9 이하인 수를 모을 수 있다.
- 두 수의 합이 9 이하인 수를 덧셈식으로 나타낼 수 있다.

👆 도입: 생각해 보기

◆ 진수는 어제 책을 2권 읽고, 오늘 책을 1권 더 읽었습니다. 진수가 어제와 오늘 읽은 책은 모두 몇 권일까요?

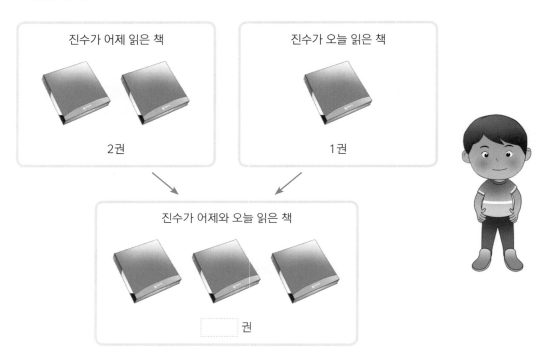

활동 1: 선생님 설명 듣기

◆ 진수가 어제와 오늘 읽은 책을 모두 세어 봅시다.

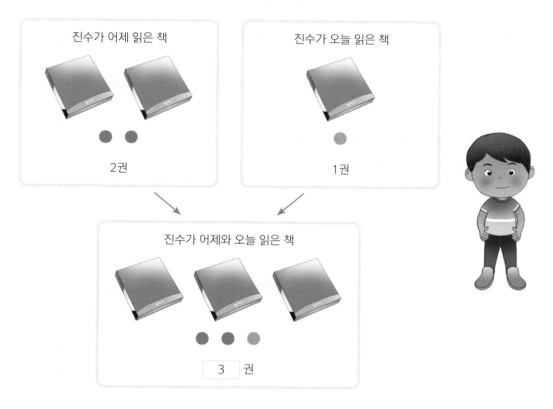

◆ 진수가 어제와 오늘 읽은 책을 덧셈식으로 나타내 봅시다.

2	+	1	=	3

2	더하기	1	은/는 (같다)	3

◆ 더하기는 +로 나타내고, 같다는 =로 나타냅니다. 쓰면서 연습해 봅시다.

더하기	+	+	+	+	+	+
같다	=	=	=	=	=	=

활동 2: 선생님과 함께 연습하기

◆ 다양한 물건을 모으고, 덧셈식으로 나타내 봅시다.

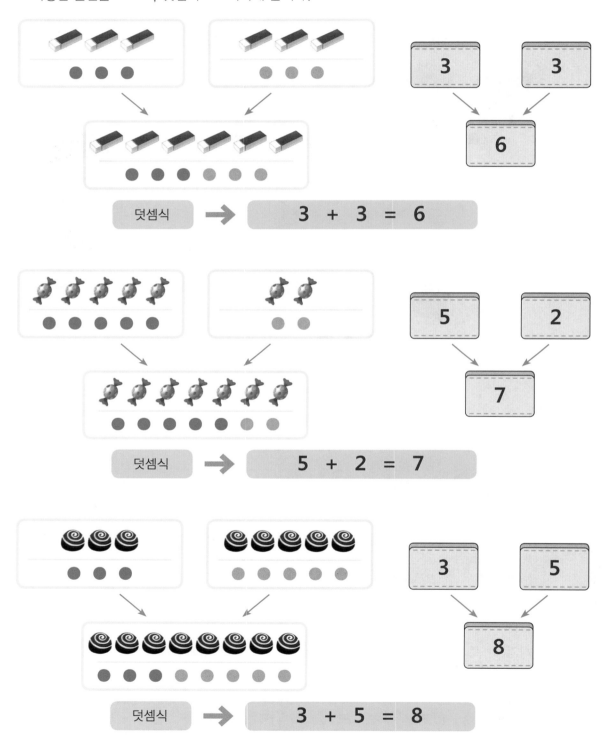

덧셈식 → 3 + 3 = 6

덧셈식 → 5 + 2 = 7

덧셈식 → 3 + 5 = 8

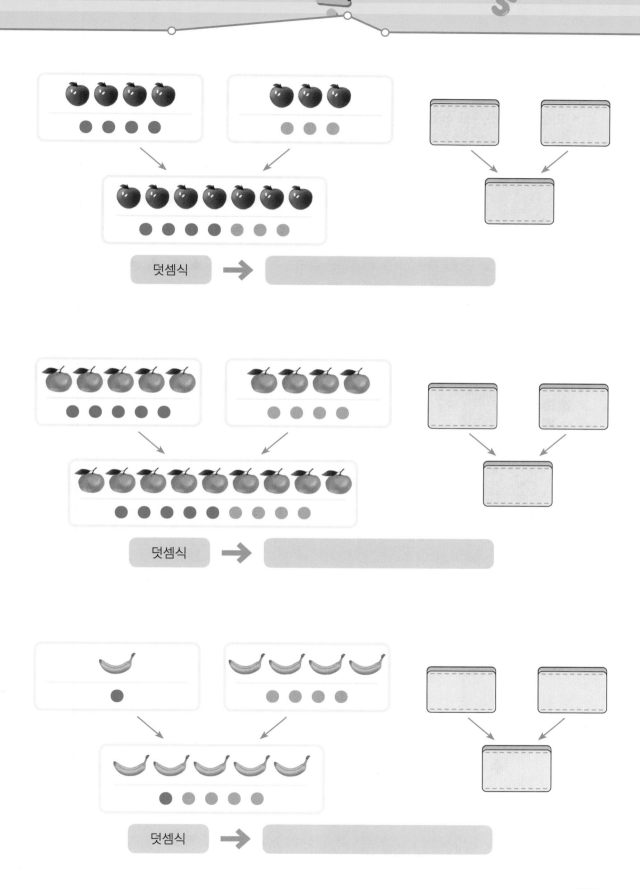

덧셈식 →

덧셈식 →

덧셈식 →

활동 3: 스스로 서기

◆ 빈칸에 알맞은 수를 쓰고, 덧셈식으로 나타내 봅시다.

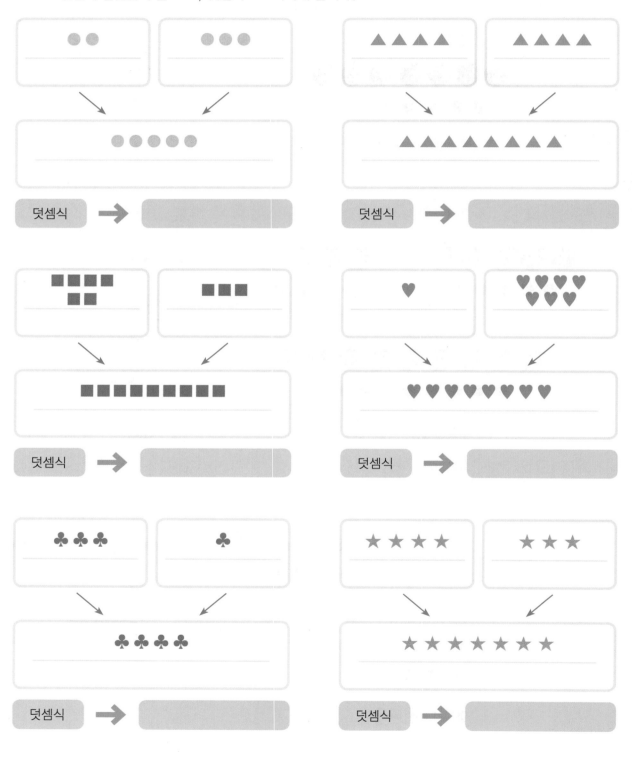

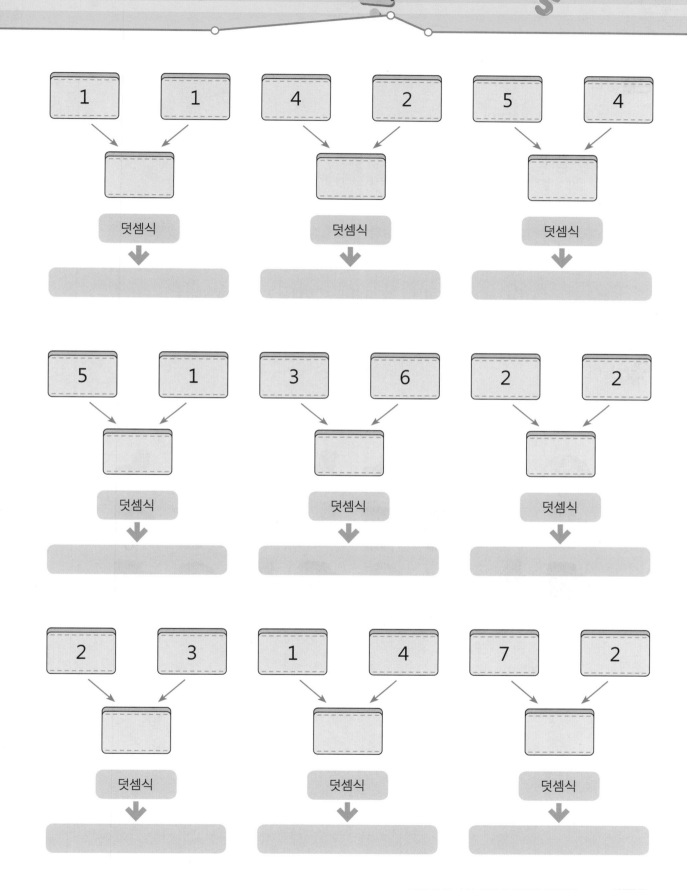

| 1 | 1 | 4 | 2 | 5 | 4 |

덧셈식

덧셈식

덧셈식

| 5 | 1 | 3 | 6 | 2 | 2 |

덧셈식

덧셈식

덧셈식

| 2 | 3 | 1 | 4 | 7 | 2 |

덧셈식

덧셈식

덧셈식

📚 정리

◆ 두 수의 합이 9 이하인 덧셈

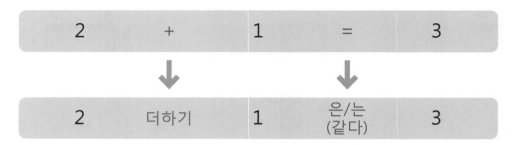

| 2 | + | 1 | = | 3 |

| 2 | 더하기 | 1 | 은/는 (같다) | 3 |

덧셈을 식으로 나타낼 때 더하기는 +로 나타내고, 같다는 =로 나타냅니다.

🐴 놀이 활동

• 준비물: 연필, 지우개
• 놀이 방법: 다른 색의 같은 물건을 모아 봅시다. 빈칸에 알맞은 수를 쓰고, 덧셈식으로 나타내 봅시다.

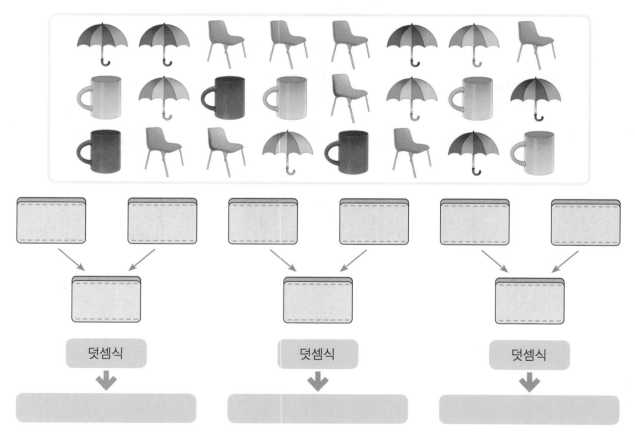

덧셈식

덧셈식

덧셈식

02차시 두 수의 합이 9 이하인 덧셈(2)

📖 **학습목표** • 두 수의 합이 9 이하인 수의 덧셈식을 그림 그리기 방법으로 계산할 수 있다.
• 두 수의 합이 9 이하인 수의 덧셈식을 이어 세기 방법으로 계산할 수 있다.

👆 도입: 생각해 보기

◆ 미래는 연필을 6자루 가지고 있습니다. 미래는 연필을 2자루 더 샀습니다. 미래가 가지고 있는 연필
은 모두 몇 자루일까요?

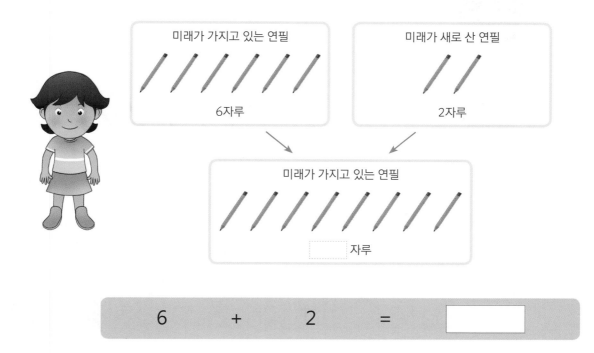

🗨️ 활동 1: 선생님 설명 듣기

◆ 미래가 가지고 있는 연필은 모두 몇 자루인지 덧셈식을 계산해 봅시다.

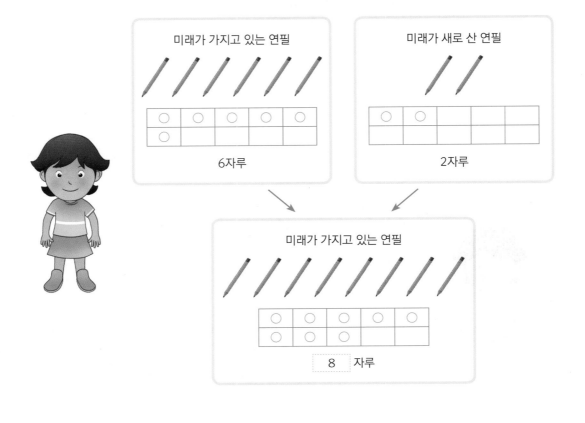

6	+	2	=	8

◆ 덧셈식을 어떻게 계산했나요?

① 수판에 연필 수만큼 동그라미를 그렸어요.

② 동그라미가 모두 몇 개인지 세었어요.

※ 이때 큰 수부터 이어 세면 빠르게 계산할 수 있어요!

활동 2: 선생님과 함께 연습하기

◆ 지우개는 모두 몇 개인지 수판에 알맞은 수만큼 동그라미를 그리고, 덧셈식을 계산해 봅시다.

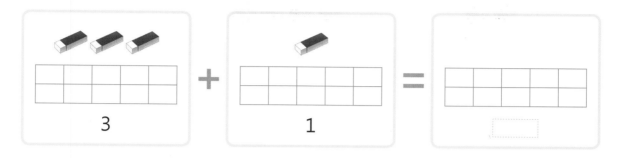

◆ 사탕은 모두 몇 개인지 수판에 알맞은 수만큼 동그라미를 그리고, 덧셈식을 계산해 봅시다.

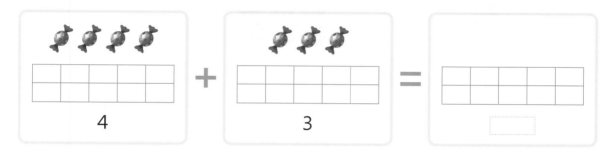

◆ 초콜릿은 모두 몇 개인지 수판에 알맞은 수만큼 동그라미를 그리고, 덧셈식을 계산해 봅시다.

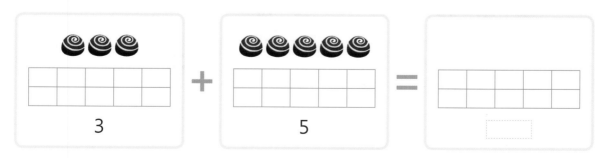

◆ 사과는 모두 몇 개인지 수판에 알맞은 수만큼 동그라미를 그리고, 덧셈식을 계산해 봅시다.

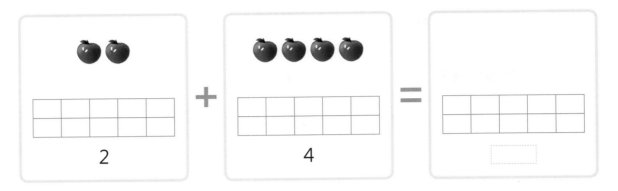

◆ 귤은 모두 몇 개인지 수판에 알맞은 수만큼 동그라미를 그리고, 덧셈식을 계산해 봅시다.

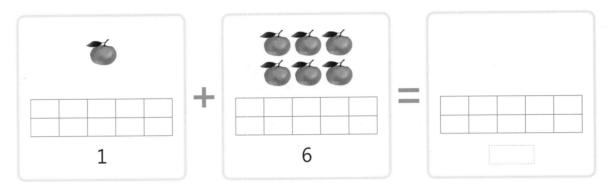

◆ 바나나는 모두 몇 개인지 수판에 알맞은 수만큼 동그라미를 그리고, 덧셈식을 계산해 봅시다.

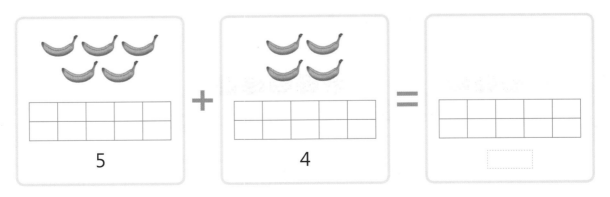

 활동 3: 스스로 서기

◆ 동그라미는 모두 몇 개인지 수판에 알맞은 수만큼 동그라미를 그려 봅시다.

◆ 동그라미는 모두 몇 개인지 덧셈식으로 나타내고 계산해 봅시다.

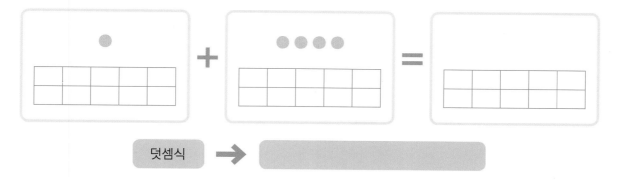

덧셈식 →

◆ 세모는 모두 몇 개인지 수판에 알맞은 수만큼 동그라미를 그려 봅시다.

◆ 세모는 모두 몇 개인지 덧셈식으로 나타내고 계산해 봅시다.

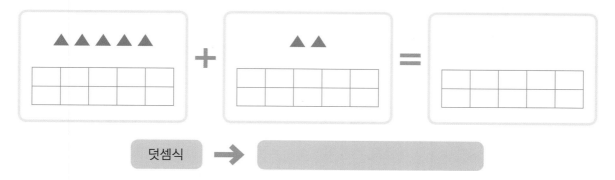

덧셈식 →

◆ 네모는 모두 몇 개인지 수판에 알맞은 수만큼 동그라미를 그려 봅시다.

◆ 네모는 모두 몇 개인지 덧셈식으로 나타내고 계산해 봅시다.

덧셈식 →

◆ 하트는 모두 몇 개인지 수판에 알맞은 수만큼 동그라미를 그려 봅시다.

◆ 하트는 모두 몇 개인지 덧셈식으로 나타내고 계산해 봅시다.

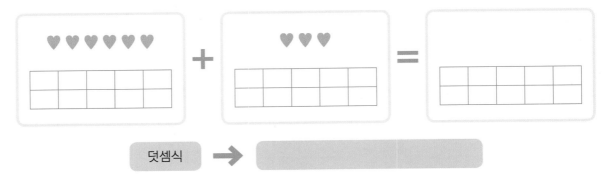

덧셈식 ➜

◆ 클로버는 모두 몇 개인지 수판에 알맞은 수만큼 동그라미를 그려 봅시다.

◆ 클로버는 모두 몇 개인지 덧셈식으로 나타내고 계산해 봅시다.

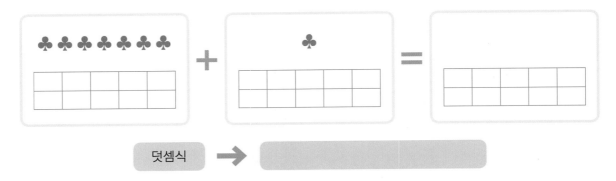

덧셈식 ➜

◆ 별은 모두 몇 개인지 수판에 알맞은 수만큼 동그라미를 그려 봅시다.

◆ 별은 모두 몇 개인지 덧셈식으로 나타내고 계산해 봅시다.

덧셈식 ➜

📘 정리

◆ 두 수의 합이 9 이하인 덧셈

〈덧셈식 계산 방법〉

① 수판에 알맞은 수만큼 동그라미를 그린다.

② 동그라미가 모두 몇 개인지 센다.

　　　※ 이때 큰 수부터 이어 세면 빠르게 계산할 수 있다.

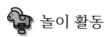 놀이 활동

• 준비물: 색연필 〈부록〉 풍선 안의 덧셈식
• 놀이 방법: 풍선 안의 덧셈식을 계산해 봅시다. 덧셈식의 답이 2면 빨간색, 3이면 주황색, 4면 노란색, 5면 초록색, 6이면 파란색, 7이면 남색, 8이면 보라색, 9면 분홍색으로 칠해 봅시다. 풍선을 오려서 같은 색의 풍선끼리 묶어 봅시다.

1 + 1 =	3 + 3 =	1 + 8 =	3 + 5 =	2 + 2 =
2 + 4 =	2 + 1 =	7 + 1 =	5 + 2 =	3 + 6 =
2 + 6 =	1 + 6 =	1 + 3 =	7 + 2 =	4 + 4 =
5 + 1 =	4 + 5 =	3 + 4 =	4 + 1 =	3 + 2 =

03차시 한 자리 수의 뺄셈(1)

📖 **학습목표**
- 두 수의 합이 9 이하인 수를 가를 수 있다.
- 한 자리 수의 뺄셈을 식으로 나타낼 수 있다.

🖐 도입: 생각해 보기

◆ 진수는 어제와 오늘 3권의 책을 읽었습니다. 진수는 어제 2권의 책을 읽었습니다. 진수가 오늘 읽은 책은 몇 권일까요?

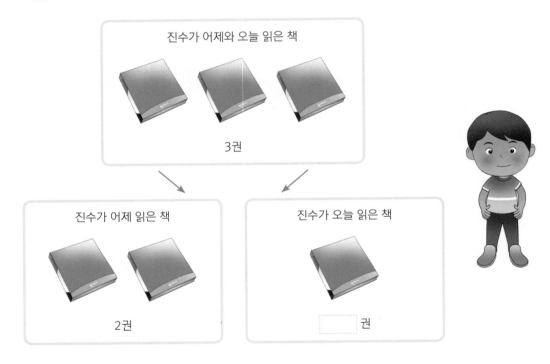

활동 1: 선생님 설명 듣기

◆ 진수가 어제와 오늘 읽은 책을 모두 세어 봅시다.

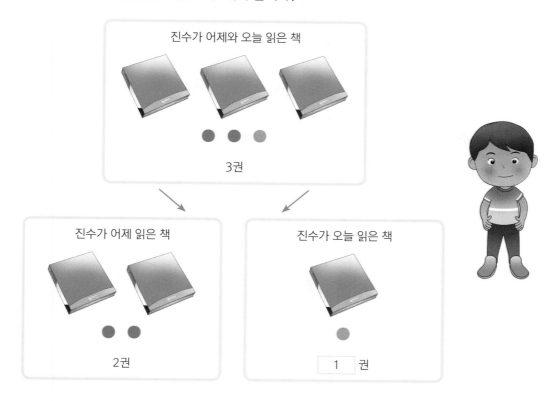

◆ 진수가 오늘 읽은 책을 뺄셈식으로 나타내 봅시다.

| 3 | − | 2 | = | 1 |

| 3 | 빼기 | 2 | 은/는
(같다) | 1 |

◆ 빼기는 −로 나타내고, 같다는 =로 나타냅니다. 쓰면서 연습해 봅시다.

빼기	−	−	−	−	−	−
같다	=	=	=	=	=	=

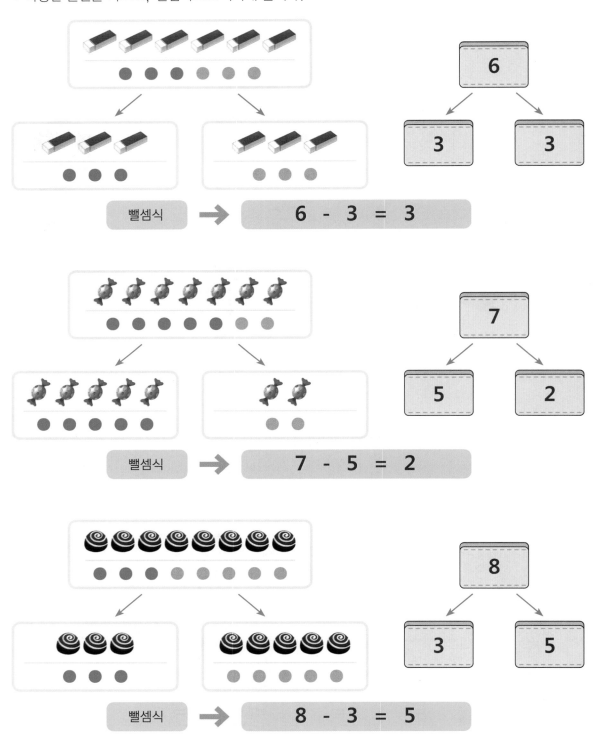

활동 2: 선생님과 함께 연습하기

◆ 다양한 물건을 가르고, 뺄셈식으로 나타내 봅시다.

빼셈식 → 6 - 3 = 3

빼셈식 → 7 - 5 = 2

빼셈식 → 8 - 3 = 5

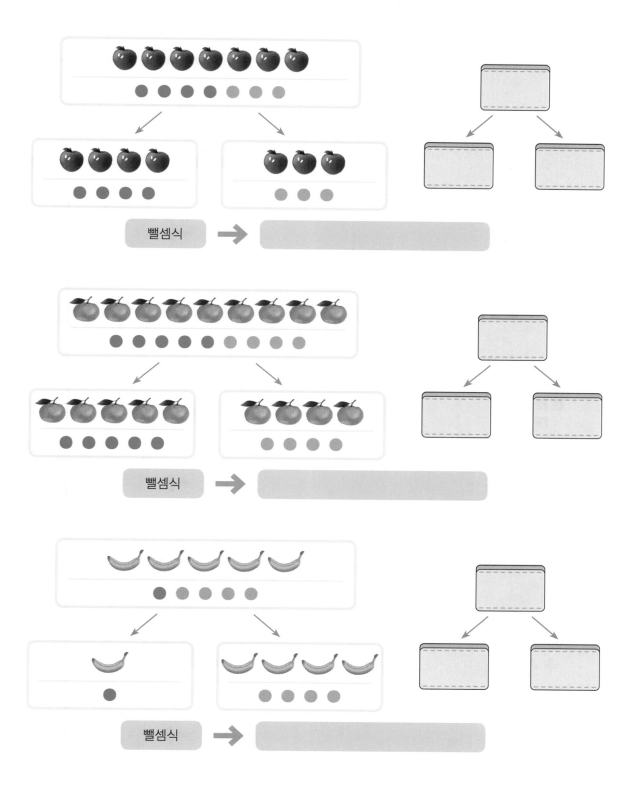

빽셈식 →

빽셈식 →

빽셈식 →

활동 3: 스스로 서기

◆ 빈칸에 알맞은 수를 쓰고, 뺄셈식으로 나타내 봅시다.

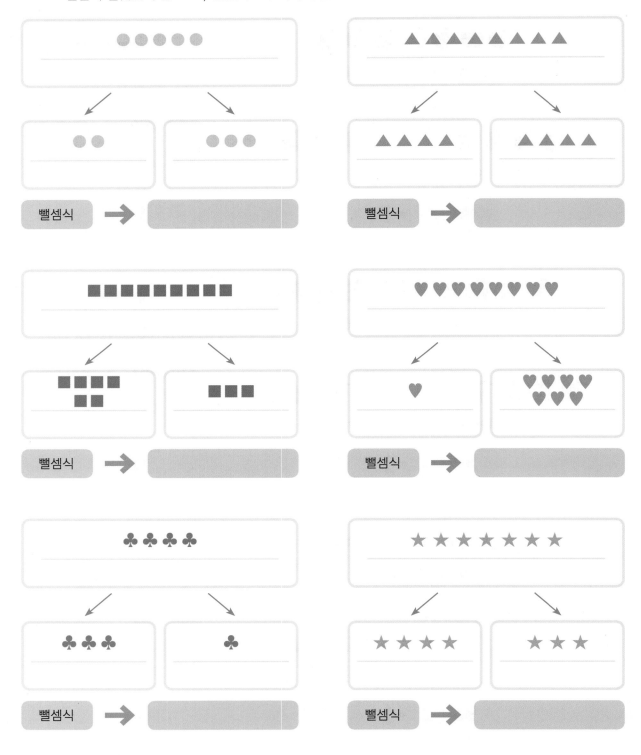

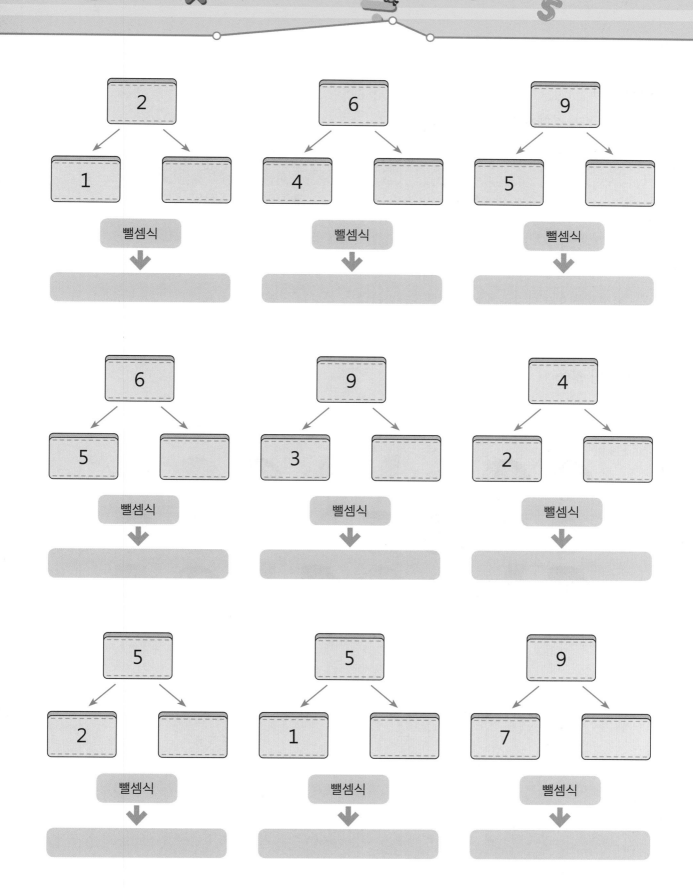

📒 정리

◆ 한 자리 수의 뺄셈

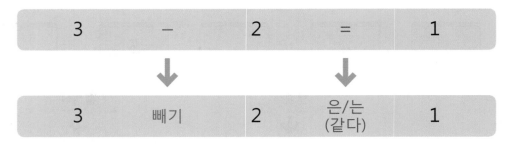

3	–	2	=	1

3	빼기	2	은/는 (같다)	1

뺄셈을 식으로 나타나낼 때 빼기는 –로 나타내고, 같다는 ＝로 나타냅니다.

🐎 놀이 활동

• 준비물: 연필, 지우개
• 놀이 방법: 다른 색의 같은 물건을 찾아봅시다. 빈칸에 알맞은 수를 쓰고, 뺄셈식으로 나타내 봅시다.

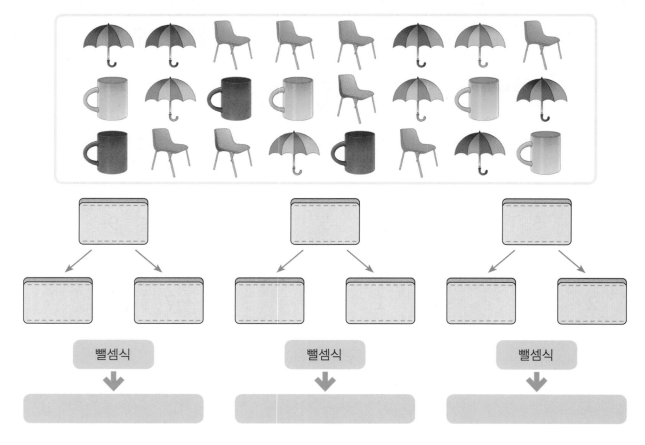

뺄셈식

뺄셈식

뺄셈식

04차시 한 자리 수의 뺄셈(2)

📖 **학습목표** • 한 자리 수의 뺄셈식을 그림 그리기 방법으로 계산할 수 있다.
　　　　　　 • 한 자리 수의 뺄셈식을 이어 세기 방법으로 계산할 수 있다.

👆 도입: 생각해 보기

◆ 미래는 연필을 8자루 가지고 있습니다. 미래는 연필을 6자루 썼습니다. 미래가 가지고 있는 연필은 몇 자루일까요?

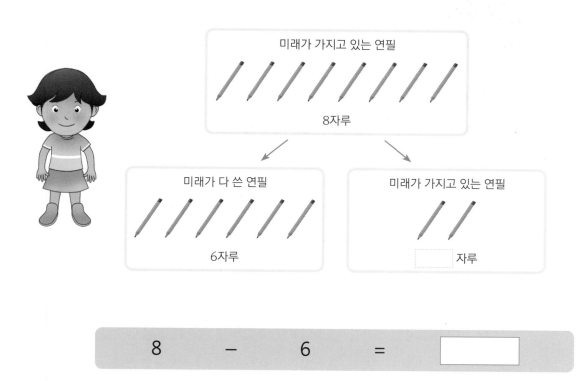

미래가 가지고 있는 연필

8자루

미래가 다 쓴 연필

6자루

미래가 가지고 있는 연필

☐ 자루

$$8 \quad - \quad 6 \quad = \quad \boxed{}$$

활동 1: 선생님 설명 듣기

◆ 미래가 가지고 있는 연필은 몇 자루인지 뺄셈식을 계산해 봅시다.

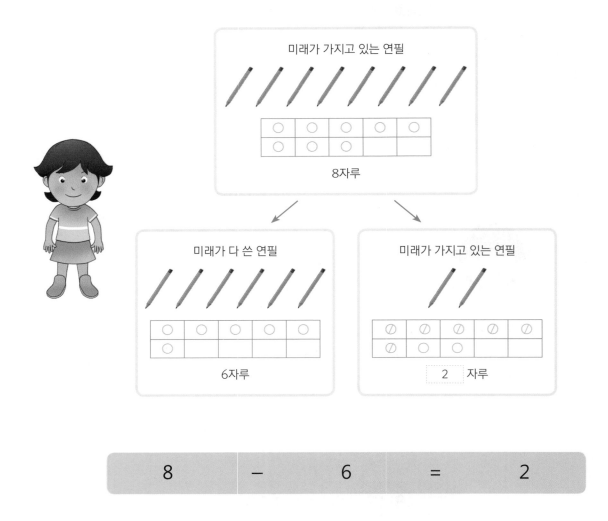

| 8 | − | 6 | = | 2 |

◆ 뺄셈식을 어떻게 계산했나요?

① 수판에 연필 수만큼 동그라미를 그렸어요.
② 빼는 수만큼 동그라미를 지웠어요.

활동 2: 선생님과 함께 연습하기

◆ 남은 지우개는 몇 개인지 수판에 알맞은 수만큼 동그라미를 그리고, 뺄셈식을 계산해 봅시다.

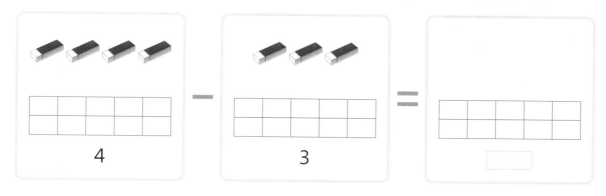

◆ 남은 사탕은 몇 개인지 수판에 알맞은 수만큼 동그라미를 그리고, 뺄셈식을 계산해 봅시다.

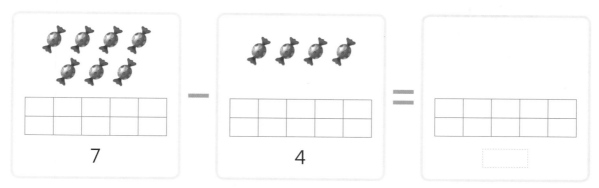

◆ 남은 초콜릿은 몇 개인지 수판에 알맞은 수만큼 동그라미를 그리고, 뺄셈식을 계산해 봅시다.

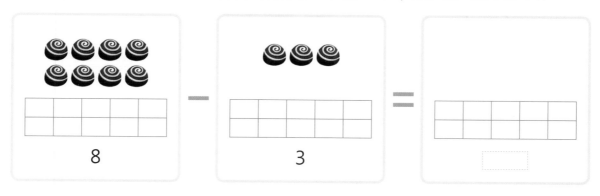

◆ 남은 사과는 몇 개인지 수판에 알맞은 수만큼 동그라미를 그리고, 뺄셈식을 계산해 봅시다.

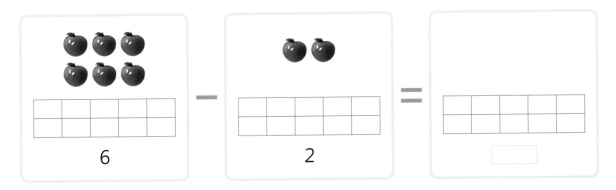

◆ 남은 귤은 몇 개인지 수판에 알맞은 수만큼 동그라미를 그리고, 뺄셈식을 계산해 봅시다.

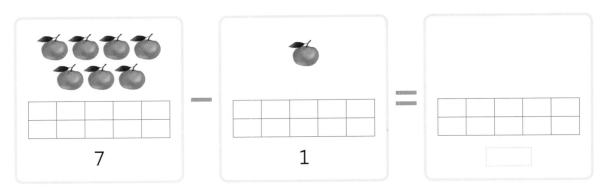

◆ 남은 바나나는 몇 개인지 수판에 알맞은 수만큼 동그라미를 그리고, 뺄셈식을 계산해 봅시다.

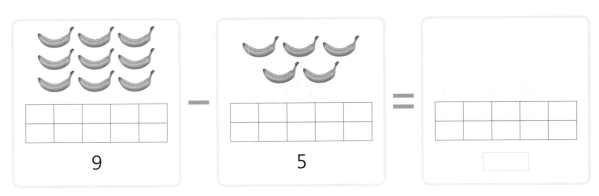

◆ 수판에 알맞은 수만큼 동그라미를 그려 봅시다.

◆ 남은 동그라미는 몇 개인지 뺄셈식으로 나타내고 계산해 봅시다.

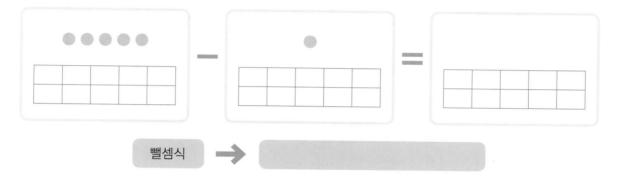

뺄셈식 ➡

◆ 수판에 알맞은 수만큼 동그라미를 그려 봅시다.

◆ 남은 세모는 몇 개인지 뺄셈식으로 나타내고 계산해 봅시다.

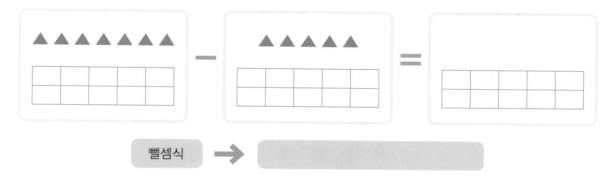

뺄셈식 ➡

◆ 수판에 알맞은 수만큼 동그라미를 그려 봅시다.

◆ 남은 네모는 몇 개인지 뺄셈식으로 나타내고 계산해 봅시다.

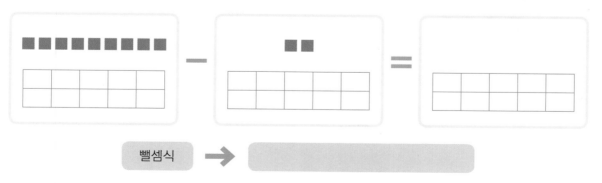

뺄셈식 ➡

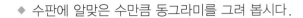

◆ 수판에 알맞은 수만큼 동그라미를 그려 봅시다.

◆ 남은 하트는 몇 개인지 뺄셈식으로 나타내고 계산해 봅시다.

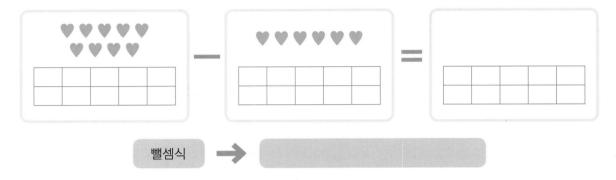

뺄셈식 →

◆ 수판에 알맞은 수만큼 동그라미를 그려 봅시다.

◆ 남은 클로버는 몇 개인지 뺄셈식으로 나타내고 계산해 봅시다.

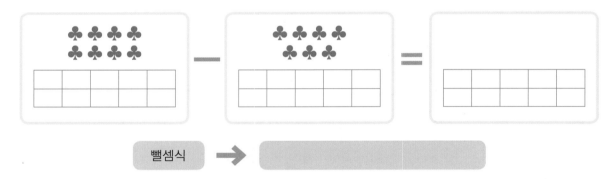

뺄셈식 →

◆ 수판에 알맞은 수만큼 동그라미를 그려 봅시다.

◆ 남은 별은 몇 개인지 뺄셈식으로 나타내고 계산해 봅시다.

뺄셈식 →

196   2단계 덧셈과 뺄셈

정리

◆ 한 자리 수의 뺄셈

〈뺄셈식 계산 방법〉
① 수판에 알맞은 수만큼 동그라미를 그린다.
② 빼는 수만큼 동그라미를 지운다.

🐎 놀이 활동

• 준비물: 색연필 〈부록〉 풍선 안의 뺄셈식
• 놀이 방법: 풍선 안의 뺄셈식을 계산해 봅시다. 뺄셈식의 답이 1이면 빨간색, 2면 주황색, 3이면 노란색, 4면 초록색, 5면 파란색, 6이면 남색, 7이면 보라색, 8이면 분홍색으로 칠해 봅시다. 풍선을 오려서 같은 색의 풍선끼리 묶어 봅시다.

2 – 1 =	5 – 4 =	3 – 1 =	6 – 5 =	4 – 1 =	7 – 3 =
7 – 2 =	6 – 4 =	7 – 6 =	4 – 2 =	3 – 2 =	8 – 6 =
9 – 7 =	8 – 1 =	9 – 6 =	9 – 4 =	8 – 7 =	9 – 2 =
9 – 5 =	4 – 3 =	8 – 5 =	5 – 3 =	9 – 1 =	6 – 3 =
8 – 3 =	6 – 2 =	5 – 2 =	7 – 4 =	9 – 8 =	8 – 2 =
9 – 3 =	5 – 1 =	7 – 5 =	6 – 1 =	8 – 4 =	7 – 1 =

05 차시 한 자리 수의 덧셈과 뺄셈

📖 **학습목표** • 0을 포함한 덧셈식과 뺄셈식을 계산할 수 있다.
　　　　　　　• 덧셈과 뺄셈의 관계를 알고, 덧셈식과 뺄셈식을 계산할 수 있다.

👆 **도입: 생각해 보기**

◆ 교실에는 몇 명의 학생이 있나요? 덧셈식으로 나타내고 계산해 봅시다.

① 교실에 아무도 없습니다.　　　　　　② 교실에 3명의 학생이 들어왔습니다.

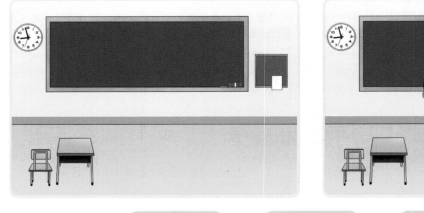 

③ 교실에 3명의 학생이 있습니다.　　　④ 교실에 학생이 더 들어오지 않았습니다.

◆ 교실에는 몇 명의 학생이 있나요? 뺄셈식으로 나타내고 계산해 봅시다.

⑤ 교실에 3명의 학생이 있습니다.

⑥ 아무도 교실을 나가지 않았습니다.

	−		=	

⑦ 교실에 3명의 학생이 있습니다.

⑧ 3명의 학생이 교실을 나갔습니다.

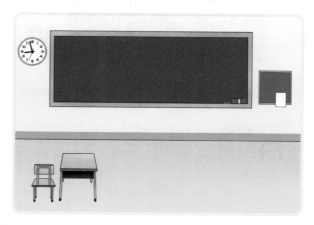

	−		=	

활동 1: 선생님 설명 듣기

◆ 교실에는 몇 명의 학생이 있나요? 덧셈식으로 나타내고 계산해 봅시다.

① 교실에 아무도 없습니다.　　　　　② 교실에 3명의 학생이 들어왔습니다.

$$0 \ + \ 3 \ = \ 3$$

※ 0에 어떤 수를 더하면 그 수와 같아요!

③ 교실에 3명의 학생이 있습니다.　　　　　④ 교실에 학생이 더 들어오지 않았습니다.

$$3 \ + \ 0 \ = \ 3$$

※ 어떤 수에 0을 더하면 그 수와 같아요!

◆ 교실에는 몇 명의 학생이 있나요? 뺄셈식으로 나타내고 계산해 봅시다.

⑤ 교실에 3명의 학생이 있습니다.

$$3 - 0 = 3$$

※ 어떤 수에서 0을 빼면 그 수와 같아요!

⑥ 아무도 교실을 나가지 않았습니다.

⑦ 교실에 3명의 학생이 있습니다.

$$3 - 3 = 0$$

※ 어떤 수에서 그 수를 빼면 0이 되요!

⑧ 3명의 학생이 교실을 나갔습니다.

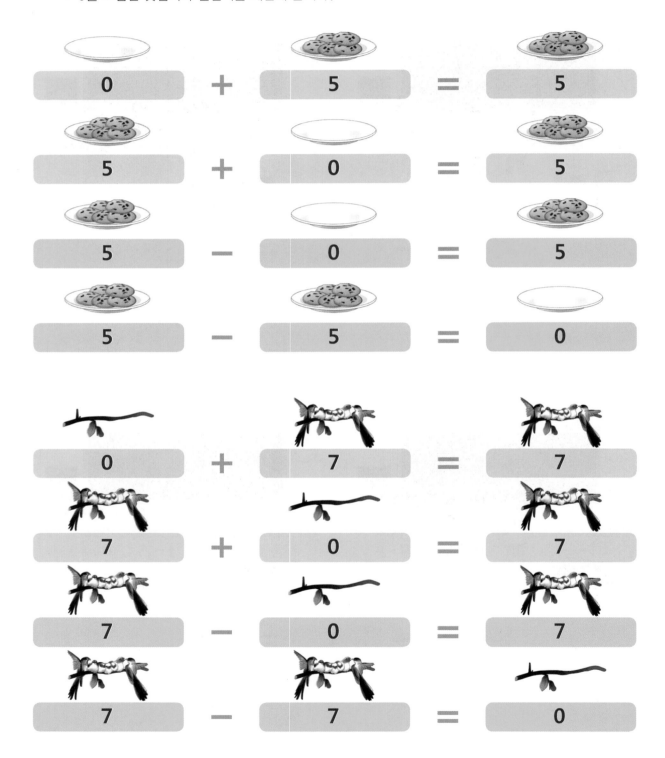

활동 2: 선생님과 함께 연습하기

◆ 0을 포함한 덧셈식과 뺄셈식을 계산해 봅시다.

| 0 | + | 5 | = | 5 |

| 5 | + | 0 | = | 5 |

| 5 | − | 0 | = | 5 |

| 5 | − | 5 | = | 0 |

| 0 | + | 7 | = | 7 |

| 7 | + | 0 | = | 7 |

| 7 | − | 0 | = | 7 |

| 7 | − | 7 | = | 0 |

◆ 덧셈식을 뺄셈식으로, 뺄셈식을 덧셈식으로 나타내고 계산해 봅시다.

6 **+** 2 **=** 8

2 **+** 6 **=** 8

8 **−** 6 **=** 2

8 **−** 2 **=** 6

3 **+** 1 **=** 4

1 **+** 3 **=** 4

4 **−** 3 **=** 1

4 **−** 1 **=** 3

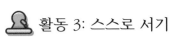

🔖 활동 3: 스스로 서기

◆ 주어진 숫자를 활용해 덧셈식과 뺄셈식을 만들고 계산해 봅시다.

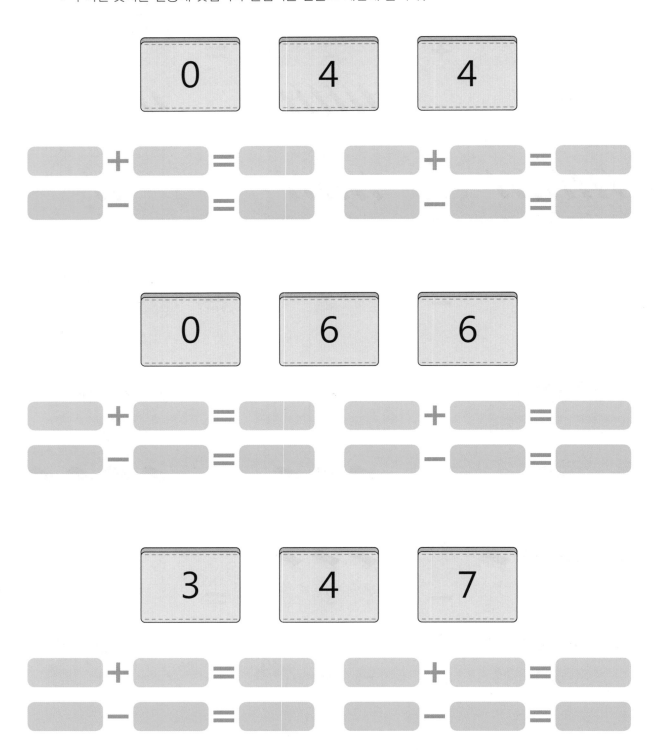

| 0 | 4 | 4 |

⬜ + ⬜ = ⬜   ⬜ + ⬜ = ⬜
⬜ − ⬜ = ⬜   ⬜ − ⬜ = ⬜

| 0 | 6 | 6 |

⬜ + ⬜ = ⬜   ⬜ + ⬜ = ⬜
⬜ − ⬜ = ⬜   ⬜ − ⬜ = ⬜

| 3 | 4 | 7 |

⬜ + ⬜ = ⬜   ⬜ + ⬜ = ⬜
⬜ − ⬜ = ⬜   ⬜ − ⬜ = ⬜

| 3 | 5 | 8 |

☐ + ☐ = ☐   ☐ + ☐ = ☐
☐ - ☐ = ☐   ☐ - ☐ = ☐

| 1 | 6 | 7 |

☐ + ☐ = ☐   ☐ + ☐ = ☐
☐ - ☐ = ☐   ☐ - ☐ = ☐

| 4 | 5 | 9 |

☐ + ☐ = ☐   ☐ + ☐ = ☐
☐ - ☐ = ☐   ☐ - ☐ = ☐

◆ 빈칸에 공통으로 들어갈 알맞은 숫자를 써 봅시다.

$$\boxed{} + 2 = 2 \qquad 2 + \boxed{} = 2$$

$$2 - \boxed{} = 2 \qquad 2 - 2 = \boxed{}$$

$$\boxed{} + 8 = 8 \qquad 8 + \boxed{} = 8$$

$$8 - \boxed{} = 8 \qquad 8 - 8 = \boxed{}$$

$$\boxed{} + 1 = 5 \qquad 1 + \boxed{} = 5$$

$$5 - \boxed{} = 1 \qquad 5 - 1 = \boxed{}$$

$$\boxed{} + 5 = 7 \qquad 5 + \boxed{} = 7$$

$$7 - \boxed{} = 5 \qquad 7 - 5 = \boxed{}$$

$$\boxed{} + 2 = 9 \qquad 2 + \boxed{} = 9$$

$$9 - \boxed{} = 2 \qquad 9 - 2 = \boxed{}$$

정리

◆ 한 자리 수의 덧셈과 뺄셈

| 0 | $+$ | 3 | $=$ | 3 |

0에 어떤 수를 더하면 그 수와 같습니다.

| 3 | $+$ | 0 | $=$ | 3 |

어떤 수에 0을 더하면 그 수와 같습니다.

| 3 | $-$ | 0 | $=$ | 3 |

어떤 수에서 0을 빼면 그 수와 같습니다.

| 3 | $-$ | 3 | $=$ | 0 |

어떤 수에서 그 수를 빼면 0이 됩니다.

 놀이 활동

• 준비물: 〈부록〉 숫자 카드, 연산판
• 놀이 방법: 한 사람이 숫자를 말하면 다른 사람이 그 숫자가 답이 되도록 연산판에 숫자 카드를 활용해 덧셈식과 뺄셈식을 완성합니다.

○ 숫자 카드

| 0 | 1 | 2 | 3 | 4 |
| 5 | 6 | 7 | 8 | 9 |

○ 연산판

| | $+$ | | $=$ | | | | $+$ | | $=$ | |
| | $-$ | | $=$ | | | | $-$ | | $=$ | |

06차시 받아올림이 없는 두 자리 수와 한 자리 수의 덧셈

📖 **학습목표** • 받아올림이 없는 두 자리 수와 한 자리 수의 덧셈을 식으로 나타낼 수 있다.
• 받아올림이 없는 두 자리 수와 한 자리 수의 덧셈식을 계산할 수 있다.

👆 도입: 생각해 보기

◆ 1반 교실에는 책상이 10개 있고, 의자가 5개 있습니다.

◆ 2반 교실에는 책상이 12개 있고, 의자가 4개 있습니다.

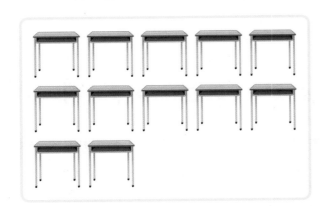 

◆ 각각의 교실에 있는 책상과 의자는 모두 몇 개일까요?

활동 1: 선생님 설명 듣기

◆ 1반 교실에는 책상이 10개 있고, 의자가 5개 있습니다.

◆ 1반 교실에 있는 책상과 의자는 모두 몇 개인지 덧셈식으로 나타내고, 그림 그리기 방법과 이어 세기 방법으로 계산해 봅시다.

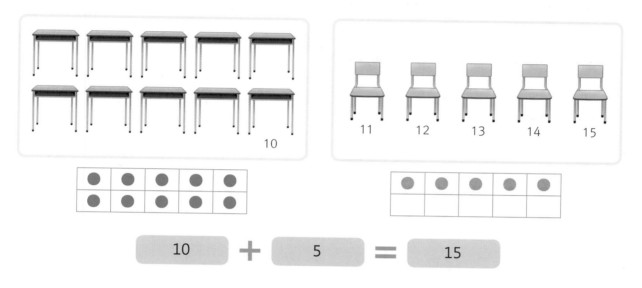

◆ 모형을 사용해 덧셈식을 계산해 봅시다.

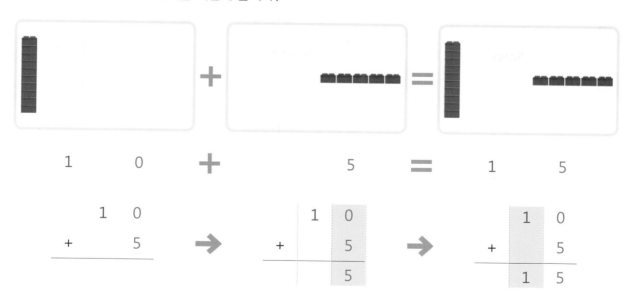

※ 일의 자리 수는 일의 자리 수끼리, 십의 자리 수는 십의 자리 수끼리 더해요!

◆ 2반 교실에는 책상이 12개 있고, 의자가 4개 있습니다.

◆ 2반 교실에 있는 책상과 의자는 모두 몇 개인지 덧셈식으로 나타내고, 그림 그리기 방법과 이어 세기 방법으로 계산해 봅시다.

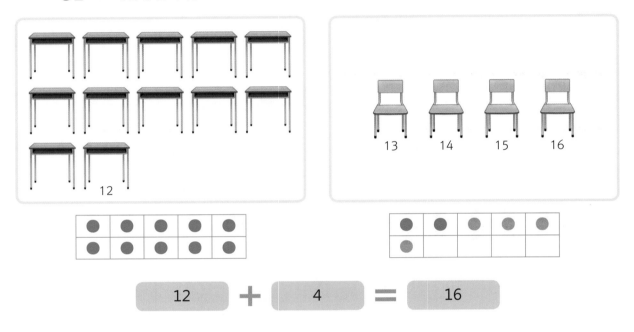

◆ 모형을 사용해 덧셈식을 계산해 봅시다.

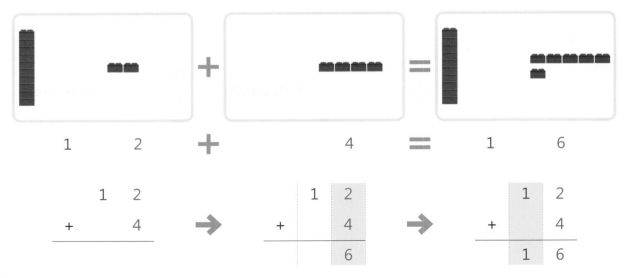

※ 일의 자리 수는 일의 자리 수끼리, 십의 자리 수는 십의 자리 수끼리 더해요!

👫 활동 2: 선생님과 함께 연습하기

◆ 모형을 덧셈식으로 나타내고 계산해 봅시다.

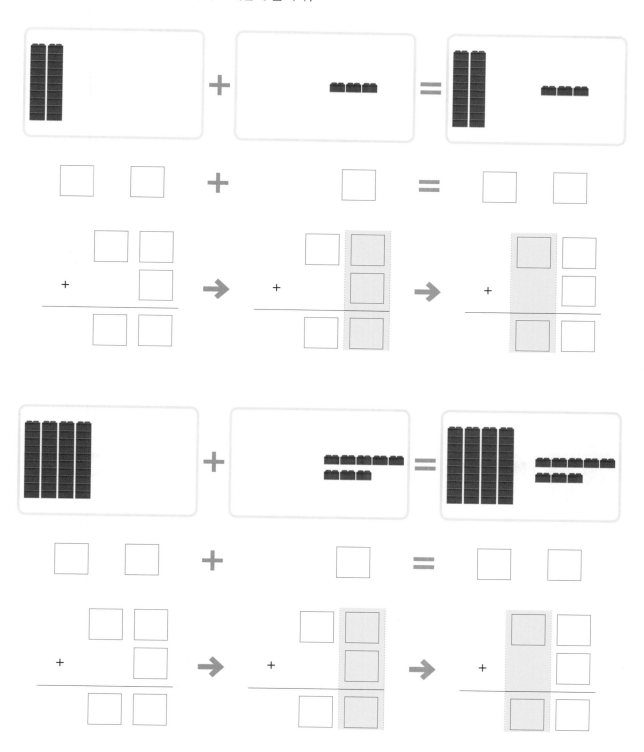

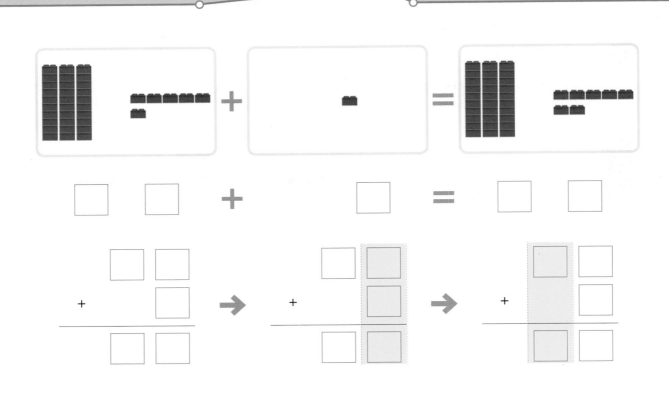

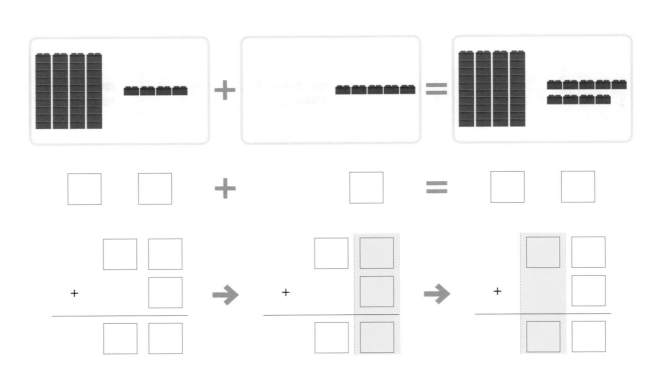

2단계 덧셈과 뺄셈

활동 3: 스스로 서기

◆ 덧셈식을 계산하고 알맞은 답과 그림을 이어 봅시다.

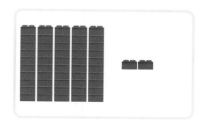   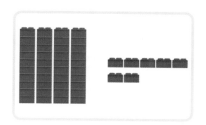   

```
    4   2              2   8              5   0
+       5          +       1          +       2
───────────        ───────────        ───────────
  □   □              □   □              □   □
```

◆ 덧셈식을 계산하고 답이 같은 덧셈식끼리 이어 봅시다.

| 60 + 8 = □ | •   • | 84 + 1 = □ |

| 62 + 2 = □ | •   • | 50 + 6 = □ |

| 50 + 9 = □ | •   • | 53 + 6 = □ |

| 84 + 3 = □ | •   • | 80 + 7 = □ |

| 80 + 5 = □ | •   • | 66 + 2 = □ |

| 53 + 3 = □ | •   • | 60 + 4 = □ |

◆ 덧셈식을 계산하고 답이 가장 큰 덧셈식에 ○, 가장 작은 덧셈식에 △ 표시해 봅시다.

①

	1	0
+		9

	1	5
+		2

	1	3
+		5

②

	3	5
+		3

	3	7
+		2

	3	0
+		7

③

	4	8
+		1

	4	2
+		5

	4	0
+		8

④

	7	4
+		3

	7	0
+		9

	7	6
+		2

⑤

	9	3
+		6

	9	0
+		7

	9	4
+		4

📚 정리

◆ 받아올림이 없는 두 자리 수와 한 자리 수의 덧셈

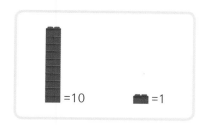

※ 일의 자리 수는 일의 자리 수끼리, 십의 자리 수는 십의 자리 수끼리 더한다.

🐴 놀이 활동

• 준비물: 연필
• 놀이 방법: 덧셈식을 계산하고 답이 가장 큰 덧셈식부터 답이 가장 작은 덧셈식까지 순서대로 이어 봅시다. 마지막으로 답이 가장 큰 덧셈식과 답이 가장 작은 덧셈식을 이어 봅시다. 어떤 모양이 되나요?

90 + 1 =

53 + 4 =   •   • 60 + 5 =

72 + 2 =   •   • 26 + 3 =

07 차시 받아올림이 없는 두 자리 수와 두 자리 수의 덧셈

📖 **학습목표** • 받아올림이 없는 두 자리 수와 두 자리 수의 덧셈을 식으로 나타낼 수 있다.
• 받아올림이 없는 두 자리 수와 두 자리 수의 덧셈식을 계산할 수 있다.

🖐 도입: 생각해 보기

◆ 3반 교실에는 책상이 10개 있고, 의자가 10개 있습니다.

◆ 4반 교실에는 책상이 12개 있고, 의자가 14개 있습니다.

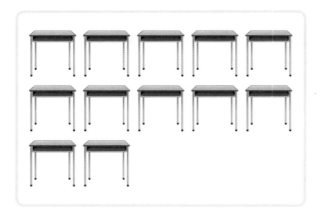 

◆ 각각의 교실에 있는 책상과 의자는 모두 몇 개일까요?

활동 1: 선생님 설명 듣기

◆ 3반 교실에는 책상이 10개 있고, 의자가 10개 있습니다.

◆ 3반 교실에 있는 책상과 의자는 모두 몇 개인지 덧셈식으로 나타내고 계산해 봅시다.

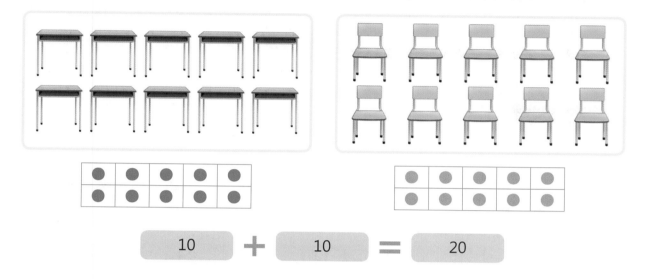

◆ 모형을 사용해 덧셈식을 계산해 봅시다.

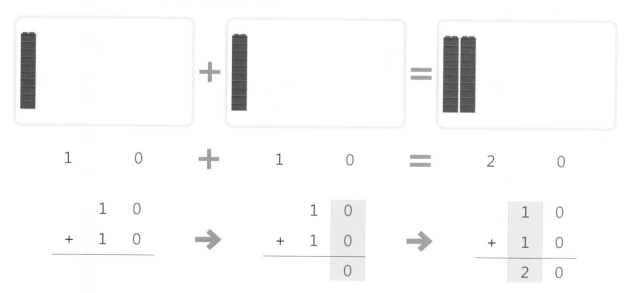

※ 일의 자리 수는 일의 자리 수끼리, 십의 자리 수는 십의 자리 수끼리 더해요!

◆ 4반 교실에는 책상이 12개 있고, 의자가 14개 있습니다.

◆ 4반 교실에 있는 책상과 의자는 모두 몇 개인지 덧셈식으로 나타내고 계산해 봅시다.

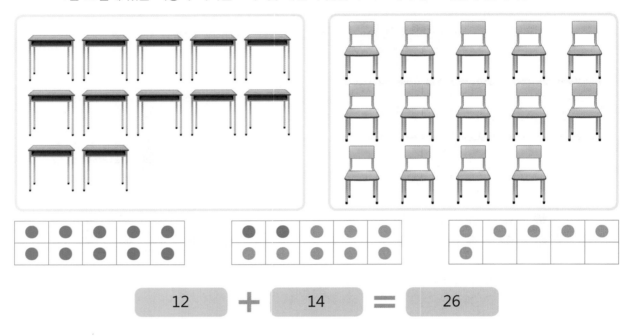

12 + 14 = 26

◆ 모형을 사용해 덧셈식을 계산해 봅시다.

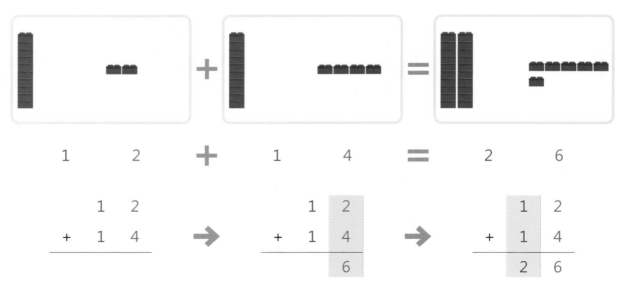

※ 일의 자리 수는 일의 자리 수끼리, 십의 자리 수는 십의 자리 수끼리 더해요!

활동 2: 선생님과 함께 연습하기

◆ 모형을 덧셈식으로 나타내고 계산해 봅시다.

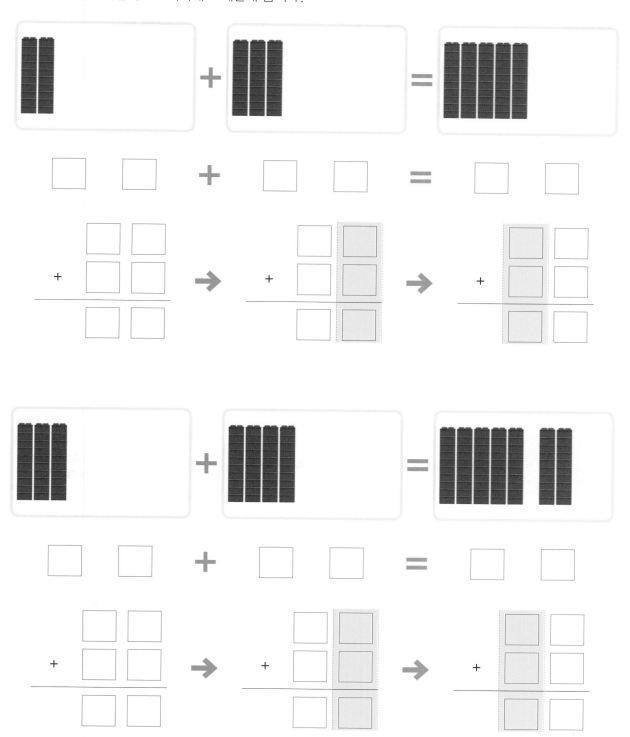

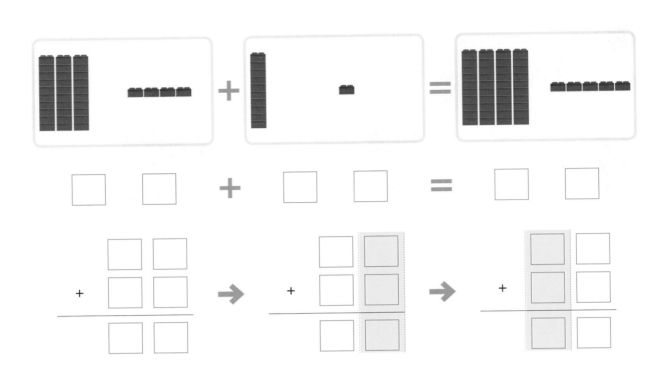

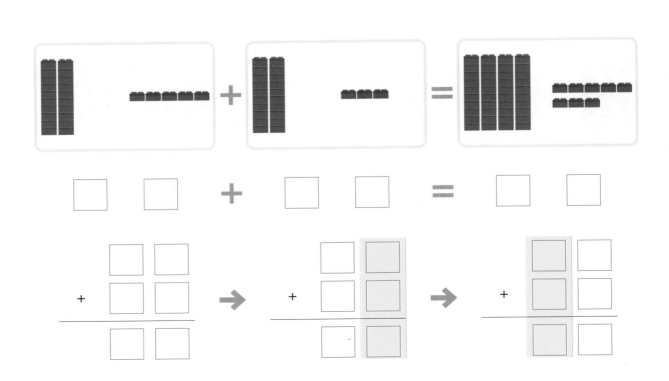

활동 3: 스스로 서기

◆ 덧셈식을 계산하고 알맞은 답과 그림을 이어 봅시다.

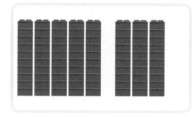      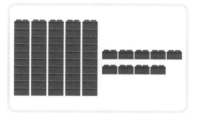

•   •   •

•   •   •

```
    4   2          5   0          2   6
+   1   7      +   3   0      +   3   1
 ┌──┬──┐        ┌──┬──┐        ┌──┬──┐
 │  │  │        │  │  │        │  │  │
 └──┴──┘        └──┴──┘        └──┴──┘
```

◆ 덧셈식을 계산하고 답이 같은 덧셈식끼리 이어 봅시다.

13 + 31 = ☐	•	•	30 + 30 = ☐
40 + 20 = ☐	•	•	50 + 40 = ☐
25 + 43 = ☐	•	•	20 + 20 = ☐
60 + 30 = ☐	•	•	21 + 23 = ☐
72 + 24 = ☐	•	•	36 + 32 = ☐
10 + 30 = ☐	•	•	61 + 35 = ☐

◆ 덧셈식을 계산하고 답이 가장 큰 덧셈식에 ○, 가장 작은 덧셈식에 △ 표시해 봅시다.

①

```
    2  0              4  0              3  0
 +  3  0           +  2  0           +  4  0
 ─────────         ─────────         ─────────
 ☐  ☐             ☐  ☐             ☐  ☐
```

②

```
    3  5              2  7              4  0
 +  2  3           +  3  2           +  1  7
 ─────────         ─────────         ─────────
 ☐  ☐             ☐  ☐             ☐  ☐
```

③

```
    1  8              4  2              2  4
 +  6  1           +  3  5           +  5  4
 ─────────         ─────────         ─────────
 ☐  ☐             ☐  ☐             ☐  ☐
```

④

```
    4  6              7  0              6  3
 +  4  2           +  1  9           +  2  4
 ─────────         ─────────         ─────────
 ☐  ☐             ☐  ☐             ☐  ☐
```

⑤

```
    2  4              6  5              4  3
 +  7  4           +  3  2           +  5  6
 ─────────         ─────────         ─────────
 ☐  ☐             ☐  ☐             ☐  ☐
```

🔖 정리

◆ 받아올림이 없는 두 자리 수와 한 자리 수의 덧셈

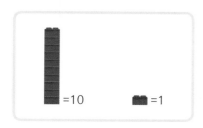

=10   =1

※ 일의 자리 수는 일의 자리 수끼리, 십의 자리 수는 십의 자리 수끼리 더한다.

놀이 활동

• 준비물: 연필

• 놀이 방법: 덧셈식을 계산하고 답이 가장 작은 덧셈식부터 답이 가장 큰 덧셈식까지 순서대로 이어 봅시다. 마지막으로 답이 가장 작은 덧셈식과 답이 가장 큰 덧셈식을 이어 봅시다. 어떤 모양이 되나요?

42 + 31 = ☐

•

20 + 14 = ☐   •   •   21 + 25 = ☐

30 + 30 = ☐   •   •   12 + 13 = ☐

08 차시 받아내림이 없는 두 자리 수와 한 자리 수의 뺄셈

📖 **학습목표** • 받아내림이 없는 두 자리 수와 한 자리 수의 뺄셈을 식으로 나타낼 수 있다.
• 받아내림이 없는 두 자리 수와 한 자리 수의 뺄셈식을 계산할 수 있다.

👆 **도입: 생각해 보기**

◆ 체육관에 축구공이 13개 있습니다. 학생이 축구공 1개를 잃어버렸습니다.

◆ 체육관에 농구공이 15개 있습니다. 학생이 농구공 2개를 잃어버렸습니다.

◆ 남은 축구공과 농구공은 각각 몇 개일까요?

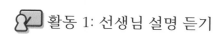 활동 1: 선생님 설명 듣기

◆ 체육관에 축구공이 13개 있습니다. 학생이 축구공 1개를 잃어버렸습니다.

◆ 남은 축구공은 몇 개인지 뺄셈식으로 나타내고, 그림 그리기 방법으로 계산해 봅시다.

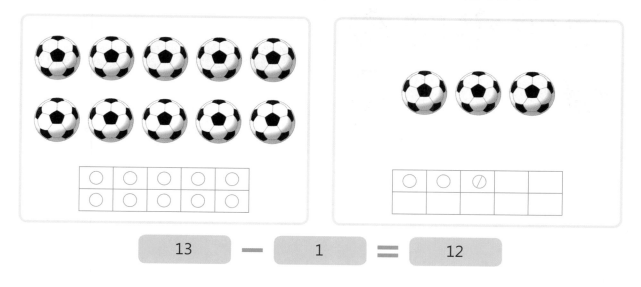

◆ 모형을 사용해 뺄셈식을 계산해 봅시다.

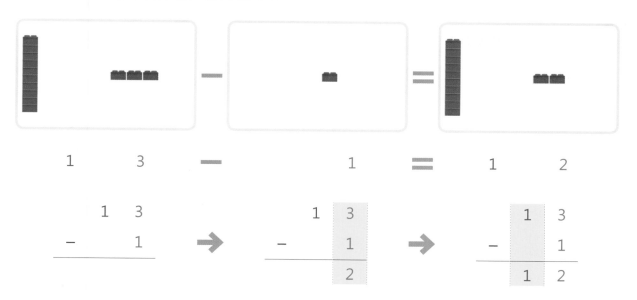

※ 일의 자리 수는 일의 자리 수끼리, 십의 자리 수는 십의 자리 수끼리 빼요!

◆ 체육관에 농구공이 15개 있습니다. 학생이 농구공 2개를 잃어버렸습니다.

◆ 남은 농구공은 몇 개인지 뺄셈식으로 나타내고, 그림 그리기 방법으로 계산해 봅시다.

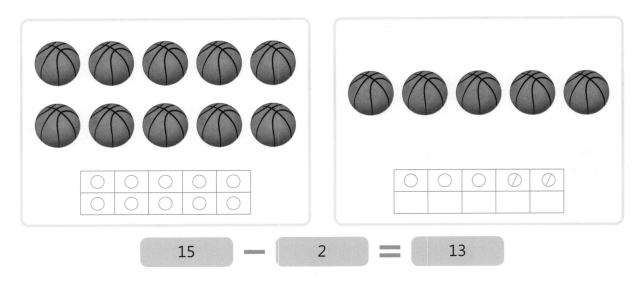

15	−	2	=	13

◆ 모형을 사용해 뺄셈식을 계산해 봅시다.

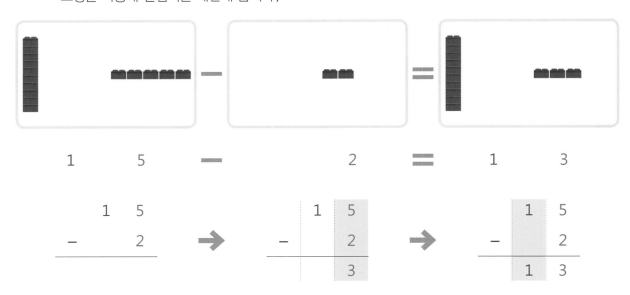

```
1   5   −       2   =   1   3
```

```
    1  5                1  5                1  5
  −    2        →    −  1  2       →    −  1  2
  ─────              ────────           ────────
                          3                1  3
```

※ 일의 자리 수는 일의 자리 수끼리, 십의 자리 수는 십의 자리 수끼리 빼요!

활동 2: 선생님과 함께 연습하기

◆ 모형을 뺄셈식으로 나타내고 계산해 봅시다.

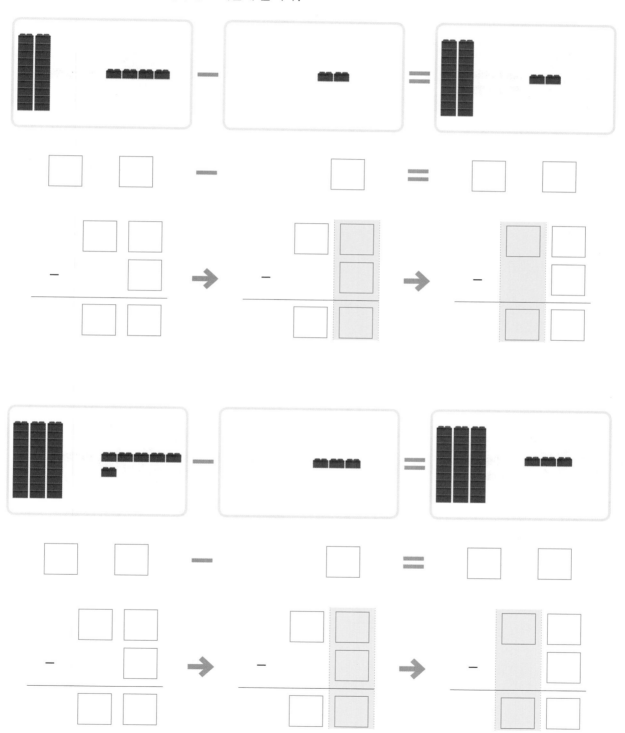

□ □ − □ = □ □

□ □
 − □   →   □ □ □   →   □ □ □
─────   − □   − □
□ □   □ □ □   □ □ □

□ □ − □ = □ □

□ □
 − □   →   □ □ □   →   □ □ □
─────   − □   − □
□ □   □ □ □   □ □ □

활동 3: 스스로 서기

◆ 뺄셈식을 계산하고 알맞은 답과 그림을 이어 봅시다.

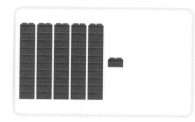

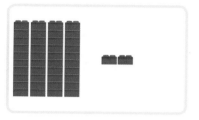

	4	5
−		3
	☐	☐

	2	8
−		2
	☐	☐

	5	2
−		1
	☐	☐

◆ 뺄셈식을 계산하고 답이 같은 뺄셈식끼리 이어 봅시다.

65 − 2 = ☐ ·

69 − 3 = ☐ ·

85 − 4 = ☐ ·

89 − 5 = ☐ ·

76 − 1 = ☐ ·

74 − 2 = ☐ ·

· 68 − 2 = ☐

· 69 − 6 = ☐

· 83 − 2 = ☐

· 87 − 3 = ☐

· 76 − 4 = ☐

· 79 − 4 = ☐

◆ 뺄셈식을 계산하고 답이 가장 큰 뺄셈식에 ○, 가장 작은 뺄셈식에 △ 표시해 봅시다.

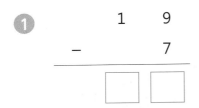

1

$$\begin{array}{r} 1\ 9 \\ -\quad\ 7 \\ \hline \square\ \square \end{array}$$

$$\begin{array}{r} 1\ 6 \\ -\quad\ 5 \\ \hline \square\ \square \end{array}$$

$$\begin{array}{r} 1\ 4 \\ -\quad\ 1 \\ \hline \square\ \square \end{array}$$

2

$$\begin{array}{r} 3\ 9 \\ -\quad\ 6 \\ \hline \square\ \square \end{array}$$

$$\begin{array}{r} 3\ 7 \\ -\quad\ 6 \\ \hline \square\ \square \end{array}$$

$$\begin{array}{r} 3\ 7 \\ -\quad\ 5 \\ \hline \square\ \square \end{array}$$

3

$$\begin{array}{r} 4\ 3 \\ -\quad\ 2 \\ \hline \square\ \square \end{array}$$

$$\begin{array}{r} 4\ 7 \\ -\quad\ 4 \\ \hline \square\ \square \end{array}$$

$$\begin{array}{r} 4\ 8 \\ -\quad\ 6 \\ \hline \square\ \square \end{array}$$

4

$$\begin{array}{r} 8\ 6 \\ -\quad\ 4 \\ \hline \square\ \square \end{array}$$

$$\begin{array}{r} 8\ 5 \\ -\quad\ 2 \\ \hline \square\ \square \end{array}$$

$$\begin{array}{r} 8\ 4 \\ -\quad\ 3 \\ \hline \square\ \square \end{array}$$

5

$$\begin{array}{r} 9\ 8 \\ -\quad\ 7 \\ \hline \square\ \square \end{array}$$

$$\begin{array}{r} 9\ 5 \\ -\quad\ 3 \\ \hline \square\ \square \end{array}$$

$$\begin{array}{r} 9\ 6 \\ -\quad\ 3 \\ \hline \square\ \square \end{array}$$

📚 정리

◆ 받아내림이 없는 두 자리 수와 한 자리 수의 뺄셈

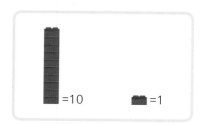

※ 일의 자리 수는 일의 자리 수끼리, 십의 자리 수는 십의 자리 수끼리 뺀다.

🐴 놀이 활동

• 준비물: 〈부록〉 뺄셈식 계산판, 일 모형 카드, 십 모형 카드
• 놀이 방법: 일 모형 카드 2장과 십 모형 카드 1장을 선택합니다. 선택한 일 모형 카드와 십 모형 카드를 사용해 받아내림이 없는 뺄셈식을 만들고 계산합니다.

○ 뺄셈식 계산판

09차시 받아내림이 없는 두 자리 수와 두 자리 수의 뺄셈

 학습목표
• 받아내림이 없는 두 자리 수와 두 자리 수의 뺄셈을 식으로 나타낼 수 있다.
• 받아내림이 없는 두 자리 수와 두 자리 수의 뺄셈식을 계산할 수 있다.

도입: 생각해 보기

◆ 체육관에 축구공이 20개 있습니다. 학생이 축구공 10개를 잃어버렸습니다.

◆ 체육관에 농구공이 26개 있습니다. 학생이 농구공 13개를 잃어버렸습니다.

◆ 남은 축구공과 농구공은 각각 몇 개일까요?

활동 1: 선생님 설명 듣기

◆ 체육관에 축구공이 20개 있습니다. 학생이 축구공 10개를 잃어버렸습니다.

◆ 남은 축구공은 몇 개인지 뺄셈식으로 나타내고, 그림 그리기 방법으로 계산해 봅시다.

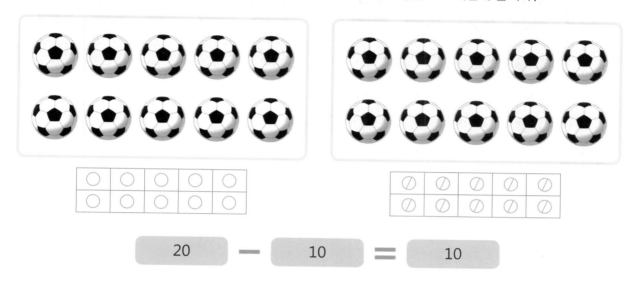

20	−	10	=	10

◆ 모형을 사용해 뺄셈식을 계산해 봅시다.

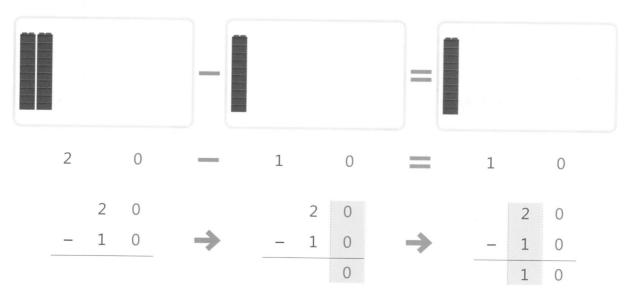

	2	0	−		1	0	=		1	0

```
    2  0              2  0              2  0
  - 1  0      →     - 1  0      →     - 1  0
  _____          _____          _____
                       0              1  0
```

※ 일의 자리 수는 일의 자리 수끼리, 십의 자리 수는 십의 자리 수끼리 빼요!

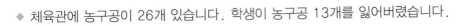

◆ 체육관에 농구공이 26개 있습니다. 학생이 농구공 13개를 잃어버렸습니다.

◆ 남은 농구공은 몇 개인지 뺄셈식으로 나타내고, 그림 그리기 방법으로 계산해 봅시다.

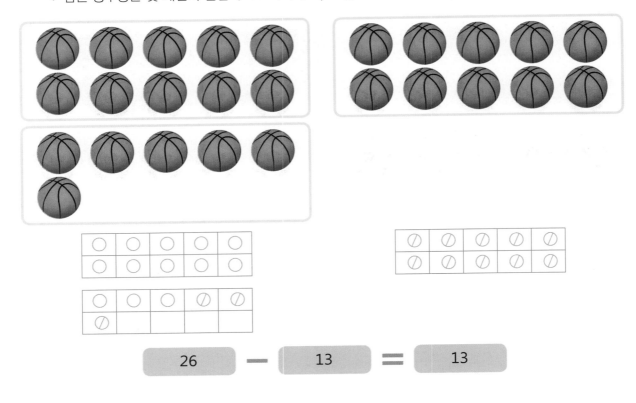

| 26 | − | 13 | = | 13 |

◆ 모형을 사용해 뺄셈식을 계산해 봅시다.

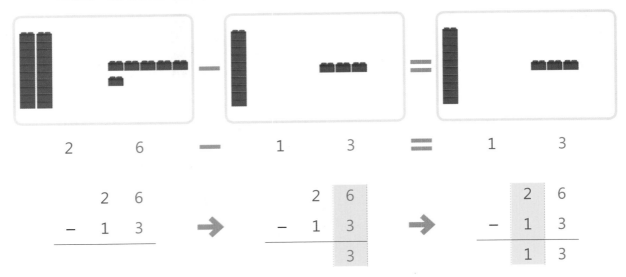

※ 일의 자리 수는 일의 자리 수끼리, 십의 자리 수는 십의 자리 수끼리 빼요!

활동 2: 선생님과 함께 연습하기

◆ 모형을 뺄셈식으로 나타내고 계산해 봅시다.

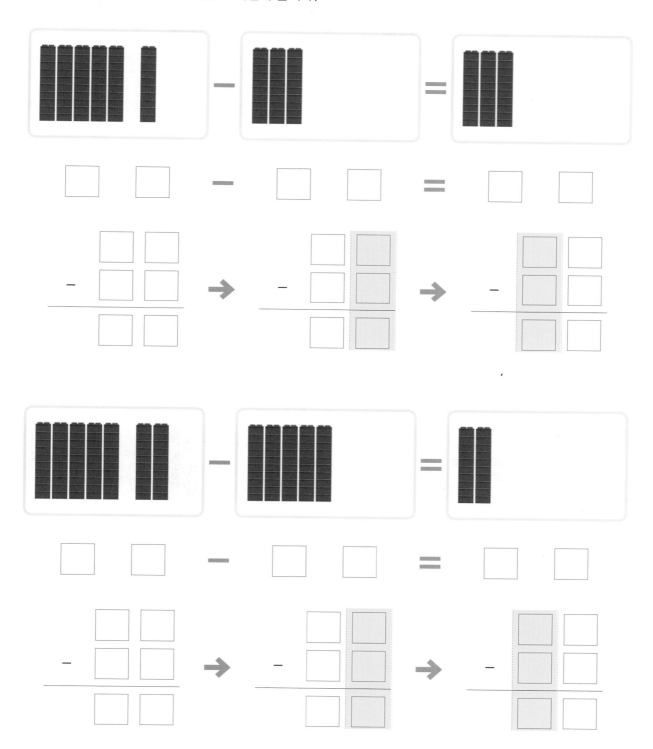

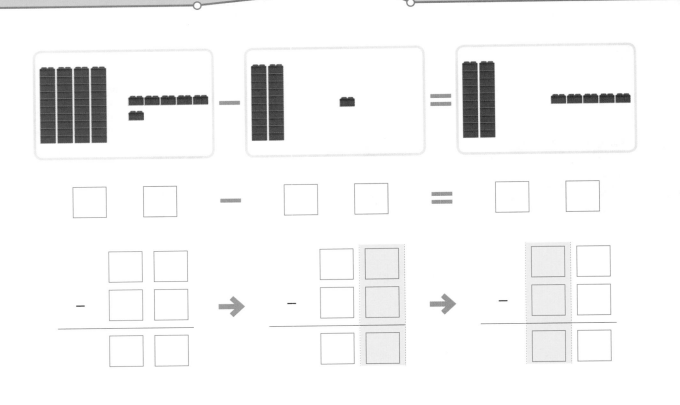

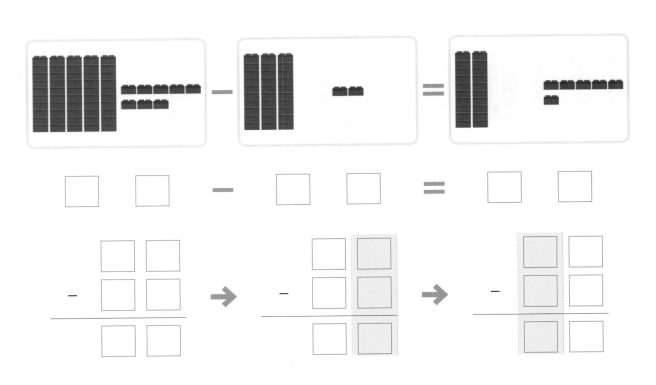

활동 3: 스스로 서기

◆ 뺄셈식을 계산하고 알맞은 답과 그림을 이어 봅시다.

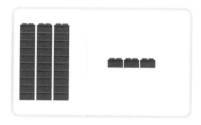      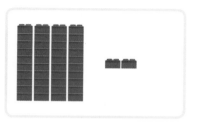

●   ●   ●

●   ●   ●

	5	6
−	1	4
	☐	☐

	8	0
−	4	0
	☐	☐

	6	5
−	3	2
	☐	☐

◆ 뺄셈식을 계산하고 답이 같은 뺄셈식끼리 이어 봅시다.

50 − 40 = ☐ ●   ● 90 − 70 = ☐

92 − 51 = ☐ ●   ● 64 − 42 = ☐

80 − 50 = ☐ ●   ● 79 − 45 = ☐

85 − 51 = ☐ ●   ● 50 − 20 = ☐

97 − 75 = ☐ ●   ● 58 − 17 = ☐

60 − 40 = ☐ ●   ● 60 − 50 = ☐

◆ 뺄셈식을 계산하고 답이 가장 큰 뺄셈식에 ○, 가장 작은 뺄셈식에 △ 표시해 봅시다.

1

```
    7  0          5  0          9  0
 -  6  0       -  3  0       -  6  0
 ─────────      ─────────      ─────────
 □  □          □  □          □  □
```

2

```
    2  7          4  5          3  8
 -  1  5       -  3  2       -  2  7
 ─────────      ─────────      ─────────
 □  □          □  □          □  □
```

3

```
    4  6          6  8          5  9
 -  2  3       -  4  6       -  3  8
 ─────────      ─────────      ─────────
 □  □          □  □          □  □
```

4

```
    5  6          6  9          7  8
 -  2  5       -  3  7       -  4  5
 ─────────      ─────────      ─────────
 □  □          □  □          □  □
```

5

```
    7  6          8  4          9  4
 -  3  4       -  4  1       -  5  3
 ─────────      ─────────      ─────────
 □  □          □  □          □  □
```

📚 정리

◆ 받아내림이 없는 두 자리 수와 두 자리 수의 뺄셈

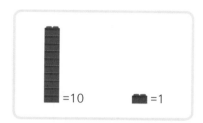

※ 일의 자리 수는 일의 자리 수끼리, 십의 자리 수는 십의 자리 수끼리 뺀다.

🎠 놀이 활동

- 준비물: 〈부록〉뺄셈식 계산판, 일 모형 카드, 십 모형 카드
- 놀이 방법: 일 모형 카드와 십 모형 카드를 각각 2장씩 선택합니다. 선택한 일 모형 카드와 십 모형 카드를 사용해 받아내림이 없는 뺄셈식을 만들고 계산합니다.

○ 뺄셈식 계산판

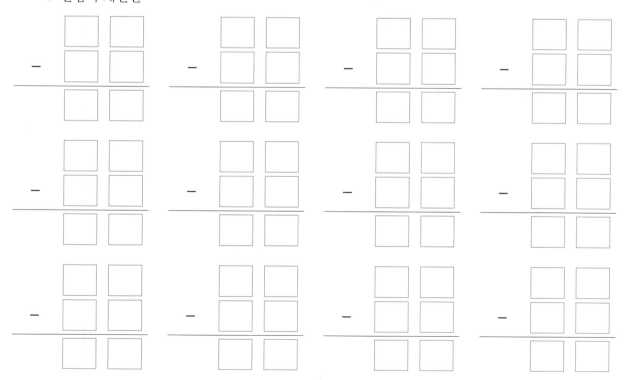

10차시 두 수의 합이 10인 한 자리 수의 덧셈과 뺄셈

📖 **학습목표**
• 두 수의 합이 10인 한 자리 수의 덧셈을 할 수 있다.
• 두 수의 합이 10인 한 자리 수의 뺄셈을 할 수 있다.

👆 **도입: 생각해 보기**

◆ 민지와 정우는 사탕 10개를 가지고 있습니다. 몇 개씩 나누어 먹을 수 있을까요?

👤 **활동 1: 선생님 설명 듣기**

◆ 사탕을 모으고 갈라 봅시다.

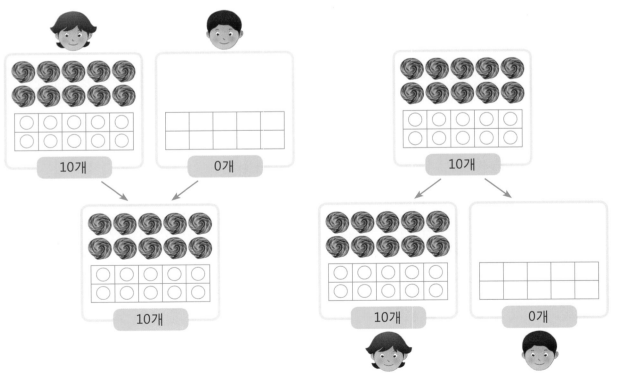

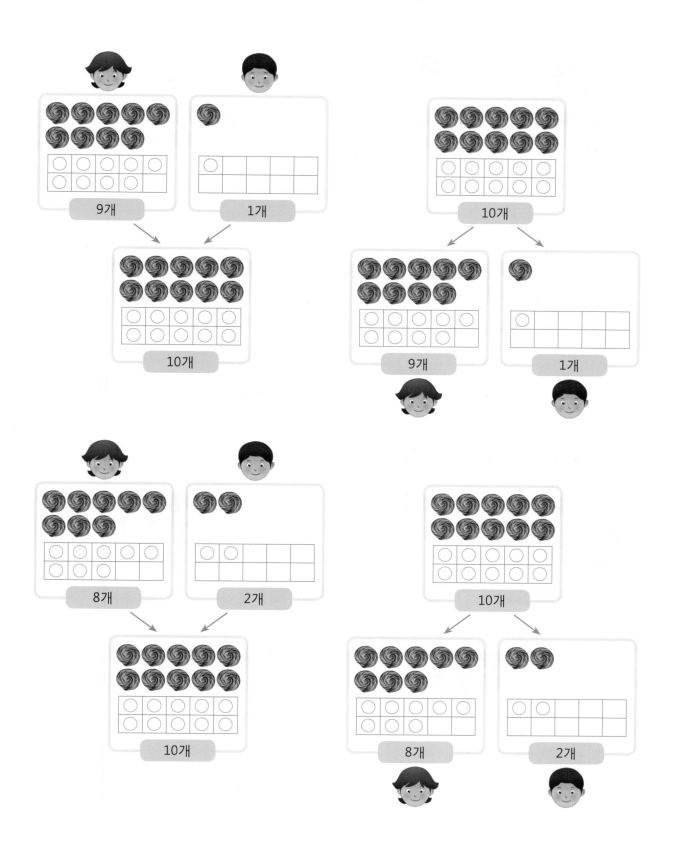

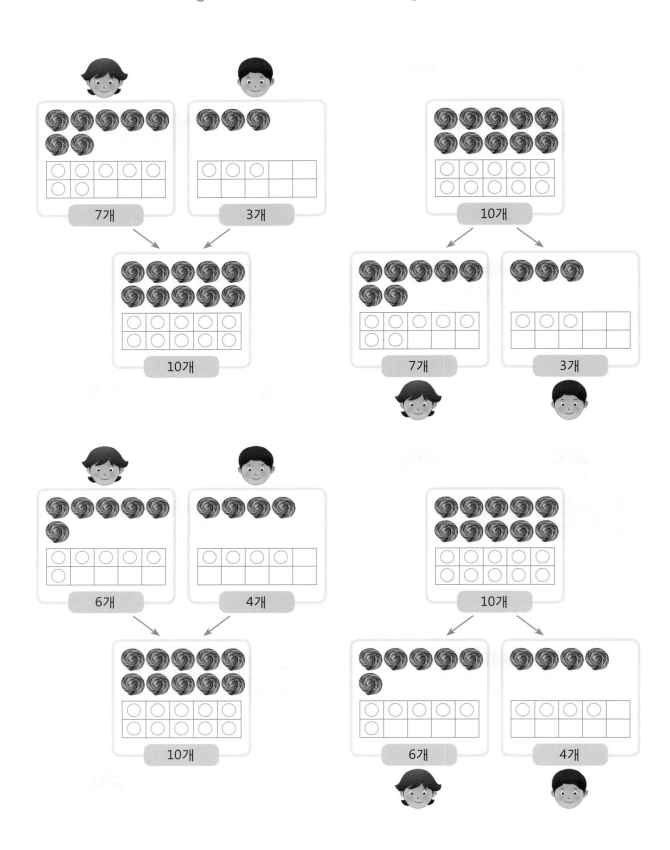

7개 3개

10개

10개

7개 3개

6개 4개

10개

10개

10개

6개 4개

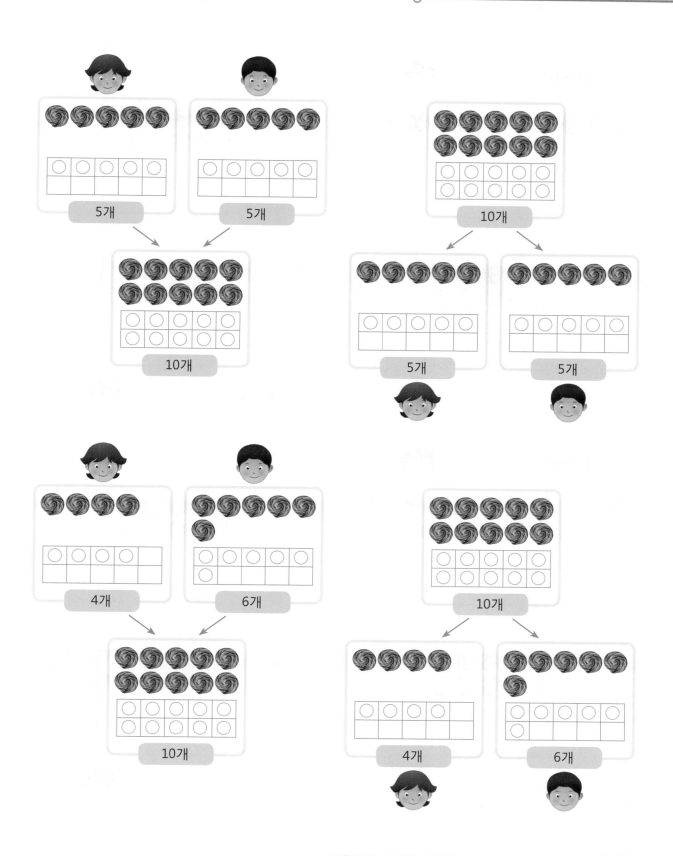

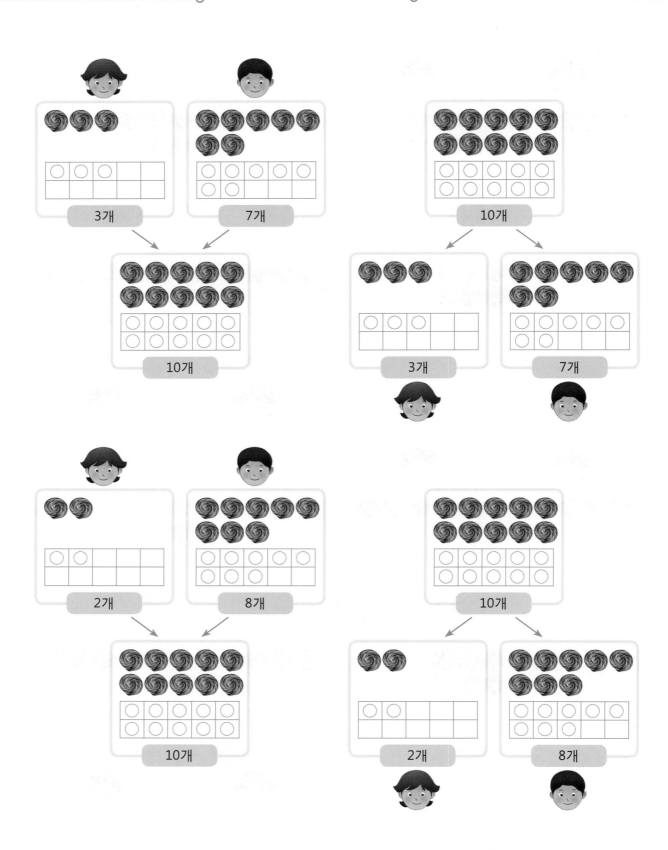

2단계 덧셈과 뺄셈

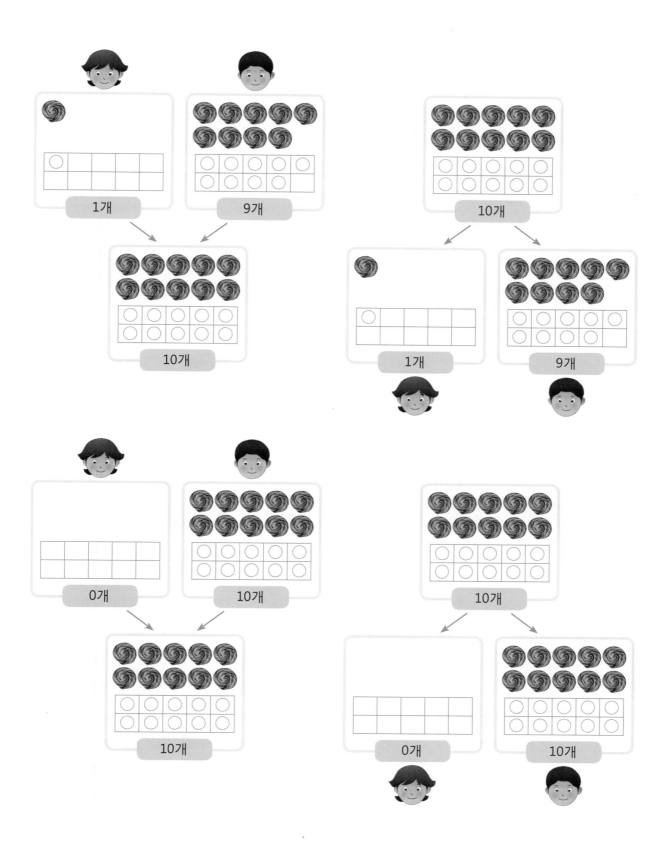

👥 활동 2: 선생님과 함께 연습하기

◆ 사탕을 덧셈식과 뺄셈식으로 나타내고 계산해 봅시다.

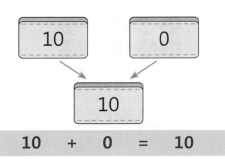

10 + 0 = 10

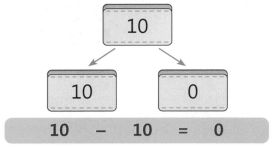

10 − 10 = 0

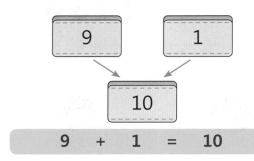

9 + 1 = 10

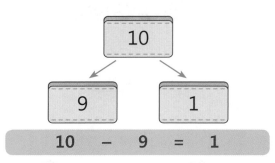

10 − 9 = 1

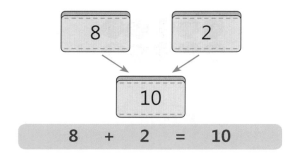

8 + 2 = 10

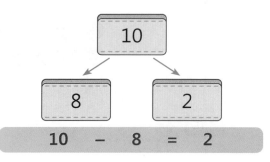

10 − 8 = 2

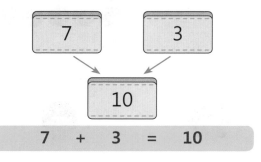

7 + 3 = 10

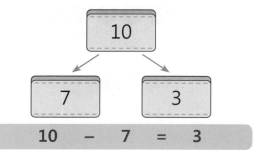

10 − 7 = 3

2단계 덧셈과 뺄셈

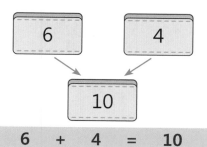

6 + 4 = 10

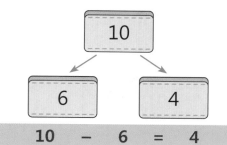

10 − 6 = 4

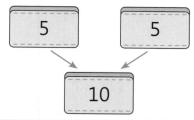
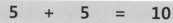

5 + 5 = 10

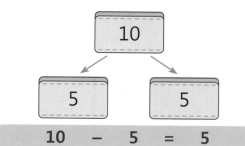

10 − 5 = 5

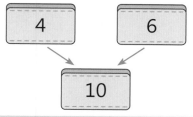

4 + 6 = 10

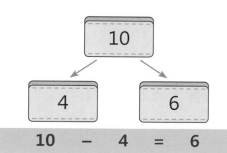

10 − 4 = 6

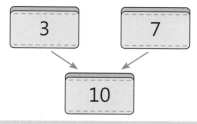

3 + 7 = 10

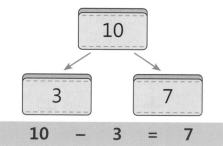

10 − 3 = 7

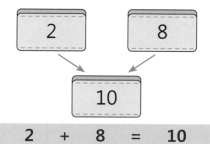

2 + 8 = 10

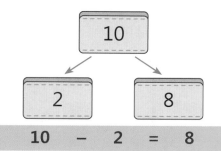

10 − 2 = 8

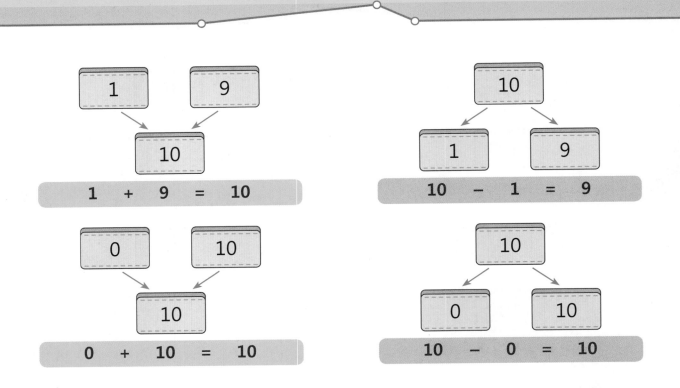

1 + 9 = 10

10 - 1 = 9

0 + 10 = 10

10 - 0 = 10

활동 3: 스스로 서기

◆ 주어진 숫자를 활용해 덧셈식과 뺄셈식을 만들고 계산해 봅시다.

| 0 | 10 | 10 |

⬜ + ⬜ = ⬜   ⬜ − ⬜ = ⬜
⬜ + ⬜ = ⬜   ⬜ − ⬜ = ⬜

| 1 | 9 | 10 |

⬜ + ⬜ = ⬜   ⬜ − ⬜ = ⬜
⬜ + ⬜ = ⬜   ⬜ − ⬜ = ⬜

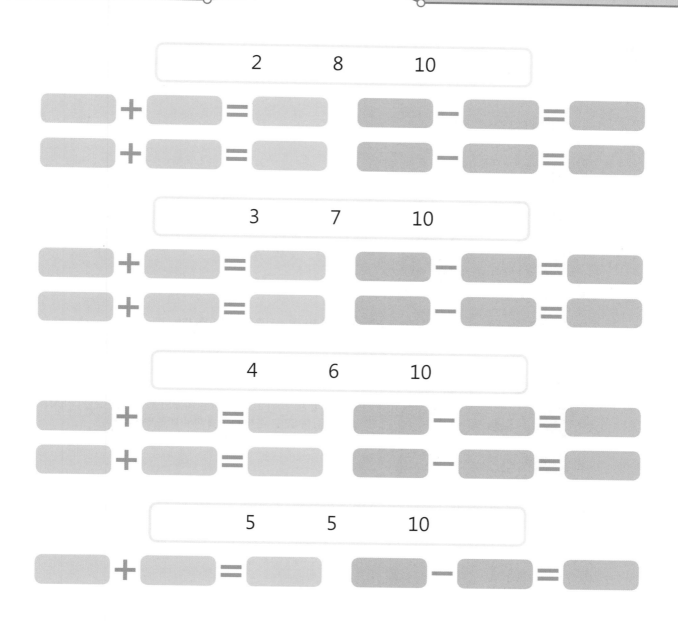

3   7   10

4   6   10

5   5   10

정리

◆ 두 수의 합이 10인 덧셈과 뺄셈

10 + 0 = 10	9 + 1 = 10	8 + 2 = 10	7 + 3 = 10	6 + 4 = 10	5 + 5 = 10
0 + 10 = 10	1 + 9 = 10	2 + 8 = 10	3 + 7 = 10	4 + 6 = 10	
10 − 10 = 0	10 − 9 = 1	10 − 8 = 2	10 − 7 = 3	10 − 6 = 4	10 − 5 = 5
10 − 0 = 10	10 − 1 = 9	10 − 2 = 8	10 − 3 = 7	10 − 4 = 6	

놀이 활동

- 준비물: 없음
- 놀이 방법:
  ① 가위바위보를 통해 순서를 정합니다.
  ② 가위바위보를 이긴 사람은 손가락을 펴서 숫자를 만듭니다.

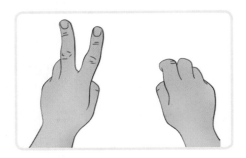

예를 들어, 가위바위보를 이긴 사람은 손가락 2개를 펴서 숫자 2를 만듭니다.

③ 가위바위보를 진 사람은 10을 만들기 위해 필요한 나머지 숫자만큼 손가락을 펴서 10을 만듭니다.

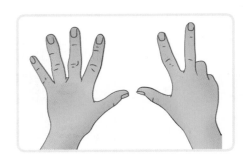

예를 들어, 가위바위보를 진 사람은 10을 만들기 위해 필요한 나머지 숫자만큼, 즉 8만큼 손가락 8개를 펴서 10을 만듭니다.

④ 10을 만들기 위해 필요한 나머지 숫자만큼 손가락을 편 경우 1점을 얻습니다.
⑤ 점수를 많이 얻은 사람이 이깁니다.

11차시 두 수의 합이 11 이상인 한 자리 수의 덧셈과 뺄셈

📖 **학습목표** • 두 수의 합이 11 이상인 한 자리 수의 덧셈을 할 수 있다.
• 두 수의 합이 11 이상인 한 자리 수의 뺄셈을 할 수 있다.

도입: 생각해 보기

◆ 교실에 남학생 6명이 있습니다. 교실에 여학생 5명이 더 들어왔습니다. 교실에는 모두 몇 명의 학생이 있나요?

◆ 교실에 남학생과 여학생 11명이 있습니다. 여학생 5명이 교실을 나갔습니다. 교실에는 몇 명의 학생이 남아 있나요?

활동 1: 선생님 설명 듣기

◆ 교실에 남학생 6명이 있습니다. 교실에 여학생 5명이 더 들어왔습니다.

◆ 교실에 모두 몇 명의 학생이 있는지 덧셈식으로 나타내고, 그림 그리기 방법과 이어 세기 방법으로 계산해 봅시다.

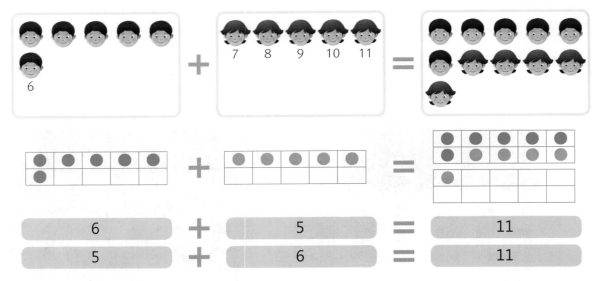

※ 이어 세기 방법으로 덧셈식을 계산할 때에는 큰 수부터 작은 수만큼 이어 세요!
※ 더하는 두 수의 순서를 바꿔도 답은 같아요!

◆ 교실에 남학생과 여학생 11명이 있습니다. 여학생 5명이 교실을 나갔습니다.

◆ 교실에는 몇 명의 학생이 남아 있는지 뺄셈식으로 나타내고, 그림 그리기 방법과 이어 세기 방법으로 계산해 봅시다.

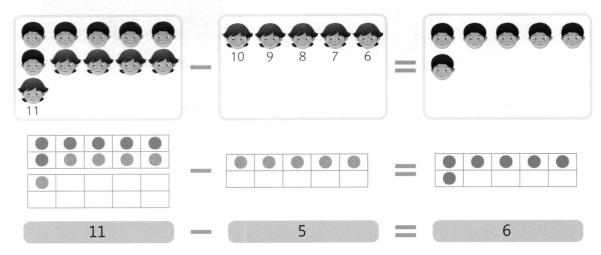

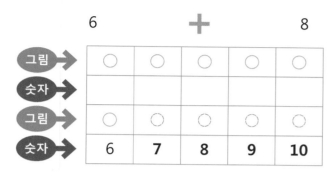

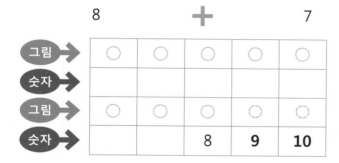

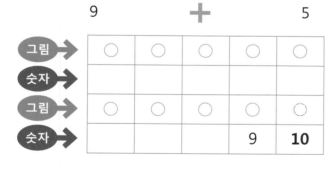

활동 2: 선생님과 함께 연습하기

◆ 더하는 수만큼 동그라미를 그리고, 숫자를 쓰면서 덧셈식을 계산해 봅시다.

◆ 빼는 수만큼 동그라미를 지우고, 숫자를 쓰면서 뺄셈식을 계산해 봅시다.

12 − 7 = [ ]

그림 ➡	○	○	○	○	○
숫자 ➡					5
그림 ➡	⊘	⊘	⊘	⊘	⊘
숫자 ➡	6	7	8	9	10

	⊘	⊘		
	11	12		

15 − 6 = [ ]

그림 ➡	○	○	○	○	○
숫자 ➡					
그림 ➡	○	○	○	○	⊘
숫자 ➡				9	10

	⊘	⊘	⊘	⊘	⊘
	11	12	13	14	15

13 − 8 = [ ]

그림 ➡	○	○	○	○	○
숫자 ➡					5
그림 ➡	⊘	⊘	⊘	⊘	⊘
숫자 ➡	6	7	8	9	10

	⊘	⊘	⊘		
	11	12	13		

16 − 9 = [ ]

그림 ➡	○	○	○	○	○
숫자 ➡					
그림 ➡	○	○	○	○	⊘
숫자 ➡		7	8	9	10

	⊘	⊘	⊘	⊘	⊘
	11	12	13	14	15
	⊘				
	16				

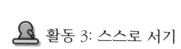

활동 3: 스스로 서기

◆ 빈칸에 알맞은 수를 써 봅시다. 답이 같은 칸을 같은 색으로 칠해 봅시다.

9 + 2 =	9 + 3 =	9 + 4 =	9 + 5 =	9 + 6 =	9 + 7 =	9 + 8 =	9 + 9 =
	8 + 3 =	8 + 4 =	8 + 5 =	8 + 6 =	8 + 7 =	8 + 8 =	8 + 9 =
11 - 9 =		7 + 4 =	7 + 5 =	7 + 6 =	7 + 7 =	7 + 8 =	7 + 9 =
12 - 9 =	11 - 8 =		6 + 5 =	6 + 6 =	6 + 7 =	6 + 8 =	6 + 9 =
13 - 9 =	12 - 8 =	11 - 7 =		5 + 6 =	5 + 7 =	5 + 8 =	5 + 9 =
14 - 9 =	13 - 8 =	12 - 7 =	11 - 6 =		4 + 7 =	4 + 8 =	4 + 9 =
15 - 9 =	14 - 8 =	13 - 7 =	12 - 6 =	11 - 5 =		3 + 8 =	3 + 9 =
16 - 9 =	15 - 8 =	14 - 7 =	13 - 6 =	12 - 5 =	11 - 4 =		2 + 9 =
17 - 9 =	16 - 8 =	15 - 7 =	14 - 6 =	13 - 5 =	12 - 4 =	11 - 3 =	
18 - 9 =	17 - 8 =	16 - 7 =	15 - 6 =	14 - 5 =	13 - 4 =	12 - 3 =	11 - 2 =

📖 정리

◆ 두 수의 합이 11 이상인 한 자리 수의 덧셈과 뺄셈

두 수의 합이 11이상인 한 자리 수의 덧셈과 뺄셈도 그림 그리기 방법과 이어 세기 방법으로 계산할 수 있습니다.

※ 이어 세기 방법으로 덧셈식을 계산할 때에는 큰 수부터 작은 수만큼 이어 셉니다.

※ 더하는 두 수의 순서를 바꿔도 답은 같습니다.

🐎 놀이 활동

• 준비물: 〈부록〉 정답판 / 덧셈식 카드 / 뺄셈식 카드
• 놀이 방법: 정답판에 알맞은 덧셈식 카드와 뺄셈식 카드를 올려놓습니다.

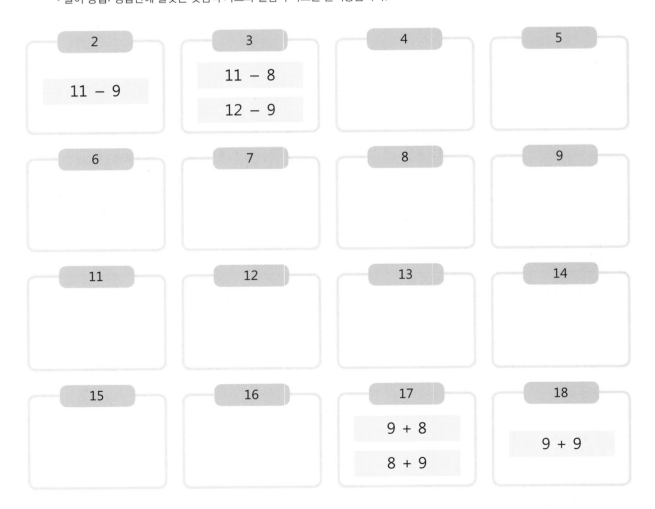

2	3	4	5
11 − 9	11 − 8 12 − 9		

6	7	8	9

11	12	13	14

15	16	17	18
		9 + 8 8 + 9	9 + 9

12차시 받아올림이 있는 두 자리 수의 덧셈

📖 **학습목표** • 받아올림이 있는 두 자리 수와 한 자리 수의 덧셈을 할 수 있다.
　　　　　　 • 받아올림이 있는 두 자리 수와 두 자리 수의 덧셈을 할 수 있다.

👆 도입: 생각해 보기

◆ 앞마당에 꽃이 16송이 있습니다. 앞마당에 꽃을 8송이 더 심었습니다. 앞마당에 꽃이 모두 몇 송이가 있나요?

◆ 뒷마당에 꽃이 16송이 있습니다. 뒷마당에 꽃을 16송이 더 심었습니다. 뒷마당에 꽃이 모두 몇 송이가 있나요?

앞마당		뒷마당
원래 있던 꽃 16송이		원래 있던 꽃 16송이

새로 심은 꽃 8송이

새로 심은 꽃 16송이

◆ 공원에 꽃이 84송이 있습니다. 공원에 꽃을 42송이 더 심었습니다. 공원에 꽃이 모두 몇 송이가 있나요?

활동 1: 선생님 설명 듣기

◆ 앞마당에 꽃이 16송이 있습니다. 앞마당에 꽃을 8송이 더 심었습니다. 앞마당에 꽃이 모두 몇 송이가 있는지 덧셈식으로 나타내 봅시다.

$$\boxed{16} \; + \; \boxed{8} \; = \; \boxed{}$$

◆ 앞마당에 꽃이 모두 몇 송이가 있는지 모형을 사용해 계산해 봅시다.

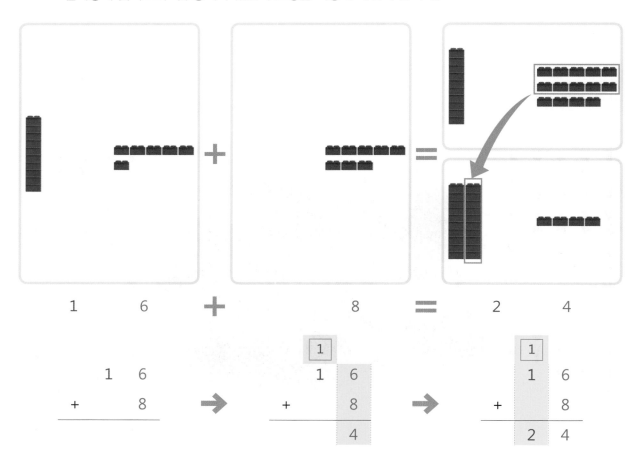

※ 일 모형 10개는 십 모형 1개와 같아요!
※ 일의 자리 수끼리 더한 값에서 일의 자리 수는 일의 자리에 쓰고, 십의 자리 수는 받아올림하여 십의 자리 위에 작게 써요!

◆ 뒷마당에 꽃이 16송이 있습니다. 뒷마당에 꽃을 16송이 더 심었습니다. 뒷마당에 꽃이 모두 몇 송이
가 있는지 덧셈식으로 나타내 봅시다.

$$16 \; + \; 16 \; = \; \boxed{}$$

◆ 뒷마당에 꽃이 모두 몇 송이가 있는지 모형을 사용해 계산해 봅시다.

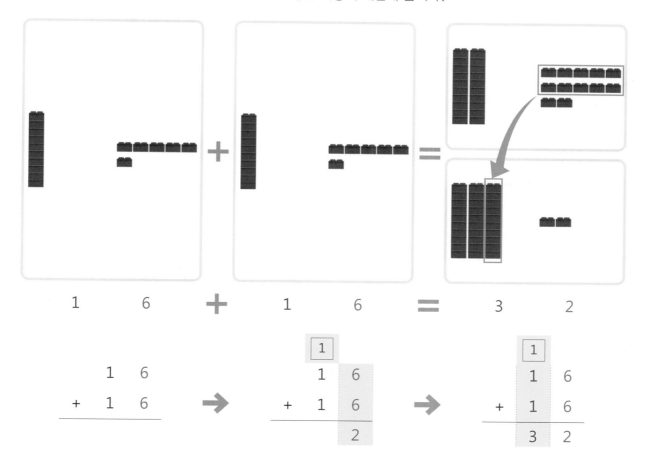

	1	6
+	1	6

→

		1	
	1	6
+	1	6
		2

→

		1	
	1	6
+	1	6
	3	2

※ 일 모형 10개는 십 모형 1개와 같아요!

※ 일의 자리 수끼리 더한 값에서 일의 자리 수는 일의 자리에 쓰고, 십의 자리 수는 받아올림하여 십의 자리 위에 작게 써요!

◆ 공원에 꽃이 84송이 있습니다. 공원에 꽃을 42송이 더 심었습니다. 공원에 꽃이 모두 몇 송이가 있
는지 덧셈식으로 나타내 봅시다.

$$\boxed{84} + \boxed{42} = \boxed{}$$

◆ 공원에 꽃이 모두 몇 송이가 있는지 모형을 사용해 계산해 봅시다.

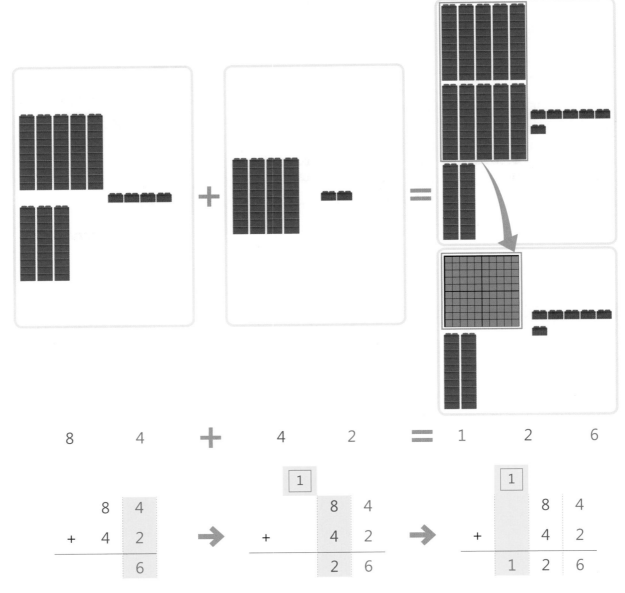

	8	4				8	4				8	4
+	4	2	→		+	4	2	→		+	4	2
		6				2	6			1	2	6

※ 십 모형 10개는 백 모형 1개와 같아요!
※ 십의 자리 수끼리 더한 값에서 십의 자리 수는 십의 자리에 쓰고, 백의 자리 수는 받아올림하여 백의 자리 위에 작게 써요!

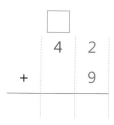 활동 2: 선생님과 함께 연습하기

◆ 덧셈식을 계산하고 답이 같은 식끼리 이어 봅시다.

	4	2
+		9

	7	5
+		7

	5	8
+		4

	8	6
+		5

	5	3
+	2	9

	2	8
+	2	3

	3	4
+	5	7

	4	7
+	1	5

◆ 덧셈식을 계산하고 알맞은 답과 이어 봅시다.

	8	3
+	3	4

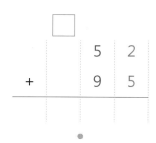

	5	2
+	9	5

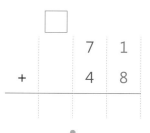

	7	1
+	4	8

| 137 | 117 | 147 | 119 | 129 |

 활동 3: 스스로 서기

◆ 덧셈식을 계산해 봅시다.

```
    3  6              6  5              4  8              7  6
 +     9           +     8           +     6           +     7
```

```
    5  2              9  8              1  9              3  6
 +     9           +     7           +  2  4           +  2  5
```

```
    3  7              7  5              3  4              2  9
 +  4  6           +  1  9           +  4  7           +  5  8
```

```
    5  2                                                 6  7
 +  6  3           +     4  3        +  9  4             +  9  1
```

```
    7  5              9  4                               8  1
 +  8  2           +     2  3        +  2  3          +  5  2
```

📚 정리

◆ 받아올림이 있는 두 자리 수의 덧셈

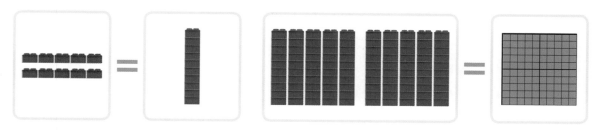

※ 일 모형 10개는 십 모형 1개와 같아요!
※ 십 모형 10개는 백 모형 1개와 같아요!

```
    1                      1                      1
    1  6                   1  6                      8  4
 +     8               +   1  6               +      4  2
 ─────────             ─────────             ─────────
       4                      2                   2  6
```

※ 일의 자리 수끼리 더한 값에서 일의 자리 수는 일의 자리에 쓰고, 십의 자리 수는 받아올림하여 십의 자리 위에 작게 써요!
※ 십의 자리 수끼리 더한 값에서 십의 자리 수는 십의 자리에 쓰고, 백의 자리 수는 받아올림하여 백의 자리 위에 작게 써요!

 놀이 활동

- 준비물: 연필, 지우개
- 놀이 방법: 잘못 계산한 덧셈식을 찾아 바르게 고쳐 봅시다.

```
    6  8              4  5              3  7              2  3
 +     5           +  1  7           +     4           +  5  8
 ─────────         ─────────         ─────────         ─────────
    7  3              6  2              4  2              8  1
```

```
    8  5                 4  7                 6  2
 +     6  4           +     9  1           +     5  6
 ─────────────        ─────────────        ─────────────
    1  4  9              1  3  8              1  2  8
```

```
    5  9              6  4              8  5              3  7
 +     2           +  2  8           +     6           +  4  9
 ─────────         ─────────         ─────────         ─────────
    6  1              9  2              8  2              8  6
```

13차시 받아내림이 있는 두 자리 수의 뺄셈

 학습목표
• 받아내림이 있는 두 자리 수와 한 자리 수의 뺄셈을 할 수 있다.
• 받아내림이 있는 두 자리 수와 두 자리 수의 뺄셈을 할 수 있다.

도입: 생각해 보기

◆ 제과점에 이 25개 있습니다. 을 8개 팔았습니다. 남은 은 몇 개일까요?

◆ 제과점에 이 30개 있습니다. 을 12개 팔았습니다. 남은 은 몇 개일까요?

◆ 제과점에 이 34개 있습니다. 을 16개 팔았습니다. 남은 은 몇 개일까요?

활동 1: 선생님 설명 듣기

◆ 제과점에 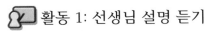이 25개 있습니다. 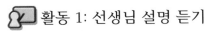을 8개 팔았습니다. 남은 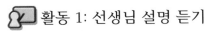은 몇 개인지 뺄셈 식으로 나타내 봅시다.

$$25 \ - \ 8 \ = \ \boxed{}$$

◆ 남은 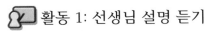은 몇 개인지 모형을 사용해 계산해 봅시다.

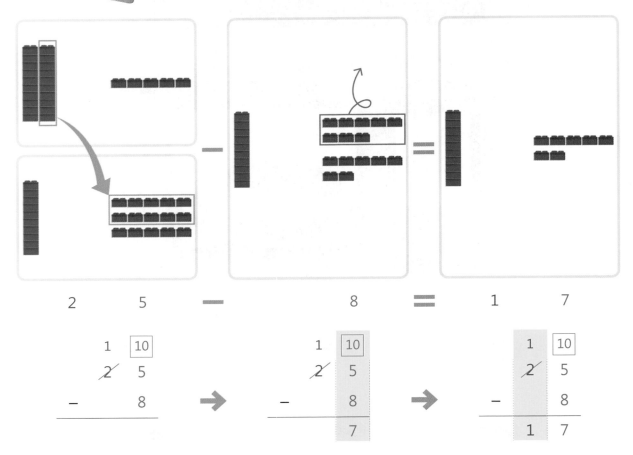

※ 5보다 8이 더 커서 5에서 8을 뺄 수 없어요! 이처럼 일의 자리 수끼리 뺄 수 없을 때에는 십의 자리에서 10을 빌려 올 수 있어요!

※ 십 모형 1개는 일 모형 10개와 같아요!

※ 십의 자리에서 빌려 온 10은 일의 자리 위에 작게 쓰고, 빌려주고 남은 십의 자리 수는 십의 자리 위에 작게 써요!

◆ 제과점에 이 30개 있습니다. 을 12개 팔았습니다. 남은 은 몇 개인지 뺄셈식으로 나타내 봅시다.

30	−	12	=	

◆ 남은 은 몇 개인지 모형을 사용해 계산해 봅시다.

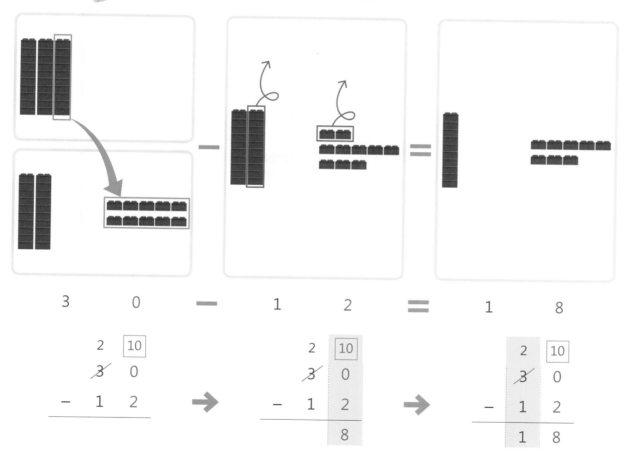

※ 0보다 2가 더 커서 0에서 2를 뺄 수 없어요! 이처럼 일의 자리 수끼리 뺄 수 없을 때에는 십의 자리에서 10을 빌려 올 수 있어요!

※ 십 모형 1개는 일 모형 10개와 같아요!

※ 십의 자리에서 빌려 온 10은 일의 자리 위에 작게 쓰고, 빌려 주고 남은 십의 자리 수는 십의 자리 위에 작게 써요!

◆ 제과점에 이 34개 있습니다. 을 16개 팔았습니다. 남은 은 몇 개인지 뺄셈식
으로 나타내 봅시다.

$$34 \ - \ 16 \ = \ \boxed{}$$

◆ 남은 은 몇 개인지 모형을 사용해 계산해 봅시다.

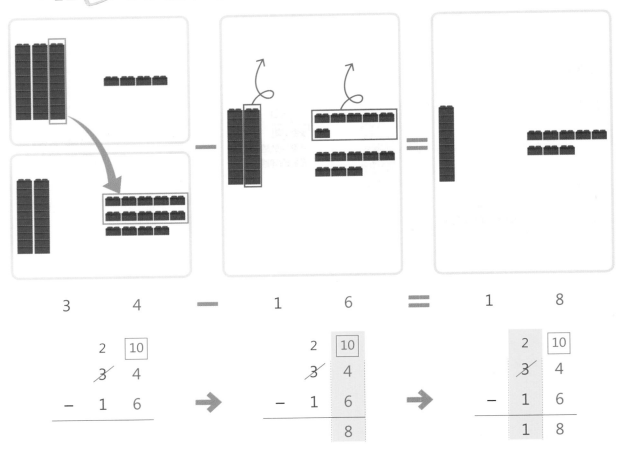

※ 4보다 6이 더 커서 4에서 6을 뺄 수 없어요! 이처럼 일의 자리 수끼리 뺄 수 없을 때에는 십의 자리에서 10을 빌려 올 수 있어요!
※ 십 모형 1개는 일 모형 10개와 같아요!
※ 십의 자리에서 빌려 온 10은 일의 자리 위에 작게 쓰고, 빌려주고 남은 십의 자리 수는 십의 자리 위에 작게 써요!

👥 활동 2: 선생님과 함께 연습하기

◆ 뺄셈식을 계산하고 답이 같은 식끼리 이어 봅시다.

	3	1
−		5

	6	4
−		7

	4	3
−		8

	5	7
−		9

	7	0
−	1	3

	9	0
−	6	4

	8	0
−	3	2

	6	0
−	2	5

	8	2
−	4	7

	6	4
−	1	6

	5	3
−	2	7

	9	1
−	3	4

 활동 3: 스스로 서기

◆ 뺄셈식을 계산해 봅시다.

```
    2  6          3  5          4  5          5  4
 -     9       -     6       -     7       -     5
_____   _____   _____   _____
```

```
    6  2          7  2          8  7          9  1
 -     3       -     5       -     9       -     7
_____   _____   _____   _____
```

```
    3  0          5  0          6  0          7  0
 -  1  8       -  2  4       -  3  7       -  3  9
_____   _____   _____   _____
```

```
    8  0          9  0          4  3          5  7
 -  5  3       -  7  5       -  1  5       -  2  9
_____   _____   _____   _____
```

```
    6  5          7  2          8  2          9  3
 -  2  6       -  3  4       -  4  5       -  5  6
_____   _____   _____   _____
```

📚 정리

◆ 받아내림이 있는 두 자리 수의 뺄셈

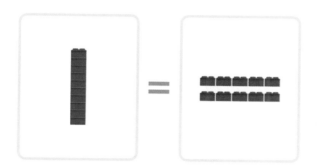

※ 십 모형 1개는 일 모형 10개와 같아요!

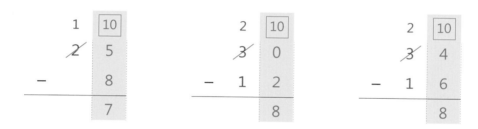

※ 일의 자리 수끼리 뺄 수 없을 때에는 십의 자리에서 10을 빌려 올 수 있어요!
※ 십의 자리에서 빌려 온 10은 일의 자리 위에 작게 쓰고, 빌려주고 남은 십의 자리 수는 십의 자리 위에 작게 써요!

🐴 놀이 활동

• 준비물: 게임말, 주사위(1~3이 각각 2면씩 있는 주사위)
• 놀이 방법: 주사위를 던져 나온 수만큼 말을 이동합니다. 해당 칸의 뺄셈식을 옳게 계산하면 해당 칸에 머물고, 잘못 계산하면 원래 있던 칸으로 돌아갑니다. 먼저 도착한 사람이 승리합니다.

[게임판]

출발 →

2 3 − 6	3 0 − 1 2	4 3 − 5	3 6 − 1 7

점프!

			4 0 − 2 0

6 1 − 3 7	5 1 − 2	6 0 − 4 5	5 6 − 3 9

꽈당!

7 4 − 8			

7 0 − 4 2	8 4 − 4 5	6 7 − 8	8 0 − 6 9

점프!

			9 2 − 4

도착 ←

9 1 − 7 2	8 6 − 7	9 0 − 5 8	7 8 − 3 9

14차시 세 자리 수의 덧셈

 학습목표
- 받아올림이 없는 세 자리 수의 덧셈을 할 수 있다.
- 받아올림이 있는 세 자리 수의 덧셈을 할 수 있다.

도입: 생각해 보기

◆ 성진이네 도서관에는 123권의 책이 있습니다. 142권의 책을 더 샀습니다. 성진이네 도서관에는 모두 몇 권의 책이 있나요?

◆ 은정이네 도서관에는 132권의 책이 있습니다. 119권의 책을 더 샀습니다. 은정이네 도서관에는 모두 몇 권의 책이 있나요?

활동 1: 선생님 설명 듣기

◆ 성진이네 도서관에는 123권의 책이 있습니다. 142권의 책을 더 샀습니다. 성진이네 도서관에는 모두 몇 권의 책이 있는지 덧셈식으로 나타내 봅시다.

$$\boxed{123} \quad + \quad \boxed{142} \quad = \quad \boxed{}$$

◆ 123+142를 계산하면 얼마가 될까요? 120과 140을 더해서 어림해 봅시다.

$$\boxed{120} \quad + \quad \boxed{140} \quad = \quad \boxed{260}$$

◆ 여러 가지 방법으로 123+142를 계산해 봅시다.

방법 1	방법 2
123 + 142 = 100 + 20 + 3 + 100 + 40 + 2 = 100 + 100 + 20 + 40 + 3 + 2 = 200 + 60 + 5 = 265	123 + 142 = 100 + 23 + 100 + 40 + 2 = 100 + 100 + 23 + 40 + 2 = 200 + 63 + 2 = 200 + 65 = 265
방법 3	방법 4
123 + 142 = 100 + 20 + 3 + 100 + 42 = 100 + 100 + 20 + 42 + 3 = 200 + 62 + 3 = 200 + 65 = 265	123 + 142 = 100 + 23 + 100 + 42 = 100 + 100 + 23 + 42 = 200 + 65 = 265

◆ 덧셈식을 계산한 값과 어림한 값을 비교해 봅시다.

◆ 성진이네 도서관에는 모두 몇 권의 책이 있는지 모형을 사용해 계산해 봅시다.

백 모형	십 모형	일 모형
1	2	3

백 모형	십 모형	일 모형
1	4	2

백 모형	십 모형	일 모형
2	6	5

```
    1  2  3              1  2  3              1  2  3
 +  1  4  2      →    +  1  4  2      →    +  1  4  2
 ─────────            ─────────            ─────────
          5              6  5              2  6  5
```

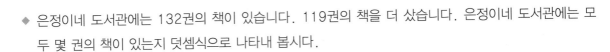

◆ 은정이네 도서관에는 132권의 책이 있습니다. 119권의 책을 더 샀습니다. 은정이네 도서관에는 모두 몇 권의 책이 있는지 덧셈식으로 나타내 봅시다.

$$\boxed{132} \quad + \quad \boxed{119} \quad = \quad \boxed{}$$

◆ 132+119를 계산하면 얼마가 될까요? 130과 120을 더해서 어림해 봅시다.

$$\boxed{130} \quad + \quad \boxed{120} \quad = \quad \boxed{250}$$

◆ 여러 가지 방법으로 132+119를 계산해 봅시다.

방법 1	방법 2
132 + 119 = 100 + 30 + 2 + 100 + 10 + 9 = 100 + 100 + 30 + 10 + 2 + 9 = 200 + 40 + 11 = 200 + 51 = 251	132 + 119 = 100 + 32 + 100 + 10 + 9 = 100 + 100 + 32 + 10 + 9 = 200 + 42 + 9 = 200 + 51 = 251
방법 3	방법 4
132 + 119 = 100 + 30 + 2 + 100 + 19 = 100 + 100 + 30 + 19 + 2 = 200 + 49 + 2 = 200 + 51 = 251	132 + 119 = 100 + 32 + 100 + 19 = 100 + 100 + 32 + 19 = 200 + 51 = 251

◆ 덧셈식을 계산한 값과 어림한 값을 비교해 봅시다.

◆ 은정이네 도서관에는 모두 몇 권의 책이 있는지 모형을 사용해 계산해 봅시다.

백 모형	십 모형	일 모형
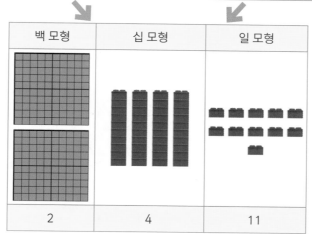		
1	3	2

백 모형	십 모형	일 모형
1	1	9

백 모형	십 모형	일 모형
2	4	11

백 모형	십 모형	일 모형
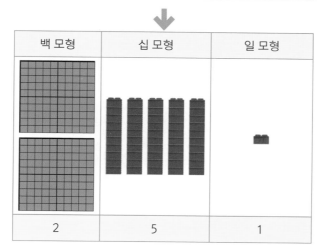		
2	5	1

```
      1                        1                            1
    1  3  2                 1  3  2                      1  3  2
 +  1  1  9        →     +  1  1  9         →         +  1  1  9
 ─────────              ─────────                    ─────────
          1                 5  1                      2  5  1
```

활동 2: 선생님과 함께 연습하기

◆ 덧셈식을 계산하고 답이 같은 식끼리 이어 봅시다.

```
    1 3 4          5 3 1          3 2 1          2 4 1
  + 2 1 3        + 2 1 4        + 1 3 5        + 4 3 2
  ─────────      ─────────      ─────────      ─────────
```

      •   •   •   •

      •   •   •   •
    ☐   ☐   ☐   ☐
    4 2 9   2 1 9   3 2 6   2 1 7
  + 3 1 6   + 1 2 8   + 3 4 7   + 2 3 9
  ─────────   ─────────   ─────────   ─────────

      •   •   •   •

      •   •   •   •
  ☐   ☐   ☐   ☐
    1 8 2   2 8 3   1 7 2   3 9 2
  + 1 6 5   + 4 6 2   + 2 8 4   + 2 8 1
  ─────────   ─────────   ─────────   ─────────

활동 3: 스스로 서기

◆ 덧셈식을 계산해 봅시다.

```
    1 2 4
+   4 3 5
_____
```

```
    1 2 9
+   3 2 4
_____
```

```
    3 5 2
+   2 7 1
_____
```

```
    2 6 3
+   2 1 4
_____
```

```
    4 3 9
+   2 4 7
_____
```

```
    1 7 2
+   5 6 3
_____
```

```
    3 4 2
+   4 5 3
_____
```

```
    2 3 8
+   5 1 9
_____
```

```
    4 6 5
+   2 8 4
_____
```

```
    6 2 4
+   2 3 1
_____
```

```
    7 5 3
+   1 2 9
_____
```

```
    5 3 7
+   2 9 1
_____
```

```
    4 1 6
+   5 2 3
_____
```

```
    3 1 7
+   5 3 8
_____
```

```
    4 5 6
+   4 9 1
_____
```

정리

◆ 세 자리 수의 덧셈

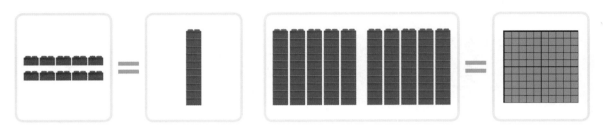

※ 일 모형 10개는 십 모형 1개, 십 모형 10개는 백 모형 1개와 같아요!

$$
\begin{array}{r}
{\scriptstyle 1} \\
1\ 3\ 2 \\
+\ 1\ 1\ 9 \\
\hline
2\ 5\ 1
\end{array}
\qquad
\begin{array}{r}
{\scriptstyle 1} \\
1\ 2\ 3 \\
+\ 1\ 9\ 1 \\
\hline
3\ 1\ 4
\end{array}
$$

※ 일의 자리 수끼리 더한 값에서 일의 자리 수는 일의 자리에 쓰고, 십의 자리 수는 받아올림하여 십의 자리 위에 작게 써요!
※ 십의 자리 수끼리 더한 값에서 십의 자리 수는 십의 자리에 쓰고, 백의 자리 수는 받아올림하여 백의 자리 위에 작게 써요!

놀이 활동: 비밀번호를 찾아라!

- 준비물: 연필, 지우개
- 놀이 방법: 각 줄에서 잘못 계산한 덧셈식을 찾아 바르게 계산합니다. 바르게 계산한 답의 십의 자리 숫자를 조합해 비밀번호를 찾습니다.

```
   2 7 1        3 5 6        1 6 3        3 8 2
 + 3 1 2      + 2 1 7      + 5 2 1      + 3 4 1
 ─────────    ─────────    ─────────    ─────────
   5 8 3        5 6 3        6 8 4        7 2 3


   5 6 3        2 1 6        2 4 3        1 3 9
 + 1 2 8      + 7 5 2      + 2 9 1      + 4 5 6
 ─────────    ─────────    ─────────    ─────────
   6 8 1        9 6 8        5 3 4        5 9 5


   4 7 2        6 4 7        3 4 6        6 3 5
 + 3 9 4      + 2 1 4      + 5 1 3      + 2 8 1
 ─────────    ─────────    ─────────    ─────────
   8 6 6        8 5 1        8 5 9        9 1 6


   7 2 5        5 6 4        4 2 8        8 4 3
 + 2 1 8      + 3 9 1      + 5 4 6      + 1 2 4
 ─────────    ─────────    ─────────    ─────────
   9 3 3        9 5 5        9 7 4        9 6 7
```

첫 번째 줄 십의 자리	두 번째 줄 십의 자리	세 번째 줄 십의 자리	네 번째 줄 십의 자리

15차시 세 자리 수의 뺄셈

📖 **학습목표** • 받아내림이 없는 세 자리 수의 뺄셈을 할 수 있다.
• 받아내림이 있는 세 자리 수의 뺄셈을 할 수 있다.

👆 도입: 생각해 보기

◆ 나비 258마리가 있습니다. 나비 124마리가 날아갔습니다. 남아 있는 나비는 모두 몇 마리일까요?

◆ 잠자리 273마리가 있습니다. 잠자리 145마리가 날아갔습니다. 남아 있는 잠자리는 모두 몇 마리일까요?

활동 1: 선생님 설명 듣기

◆ 나비 258마리가 있습니다. 나비 124마리가 날아갔습니다. 남아 있는 나비는 모두 몇 마리인지 뺄셈 식으로 나타내 봅시다.

$$258 \ - \ 124 \ = \ \boxed{}$$

◆ 258−124를 계산하면 얼마가 될까요? 260에서 120을 빼서 어림해 봅시다.

$$260 \ - \ 120 \ = \ 140$$

◆ 여러 가지 방법으로 258−124를 계산해 봅시다.

방법 1	방법 2
258 − 124 = 200 − 100 + 50 − 20 + 8 − 4 = 100 + 30 + 4 = 134	258 − 124 = 200 − 100 + 58 − 20 − 4 = 100 + 38 − 4 = 100 + 34 = 134
방법 3	방법 4
258 − 124 = 200 − 100 + 60 − 24 − 2 = 100 + 36 − 2 = 100 + 34 = 134	258 − 124 = 200 − 100 + 58 − 24 = 100 + 34 = 134

◆ 뺄셈식을 계산한 값과 어림한 값을 비교해 봅시다.

◆ 남아 있는 나비는 모두 몇 마리인지 모형을 사용해 계산해 봅시다.

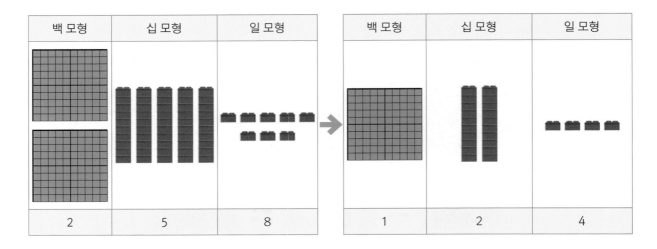

	2	5	8
−	1	2	4
			4

➡

	2	5	8
−	1	2	4
		3	4

➡

	2	5	8
−	1	2	4
	1	3	4

◆ 잠자리 273마리가 있습니다. 잠자리 145마리가 날아갔습니다. 남아 있는 잠자리는 모두 몇 마리인지 뺄셈식으로 나타내 봅시다.

273 ― 145 = [ ]

◆ 273−145를 계산하면 얼마가 될까요? 270에서 150을 빼서 어림해 봅시다.

270 ― 150 = 120

◆ 여러 가지 방법으로 273−145를 계산해 봅시다.

방법 1	방법 2
273 − 145 = 200 − 100 + 73 − 45 = 100 + 73 − 40 − 5 = 100 + 33 − 5 = 100 + 28 = 128	273 − 145 = 200 − 100 + 80 − 45 − 7 = 100 + 35 − 7 = 100 + 28 = 128

◆ 뺄셈식을 계산한 값과 어림한 값을 비교해 봅시다.

◆ 남아 있는 잠자리는 모두 몇 마리인지 모형을 사용해 계산해 봅시다.

백 모형	십 모형	일 모형
2	7	3

➡

백 모형	십 모형	일 모형
1	2	8

		6	10
	2	7̷	3
−	1	4	5
			8

➡

		6	10
	2	7̷	3
−	1	4	5
		2	8

➡

		6	10
	2	7̷	3
−	1	4	5
	1	2	8

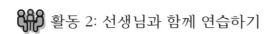

👥 활동 2: 선생님과 함께 연습하기

◆ 뺄셈식을 계산하고 답이 같은 식끼리 이어 봅시다.

	3	9	6			7	8	3			6	8	9			9	5	8
−	1	4	2		−	3	5	1		−	1	2	2		−	6	3	2

	8	5	3			9	8	4			5	8	1			4	7	2
−	5	2	7		−	4	1	7		−	1	4	9		−	2	1	8

	8	3	7			9	3	8			7	1	6			6	1	7
−	5	8	3		−	3	7	1		−	2	8	4		−	2	9	1

활동 3: 스스로 서기

◆ 뺄셈식을 계산해 봅시다.

```
    3 6 9          2 6 5          4 2 6
  -  2 4 8       -  1 3 8       -  2 7 5
```

```
    4 7 8          4 8 3          6 1 4
  -  2 5 3       -  2 1 4       -  2 3 1
```

```
    6 7 5          5 6 7          7 4 9
  -  3 1 4       -  1 2 9       -  3 6 5
```

```
    7 9 5          8 9 1          8 6 7
  -  4 3 2       -  7 5 6       -  3 9 2
```

```
    8 4 9          9 4 2          9 7 8
  -  6 3 7       -  5 1 6       -  6 8 4
```

정리

◆ 받아내림이 있는 세 자리 수의 뺄셈

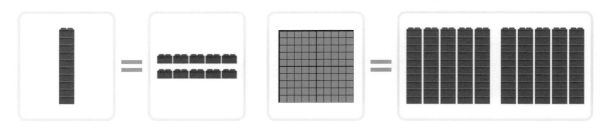

※ 십 모형 1개는 일 모형 10개, 백 모형 1개는 십 모형 10개와 같아요!

```
        6   10                    6   10
    2   7̶   3                     7̶   3   2
−   1   4   5             −   4   5   1
─────────────            ─────────────
    1   2   8                 2   8   1
```

※ 일의 자리 수끼리 뺄 수 없을 때에는 십의 자리에서 10을 빌려 올 수 있어요!
※ 십의 자리에서 빌려 온 10은 일의 자리 위에 작게 쓰고, 빌려주고 남은 십의 자리 수는 십의 자리 위에 작게 써요!
※ 십의 자리 수끼리 뺄 수 없을 때에는 백의 자리에서 100을 빌려 올 수 있어요!
※ 백의 자리에서 빌려 온 100은 십의 자리 위에 작게 쓰고, 빌려주고 남은 백의 자리 수는 백의 자리 위에 작게 써요!

🐵 놀이 활동

• 준비물: 연필, 지우개
• 놀이 방법: 뺄셈식을 계산해 봅시다. 잘못 계산한 뺄셈식을 바르게 계산해 봅시다. 잘못 계산한 뺄셈식은 모두 몇 개인지 빈칸에 알맞은 숫자를 써 봅시다.

```
    3  8  7
 -  2  3  1
 ─────────
    1  5  6
```

```
    2  6  1
 -  1  2  6
 ─────────
    1  4  5
```

```
    4  7  4
 -  2  8  1
 ─────────
    1  9  3
```

```
    4  5  9
 -  2  4  3
 ─────────
    2  3  6
```

```
    4  9  2
 -  2  5  6
 ─────────
    2  3  6
```

```
    6  2  9
 -  2  7  5
 ─────────
    4  5  4
```

```
    6  5  4
 -  3  2  3
 ─────────
    3  3  1
```

```
    5  4  5
 -  1  1  8
 ─────────
    4  3  7
```

```
    7  1  7
 -  3  3  2
 ─────────
    3  8  5
```

```
    7  9  6
 -  4  7  4
 ─────────
    3  1  2
```

```
    8  6  3
 -  7  3  4
 ─────────
    1  2  9
```

```
    8  4  8
 -  3  6  4
 ─────────
    5  8  4
```

```
    8  9  7
 -  6  8  5
 ─────────
    2  1  2
```

```
    9  8  7
 -  5  1  9
 ─────────
    4  7  8
```

```
    9  6  6
 -  6  9  5
 ─────────
    2  7  1
```

잘못 계산한 뺄셈식은 모두 ☐ 개입니다.

정답지

1차시 p. 18

◈ 도입

〈수 없이 설명하기〉

● 무엇이 있나요? 어항, 금붕어들

● 얼마나 있나요? 조금

● 어떻게 되었나요?

　금붕어가 어항 밖으로 나갔어요.

〈수를 써서 설명하기〉

● 무엇이 있나요? 어항, 금붕어들

● 얼마나 있나요? 3마리

● 어떻게 되었나요?

　금붕어 1마리가 어항 밖으로 나갔어요.

● 어떤 방법이 더 쉬운가요?

　수를 써서 설명하기(○)

〈수 없이 설명할 때 어떤 생각이 들었나요?〉

자세하게 설명하기 힘들어요.

설명하기 불편해요.

〈우리는 왜 수를 배울까요?〉

현상을 편리하고 정확하게 설명하기 위해

◈ 활동 1

한, 두, 세, 네, 다섯, 여섯, 일곱, 여덟, 아홉

◈ 활동 2

1.

하나	
한(단위)	○
둘	
두(단위)	○○
셋	
세(단위)	○○○
넷	
네(단위)	○○○○
다섯	
다섯(단위)	○○○○○
여섯	
여섯(단위)	○○○○○○
일곱	
일곱(단위)	○○○○○○○
여덟	
여덟(단위)	○○○○○○○○
아홉	
아홉(단위)	○○○○○○○○○

2. 대, 개, 자루, 송이, 마리

◈ 활동 3

1.

	하나	한 (개)
	둘	두 (개)
	셋	세 (개)
	넷	네 (개)
	다섯	다섯 (개)
	여섯	여섯 (개)
	일곱	일곱 (개)
	여덟	여덟 (개)
	아홉	아홉 (개)

2.

셋	●●●○○○○○○
일곱	●●●●●●●○○
넷	●●●●○○○○○
여덟	●●●●●●●●○
둘	●●○○○○○○○
아홉	●●●●●●●●●
하나	●○○○○○○○○
다섯	●●●●●○○○○

◈ 활동 4

1. 셋, 여섯, 둘, 다섯, 여덟, 아홉, 넷, 일곱

2.

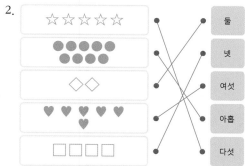

3.

2차시 p. 24

◈ 도입

〈앞 차시에서 배운 대로 수 세기〉

● 무엇이 있나요?
  - 여학생, 칠판, 책상, 의자, 태극기 등

● 얼마나 있나요?
  - 남학생 (네) 명
  - 여학생 (다섯) 명
  - 칠판 (한) 개
  - 책상 (일곱) 개
  - 의자 (일곱) 개
  - 태극기 (한) 개

〈앞 차시에서 배운 대로 수 세기를 했을 때 불편한 점은 없었나요?〉

- 불편했어요.
- 불편한 점은 없었어요.

사물의 개수를 나타내는 (더 쉬운) 다른 방법은 없을까요? 이미 알고 있는 방법이 있다면 어떤 것인가요?

- 숫자로 나타내기(예: 1, 2, 3, 4, ……)

◈ 활동 1

●	하나	1	1	1	1	1
	일	1	1	1	1	1
● ●	둘	2	2	2	2	2
	이	2	2	2	2	2
● ● ●	셋	3	3	3	3	3
	삼	3	3	3	3	3
● ● ● ●	넷	4	4	4	4	4
	사	4	4	4	4	4
● ● ● ● ●	다섯	5	5	5	5	5
	오	5	5	5	5	5
● ● ● ● ● ●	여섯	6	6	6	6	6
	육	6	6	6	6	6
● ● ● ● ● ● ●	일곱	7	7	7	7	7
	칠	7	7	7	7	7
● ● ● ● ● ● ● ●	여덟	8	8	8	8	8
	팔	8	8	8	8	8
● ● ● ● ● ● ● ● ●	아홉	9	9	9	9	9
	구	9	9	9	9	9

◈ 활동 2

1.

●							1	1	1	1	1
● ●							2	2	2	2	2
● ● ●							3	3	3	3	3
● ● ● ●							4	4	4	4	4
● ● ● ● ●						5	5	5	5	5
● ● ● ● ● ●						6	6	6	6	6
● ● ● ● ● ● ●					7	7	7	7	7
● ● ● ● ● ● ● ●					8	8	8	8	8
● ● ● ● ● ● ● ● ●			9	9	9	9	9

2.

1 (일)	○
2 (이)	○○
3 (삼)	○○○
4 (사)	○○○○
5 (오)	○○○○○
6 (육)	○○○○○○
7 (칠)	○○○○○○○
8 (팔)	○○○○○○○○
9 (구)	○○○○○○○○○

◈ 활동 3

1. 1, 4, 6, 7, 5, 3, 8, 2, 9

2.
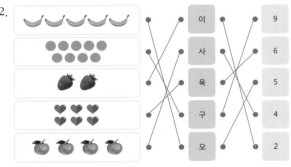

5	●●●●●○○○○○
9	●●●●●●●●●○
1	●○○○○○○○○○
3	●●●○○○○○○○
7	●●●●●●●○○○
4	●●●●○○○○○○
8	●●●●●●●●○○
2	●●○○○○○○○○

◈ 활동 4

1. 1, 3, 6, 2, 5, 8, 9, 4, 7

2.
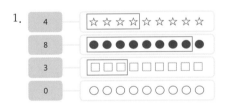

3.

4	1	7
8	6	5
2	9	3

3차시   p. 30

◈ 도입

☆	♥	▲	○	♣	◇	◉	●	◆	★
7	9	6	5	3	4	1	2	8	0
칠	구	육	오	삼	사	일	이	팔	영

★ 모양은 몇 개인가요?

0개(없다)

'아무것도 없는 것'은 수로 어떻게 나타낼 수 있을까요?

0

◈ 활동 1

아무것도 없는 것, 0, 영(따라 쓰기)

◈ 활동 2

0, 1, 2, 3, 4, 5, 6, 7, 8, 9
2, 5, 7, 3, 8, 0, 6, 9, 1, 4

◈ 활동 3

1. 셋, 여섯, 구, 영, 사, 셋
2. 3, 5, 1, 8, 4, 0, 7, 2, 9, 6

◈ 활동 4

1.

4	☆☆☆☆ ☆☆☆☆☆
8	●●●●●●●● ○○
3	□□□ □□□□□□□
0	○○○○○○○○○○

2. 2, 5, 7, 1

4차시   p. 34

◈ 도입

● 무엇이 있나요?
 – 개, 말, 거북, 고양이, 토끼
● 그림을 보지 않고 있는 사람에게 각 동물의 위치를 설명해 보아요. (순서를 나타내는 말을 사용하지 않고)
 – 말은 개의 뒤에 있어요.

- 고양이는 거북이 뒤에 있어요.
- 토끼는 가장 뒤에 있어요.
- 개는 가장 왼쪽 앞에 있어요.
- 거북은 말과 고양이 사이에 있어요.
● 그림을 보지 않고 있는 사람에게 각 동물들의 위치를 설명해 보아요. (순서를 나타내는 말을 사용하여)
- 말은 왼쪽에서 두 번째에 있어요.
- 고양이는 왼쪽에서 네 번째에 있어요.
- 토끼는 왼쪽에서 다섯 번째에 있어요.
- 개는 왼쪽에서 첫 번째에 있어요.
- 거북은 왼쪽에서 세 번째에 있어요.

〈순서를 나타내는 말을 사용하지 않고 설명할 때 어떤 생각이 들었나요?〉
그림을 보지 않고 각 동물들의 위치를 바로 알기가 어려웠어요.

〈순서를 나타내는 말을 사용했을 때는 어땠나요?〉
그림을 보지 않아도 각 동물들의 위치를 알기 쉬웠어요.

◆ 활동 1

아홉째, 여덟째, 일곱째, 여섯째, 다섯째, 넷째, 셋째, 둘째, 첫째(따라 쓰기)

더 연습해 볼까요?
• 2, 5, 7, 9
• 셋째, 여섯째, 여덟째

◆ 활동 2
• 0, 1, 2, 3, 4, 5, 6, 7, 8, 9

연습해 볼까요?
• 3, 6, 8, 9
• 0, 2, 3, 4, 6, 8

• 1, 2, 4, 5, 7, 9

◆ 활동 3

1. (1) 다섯째, (2) 셋째, (3) 셋째,
   (4) 주황색, (5) 초록색

2. 9, 8, 7, 6, 5, 4, 3, 2, 1, 0

연습해 볼까요?
• 7, 4, 2, 1
• 8, 5, 3, 1, 0
• 9, 7, 6, 4, 2
• 4, 3, 0
• 8, 6, 4
• 8, 7, 6, 4, 3, 2, 1, 0

◆ 활동 4

1.

2.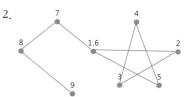

3.

5차시 p. 39

◈ 도입

(모두) 1

◈ 활동 1

연습해 볼까요?

- 3, 4, 4
- 4, 5, 5

더 연습해 볼까요?

1 큰 수	(1 큰 수)	(1 큰 수)	( )	( )	( )	( )	( )	( )	( )
0	1	2	3	4	5	6	7	8	9
	○	○	○	○	○	○	○	○	○
		○	○	○	○	○	○	○	○
			○	○	○	○	○	○	○
				○	○	○	○	○	○
					○	○	○	○	○
						○	○	○	○
							○	○	○
								○	○
									○

1 큰 수 (빈칸 모두)

◈ 활동 2

연습해 볼까요?

- 4, 3, 3
- 5, 4, 4

더 연습해 볼까요?

1 작은 수	(1 작은 수)	(1 작은 수)	( )	( )	( )	( )	( )	( )	( )
0	1	2	3	4	5	6	7	8	9
	○	○	○	○	○	○	○	○	○
		○	○	○	○	○	○	○	○
			○	○	○	○	○	○	○
				○	○	○	○	○	○
					○	○	○	○	○
						○	○	○	○
							○	○	○
								○	○
									○

1 작은 수 (빈칸 모두)

◈ 활동 3

3, 5	4, 6
6, 8	1, 3
0, 2	3, 5
7, 9	5, 7
2, 4	( ), 1
4, 6	3, 5
7, 9	6, 8
1, 3	3, 5
5, 7	7, 9
( ), 1	2, 4
0, 2	4, 6

◈ 활동 4

1.
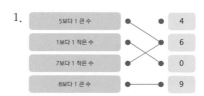

2.

3, 5	4, 6
0, 2	6, 8

6차시 p. 44

◈ 도입

- 더 많은 쪽은? 오른쪽
- 더 적은 쪽은? 왼쪽
- 더 큰 쪽은? 오른쪽
- 더 작은 쪽은? 왼쪽

〈물건의 수를 비교할 때 사용하는 말은?〉

많다, 적다

〈수의 크기를 비교할 때 사용하는 말은?〉
크다. 작다

◈ 활동 1

수	삼각형
③	△ △ △
2	△ △
4	△ △ △ △
⑦	△ △ △ △ △ △ △
⑧	△ △ △ △ △ △ △ △
0	
2	△ △
⑨	△ △ △ △ △ △ △ △ △
⑥	△ △ △ △ △ △
5	△ △ △ △ △
⑧	△ △ △ △ △ △ △ △
4	△ △ △ △
1	△
⑦	△ △ △ △ △ △ △
6	△ △ △ △ △ △
⑨	△ △ △ △ △ △ △ △ △

◈ 활동 2

1. 큽니다, 작습니다, 큽니다, 작습니다,
   작습니다, 작습니다, 큽니다, 작습니다
2. 8, 3, 7, 8, 4, 9, 1, 5

◈ 활동 3

1.

점	수 배열
●●	0 1 2 ③ ④ ⑤ ⑥ ⑦ ⑧ ⑨
●●●	0 1 2 3 ④ ⑤ ⑥ ⑦ ⑧ ⑨
●●●●	0 1 2 3 4 ⑤ ⑥ ⑦ ⑧ ⑨
●●●●●	0 1 2 3 4 5 ⑥ ⑦ ⑧ ⑨
●●●●●●	0 1 2 3 4 5 6 ⑦ ⑧ ⑨
●●●●●●●	0 1 2 3 4 5 6 7 ⑧ ⑨
●●●●●●●●	0 1 2 3 4 5 6 7 8 ⑨
●●●●●●●●●	0 1 2 3 4 5 6 7 8 9

2.

수	선택
8	① ④ ⑦ 9
4	⓪ ③ 5 7
3	5 ② ⓪ 6
7	⑥ 9 ④ 7
0	5 1 8 9
5	④ ③ ② ①
1	2 8 ⓪ 3
9	⑧ ⑤ ① ②

◈ 활동 4

1.

8	♡	♡	♡	♡	♡	♡	♡	♡	더 큰 수는 (8)입니다.
5	♡	♡	♡	♡	♡				

2.
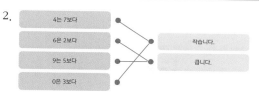

4는 7보다
6은 2보다
9는 5보다
0은 3보다

작습니다.
큽니다.

3.

3 4 5 ⑥

4 ⑤ 6 7

7차시 p. 50

◈ 도입

● 우리가 배운 한 자리 수는 어떤 것들이 있나요?
  0, 1, 2, 3, 4, 5, 6, 7, 8, 9
● 9 다음 수(9보다 1 큰 수)를 나타내는 한 자리 수가
  있을까요?
  – 모르겠어요.
  – 모르지만 있을 것 같아요.
  – 없을 것 같아요.
  – (답) 없어요.

● 있다면 무엇인가요? 없다면 어떻게 나타낼 수 있을까요?

　– 한 자리 수는 없을 것 같아요.

　– (답) 두 자리 수로 나타낼 수 있어요./10

◈ 활동 1

2, 2, 3, 3, 4, 4, 5, 5, 6, 6, 7, 7, 8, 8, 9, 9

◈ 활동 2

9 다음 수(9보다 1 큰 수), 10, 십, 열

(5회 반복 쓰기)

◈ 활동 3

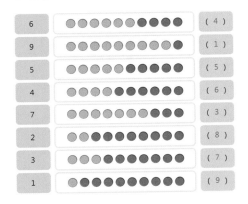

◈ 활동 4

• 십, 열

• 1

• 10

• 9, 10

• 삼, 구, 십

• 넷, 일곱, 열

8차시　p. 55

◈ 도입

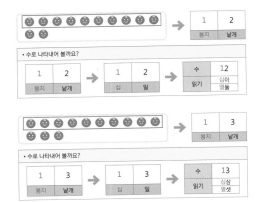

◈ 활동 1

	십의 자리	일의 자리		십이 / 열둘
	1	2	12	십이 / 열둘
	1	3	13	십삼 / 열셋
	1	4	14	십사 / 열넷
	1	5	15	십오 / 열다섯
	1	6	16	십육 / 열여섯
	1	7	17	십칠 / 열일곱
	1	8	18	십팔 / 열여덟
	1	9	19	십구 / 열아홉

◈ 활동 2

1. 10, 11, 12, 13, 14, 15, 16, 17, 18, 19

2. 1, 0/ 1, 1/ 1, 2/ 1, 3/ 1, 4/ 1, 5/ 1, 6/ 1, 7/ 1, 8/ 1, 9

◈ 활동 3

1. 〈10~19의 수 읽고 쓰기〉

- 12, 14, 16, 19
- 십삼, 십오, 십칠
- 열둘, 열넷, 열여덟

〈10~19의 수 가르기〉

수	11	15	16	13	19	12	18	17	14	10
10묶음	1	1	1	1	1	1	1	1	1	1
낱개	1	5	6	3	9	2	8	7	4	0

〈10~19의 수 모으기〉

12, 16, 18, 13, 10, 11, 15, 14, 17, 19

2. • 1, 5, 7
- 영, 이, 육, 구
- 셋, 다섯, 일곱, 여덟
- 12, 14, 16, 19
- 십삼, 십오, 십칠
- 열둘, 열넷, 열여덟

◈ 활동 4

1. • 11, 14, 16, 18
- 십이, 십오, 십칠, 십팔
- 열셋, 열넷, 열여섯, 열일곱, 열아홉

2.

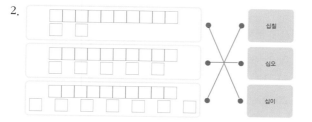

3. 19, 십구/ 1, 3
4. 1, 6, 16, 십육, 열여섯

9차시 p. 61

◈ 도입

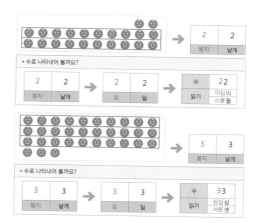

◈ 활동 1

	3	0	30	삼십
	십의 자리	일의 자리		서른
	4	0	40	사십
	십의 자리	일의 자리		마흔
	5	0	50	오십
	십의 자리	일의 자리		쉰

◈ 활동 2

- 3, 2, 32, 삼십이, 서른둘
- 4, 5, 45, 사십오, 마흔다섯
- 2, 7, 27, 이십칠, 스물일곱
- 1, 9, 19, 십구, 열아홉
- 3, 6, 36, 삼십육, 서른여섯
- 4, 4, 44, 사십사, 마흔넷
- 5, 0, 50, 오십, 쉰
- 3, 8, 38, 삼십팔, 서른여덟

• 2, 0, 20, 이십, 스물

◈ 활동 3

〈10개씩 묶어 세기〉

10개씩				
1묶음	2묶음	3묶음	4묶음	5묶음
10	20	30	40	50
십	이십	삼십	사십	오십
열	스물	서른	마흔	쉰

〈10~50의 수 가르기〉

(10묶음, 낱개 순서)1, 0/ 1, 1/ 1, 2/ 1, 3/ 1, 4/ 1, 5/ 1,
6/ 1, 7/ 1, 8/ 1, 9/ 2, 0/ 2, 1/ 2, 2/ 2, 3/ 2, 4/ 2, 5/ 2,
6/ 2, 7/ 2, 8/ 2, 9/ 3, 0/ 3, 1/ 3, 2/ 3, 3/ 3, 4/ 3, 5/ 3,
6/ 3, 7/ 3, 8/ 3, 9/ 4, 0/ 4, 1/ 4, 2/ 4, 3/ 4, 4/ 4, 5/ 4,
6/ 4, 7/ 4, 8/ 4, 9/ 5, 0/ 3, 8/ 4, 1/ 2, 9/ 1, 7/ 2, 5/ 3,
2/ 4, 6/ 1, 3/ 2, 2

〈10~50의 수 모으기〉

12, 36, 28, 43, 50, 31, 15, 44, 27, 19

◈ 활동 4

1.
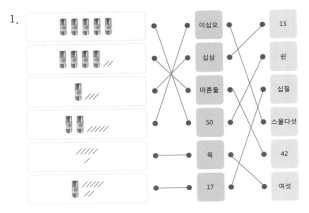

2. • 13, 십삼
   • 2, 6
   • 38, 서른여덟
   • 4, 1
   • 50, 오십
   • 23, 17

10차시 p. 68

◈ 도입

빈칸에 들어갈 9 다음 수(9보다 1 큰 수)는 얼마인가요?

(10)

빈칸에 들어갈 10~19까지의 수를 순서대로 써 볼까요?

10, 11, 12, 13, 14, 15, 16, 17, 18, 19

다음 빈칸에 들어갈 20~29까지의 수를 순서대로 써 볼까요?

20, 21, 22, 23, 24, 25, 26, 27, 28, 29

◈ 활동 1

• 0, 1, 2, 3, 4, 5, 6, 7, 8, 9
• 10, 11, 12, 13, 14, 15, 16, 17, 18, 19
• 20, 21, 22, 23, 24, 25, 26, 27, 28, 29
• 30, 31, 32, 33, 34, 35, 36, 37, 38, 39
• 40, 41, 42, 43, 44, 45, 46, 47, 48, 49
• 50

연습해 볼까요?

• 3, 5, 6, 7
• 11, 12, 14, 15, 18, 19
• 20, 22, 23, 26, 27, 28
• 31, 33, 34, 35, 37, 39
• 40, 41, 42, 44, 46, 48, 49
• 50

◈ 활동 2

• 50, 49, 48, 47, 46, 45, 44, 43, 42, 41
• 40, 39, 38, 37, 36, 35, 34, 33, 32, 31
• 30, 29, 28, 27, 26, 25, 24, 23, 22, 21
• 20, 19, 18, 17, 16, 15, 14, 13, 12, 11
• 10, 9, 8, 7, 6, 5, 4, 3, 2, 1

- 0

연습해 볼까요?

- 47, 46, 44, 42
- 39, 38, 36, 35, 32, 31
- 30, 28, 27, 24, 23, 21
- 20, 19, 17, 16, 15, 13, 11
- 9, 8, 5, 4, 2

◈ 활동 3

1. • 1, 2, 4, 7
   • 13, 15, 17, 18
   • 22, 23, 26
   • 33, 34, 35, 38
   • 39, 40, 44, 45
   • 43, 45, 47, 48, 50

2. • 8, 6, 5, 2, 0
   • 22, 20, 17
   • 37, 36, 34, 32, 31
   • 41, 40, 39, 36
   • 48, 47, 44
   • 50, 49, 46, 45, 43

3.
6, 8	14, 16
19, 21	38, 40
40, 42	47, 49

◈ 활동 4

1. (왼쪽부터 위에서 아래로)
   • 23, 6, 40
   • 19, 46, 11

2. 41, 42, 43, 44

3. 28, 30

4.

1 큰 수 1 작은 수

30, 31, 32, (33) 34, 35

10개 묶음, 낱개 모두 3

11차시 p. 75

◈ 도입

● 어느 쪽이 더 큰가요?
  오른쪽

● 왜 그렇게 생각하나요?
  10개 묶음의 개수가 더 커요.

● 어느 쪽이 더 큰가요?
  왼쪽

● 왜 그렇게 생각하나요?
  10개 묶음 수가 더 커요.

● 위 두 활동을 통해 수를 비교하는 방법을 알아냈다면
  적어 보아요.
  10개 묶음 수의 크기를 비교한다.

◈ 활동 1

• 4, 2, 3, 0, 42
• 3, 3, 2, 9, 33
• 2, 8, 4, 5, 45
• 3, 1, 1, 1, 31

◈ 활동 2

• 4, 2, 4, 0, 42
• 2, 3, 2, 9, 29
• 1, 8, 1, 5, 18
• 3, 8, 3, 9, 39

◈ 활동 3

1.

2. 수를 보고 더 작은 쪽에 ○표 해요.

(26) 36	(13) 42
45 (15)	(5) 15
31 (18)	(24) 27
43 (28)	32 (19)

수를 보고 더 큰 쪽에 ○표 해요.

8 (16)	(50) 40
(16) 15	(33) 29
(41) 25	20 (34)
37 (46)	(44) 17

◈ 활동 4

1. • 22, 27
   • 27, 22
   • 22, 27

2. 가장 큰 수에 ○표 해요.

| 31 (44) 28 |
| (50) 36 19 39 |

가장 작은 수에 ○표 해요.

| 16 20 (7) 47 |
| 26 28 32 47 (24) |

3.
25보다 커요
21, 22, 23, 24, 25, (26,) (27,) 28, 29
28보다 작아요
답: (2)개

◈ 도입

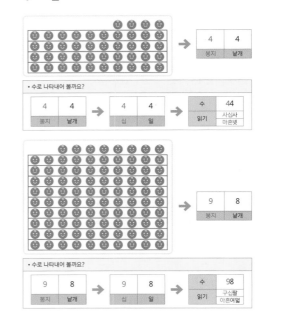

• 수로 나타내어 볼까요?

| 4 | 4 | → | 4 | 4 | → | 수 | 44 |
| 봉지 | 낱개 | | 십 | 일 | | 읽기 | 사십사 마흔넷 |

• 수로 나타내어 볼까요?

| 9 | 8 | → | 9 | 8 | → | 수 | 98 |
| 봉지 | 낱개 | | 십 | 일 | | 읽기 | 구십팔 아흔여덟 |

◈ 활동 1

	6	0	60	육십
				예순
	묶음(십)의 자리	낱개(일)의 자리		
	7	0	70	칠십
				일흔
	십의 자리	일의 자리		
	8	0	80	팔십
				여든
	십의 자리	일의 자리		
	9	0	90	구십
				아흔
	십의 자리	일의 자리		

◈ 활동 2

	십의 자리	일의 자리		
///// /////	7	9	79	칠십구 일흔아홉
/////	5	5	55	오십오 쉰다섯
///// //	8	7	87	팔십칠 여든일곱
/////	9	4	94	구십사 아흔넷
	6	0	60	육십 예순

◈ 활동 3

(10묶음, 낱개 순서)

0, 0/ 0, 1/ 0, 2/ 0, 3/ 0, 4/ 0, 5/ 0, 6/ 0, 7/ 0, 8/ 0, 9
1, 0/ 1, 1/ 1, 2/ 1, 3/ 1, 4/ 1, 5/ 1, 6/ 1, 7/ 1, 8/ 1, 9
2, 0/ 2, 1/ 2, 2/ 2, 3/ 2, 4/ 2, 5/ 2, 6/ 2, 7/ 2, 8/ 2, 9
3, 0/ 3, 1/ 3, 2/ 3, 3/ 3, 4/ 3, 5/ 3, 6/ 3, 7/ 3, 8/ 3, 9
4, 0/ 4, 1/ 4, 2/ 4, 3/ 4, 4/ 4, 5/ 4, 6/ 4, 7/ 4, 8/ 4, 9
5, 0/ 5, 1/ 5, 2/ 5, 3/ 5, 4/ 5, 5/ 5, 6/ 5, 7/ 5, 8/ 5, 9
6, 0/ 6, 1/ 6, 2/ 6, 3/ 6, 4/ 6, 5/ 6, 6/ 6, 7/ 6, 8/ 6, 9
7, 0/ 7, 1/ 7, 2/ 7, 3/ 7, 4/ 7, 5/ 7, 6/ 7, 7/ 7, 8/ 7, 9
8, 0/ 8, 1/ 8, 2/ 8, 3/ 8, 4/ 8, 5/ 8, 6/ 8, 7/ 8, 8/ 8, 9
9, 0/ 9, 1/ 9, 2/ 9, 3/ 9, 4/ 9, 5/ 9, 6/ 9, 7/ 9, 8/ 9, 9

◈ 활동 4

1. 〈10개씩 묶어 세기〉

10개씩 (낱개는 0)								
1묶음	2묶음	3묶음	4묶음	5묶음	6묶음	7묶음	8묶음	9묶음
10	20	30	40	50	60	70	80	90
십	이십	삼십	사십	오십	육십	칠십	팔십	구십
열	스물	서른	마흔	쉰	예순	일흔	여든	아흔

〈0~99의 수 모으기〉

39, 72, 48, 3, 55, 97, 14, 21, 60, 86

2. • 57, 오십칠

　 • 8, 3, 팔십삼, 여든셋

　 • 94, 아흔넷

• 7, 0, 칠십, 일흔

• 62, 육십이

• 3, 8, 삼십팔, 서른여덟

• 9, 구, 아홉

• 1, 5, 십오, 열다섯

• 26, 이십육

• 6, 1, 61

13차시　p. 87

◈ 도입

• 9 다음 수(9보다 1 큰 수)가 뭐였요?	• ? 자리에 들어갈 수는 뭘까요?
10	
• 99를 10개 묶음과 낱개로 나눠 보아요.	
●●●●●●●●●● ○○○○○○○○○○ 10개 묶음: (9)개　　낱개: (9)개	10
• 99에 낱개 1개 ○를 더해 보아요.	
●●●●●●●●●● ○○○○○○○○○○○ 10개 묶음: (9)개　낱개: (10)개 = 10개 묶음: (1)개	
●●●●●●●●●● 10개 묶음: (10)개, 낱개: (0)개	

◈ 활동 3

99보다 1 큰 수(99 다음 수), 100, 백

(5회 반복 쓰기)

연습해 볼까요?

• 99, 100

• 98, 99, 100

• 97, 98, 99, 100

• 96, 97, 98, 99, 100

◈ 활동 4

• 100, 백

• 1

• 100

14차시 p. 91

◈ 도입

• 10, 16

• 21, 29

• 30, 33

• 42, 47

• 50

◈ 활동 1

• 50, 51, 52, 53, 54, 55, 56, 57, 58, 59

• 60, 61, 62, 63, 64, 65, 66, 67, 68, 69

• 70, 71, 72, 73, 74, 75, 76, 77, 78, 79

• 80, 81, 82, 83, 84, 85, 86, 87, 88, 89

• 90, 91, 92, 93, 94, 95, 96, 97, 98, 99

• 100

연습해 볼까요?

• 53, 55, 56, 58

• 61, 62, 64, 65, 67, 69

• 70, 72, 73, 76, 77, 79

• 81, 83, 84, 85, 87, 88

• 90, 91, 92, 94, 96, 98, 99

• 100

◈ 활동 2

• 100, 99, 98, 97, 96, 95, 94, 93, 92, 91

• 90, 89, 88, 87, 86, 85, 84, 83, 82, 81

• 80, 79, 78, 77, 76, 75, 74, 73, 72, 71

• 70, 69, 68, 67, 66, 65, 64, 63, 62, 61

• 60, 59, 58, 57, 56, 55, 54, 53, 52, 51

• 50

연습해 볼까요?

• 99, 97, 96, 94, 92

• 89, 88, 86, 85, 82, 81

• 80, 78, 77, 74, 73, 71

• 70, 69, 67, 66, 65, 63, 61

• 59, 58, 55, 54, 52

• 50

◈ 활동 3

1. • 51, 52, 54, 57

   • 63, 65, 67, 68

   • 72, 73, 76

   • 83, 84, 85, 88

   • 89, 90, 94, 95

   • 93, 95, 97, 98, 100

2. • 100, 99, 96, 93

   • 92, 90, 87

   • 77, 76, 74, 72, 71

   • 71, 70, 69, 66

   • 68, 67, 64

   • 56, 55, 52, 51, 50

3.

83, 85	61, 63
58, 60	69, 71
98, 100	50, 52

◈ 활동 4

1. (왼쪽부터 위에서 아래로)

   • 83, 56, 60

   • 69, 76, 99

2. 97, 98, 99, 100

3. 70, 72

4.
70, 71, 72, 73, 74, 75,
1 큰수   1 작은 수
76, (77), 78, 79, 80, 81
10개 묶음 수=낱개 수=7

15차시 p. 97

◈ 도입

- 어느 쪽이 더 큰가요? 왼쪽
- 왜 그렇게 생각하나요? 10개 묶음 수가 더 커요.
- 어느 쪽이 더 큰가요? 왼쪽
- 왜 그렇게 생각하나요? 10개 묶음 수가 더 커요.

◈ 활동 1

연습해 볼까요?

- 6, 0, 5, 9, 60
- 7, 4, 5, 8, 74
- 5, 8, 8, 8, 88
- 10, 0, 9, 9, 100

◈ 활동 2

연습해 볼까요?

- 6, 1, 6, 8, 68
- 7, 9, 7, 7, 79
- 8, 5, 8, 0, 85
- 9, 9, 9, 6, 99

◈ 활동 3

1.
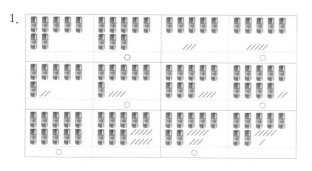

2. 수를 보고 더 작은 쪽에 ○표 해요.

(72) 76	83 (62)
95 (55)	(55) 75
91 (88)	64 (57)
(93) 100	60 (59)

수를 보고 더 큰 쪽에 ○표 해요.

78 (96)	(80) 50
(76) 55	63 (99)
81 (85)	(100) 84
(70) 66	94 (97)

◈ 활동 4

1. 55, 61, 61, 55, 55, 61

2. 가장 큰 수에 ○표 해요.

70	(90)	80

61	59	(73)	60

가장 작은 수에 ○표 해요.

96	100	(78)	87

86	88	(82)	87	84

3. 86, 87, 88, 89, 90, 91, 92,
   93보다 커요
   93, 94, 95, 96, 97, 98, 99
   98보다 작아요   답: (4)개

16차시 p. 103

◈ 도입

- 2, 4, 6, 8, 10
- 5, 10
- 10
- 6, 60

정답지 **305**

◈ 활동 1

0	1	2	3	4	5	6	7	8	9
⑩	11	12	13	14	15	16	17	18	19
⑳	21	22	23	24	25	26	27	28	29
㉚	31	32	33	34	35	36	37	38	39
㊵	41	42	43	44	45	46	47	48	49
㊿	51	52	53	54	55	56	57	58	59
60	61	62	63	64	65	66	67	68	69
70	71	72	73	74	75	76	77	78	79
80	81	82	83	84	85	86	87	88	89
90	91	92	93	94	95	96	97	98	99
⑩⑩									

10씩 뛰어 세기 해서 나온 수 연습

10, 20, 30, 40, 50, 60, 70, 80, 90, 100

10씩 뛰어 세기 열 번 해서 나온 수?

100

◈ 활동 2

10개씩 묶어 세기 해서 나온 수 연습

10, 20, 30, 40, 50, 60, 70, 80, 90, 100

10개씩 10묶음인 수는?

100

◈ 활동 3

• 20, 60, 100

• (왼쪽 위) 30, (오른쪽 위) 50,
  (왼쪽 아래) 70, (오른쪽 아래) 100

• 100, 백

• 10, 10

• 10, 10

◈ 활동 4

1. 30, 40, 50, 60, 70, 80, 90, 100

2. 100

3. 10씩 뛰어 세기 하여 10번째 수,
   10개씩 묶어 세기 하여 10묶음인 수,
   90보다 10 큰 수,
   99보다 1 큰 수

◈ 놀이 활동

2개

17차시 p. 109

◈ 도입

10이 10개면 얼마인가요?

10, 0/ 1, 0, 0/ 100/ 백

그렇다면 100이 1개, 2개, 3개, 4개,… 9개면 얼마일까요?

100, 200, 300, 400, 500, 600, 700, 800, 900

◈ 활동 1

	10묶음 10개	10묶음	낱개		
⑩⑩⑩	3	0	0	300	삼백
⑩⑩⑩⑩	4	0	0	400	사백
⑩⑩⑩⑩⑩	5	0	0	500	오백
⑩⑩⑩⑩⑩ ⑩	6	0	0	600	육백
⑩⑩⑩⑩⑩ ⑩⑩	7	0	0	700	칠백
⑩⑩⑩⑩⑩ ⑩⑩⑩	8	0	0	800	팔백
⑩⑩⑩⑩⑩ ⑩⑩⑩⑩	9	0	0	900	구백

연습해 볼까요?

• 100, 200, 300, 400, 500, 600, 700, 800, 900
• 백, 이백, 삼백, 사백, 오백, 육백, 칠백, 팔백, 구백

◈ 활동 2

• (수, 읽기) 100, 백/ 200, 이백/ 300, 삼백/ 400, 사백/ 500, 오백/ 600, 육백/ 700, 칠백/ 800, 팔백/ 900, 구백
• (읽기, 100의 개수) 백, 1/ 이백, 2/ 삼백, 3/ 사백, 4/ 오백, 5/ 육백, 6/ 칠백, 7/ 팔백, 8/ 구백, 9

◈ 활동 3

1. (수, 읽기) 300, 삼백/ 700, 칠백/ 500, 오백/900, 구백/ 200, 이백/ 400, 사백/ 100, 백/800, 팔백/ 600, 육백
2. 400, 600, 900

18차시 p. 113

◈ 도입

● 수로 나타내어 볼까요?

1, 1, 1/ 1, 1, 1/ 111, 백십일

◈ 활동 1

1	0	0
1	0	1
1	1	0
1	1	1
10묶음 10개 (100)	10묶음 (10)	낱개 (1)

〈질문〉 공통점이 무엇인가요?
➡ (10묶음 10개(100))을 가지고 있다.

◈ 활동 2

	10묶음 10개 (100)	10묶음 (10)	낱개 (1)		
⑩ ⑩ ⑩	1	2	0	120	백이십
⑩ ⑩	2	0	0	200	이백
⑩ ⑩ ①	2	0	1	201	이백일
⑩ ⑩ ①①	1	1	2	112	백십이
⑩ ⑩⑩ ①	1	3	1	131	백삼십일
⑩⑩ ⑩⑩ ①①①	2	2	4	224	이백이십사
⑩⑩⑩ ⑩⑩⑩ ①①①①	3	3	4	334	삼백삼십사
⑩⑩⑩⑩ ⑩⑩⑩ ①①①①①	4	3	5	435	사백삼십오

◈ 활동 4

1. 4, 3, 6, 436, 사백삼십육

2.

357	오백이십구
529	칠백칠십
909	삼백오십칠
770	구백구

3.

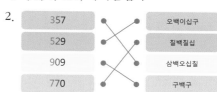

수: (459)
읽기: (사백오십구)

19차시 p. 119

◈ 도입

● 수로 나타내어 볼까요? 10/ 1/ 1, 0

● 수로 나타내어 볼까요? 10/ 1/ 1, 0, 0

◈ 활동 1

연습해 볼까요?

백의 자리, 십의 자리, 일의 자리(4회 반복 쓰기)

◈ 활동 2

연습해 볼까요?

470	4	7	0	▶ 100이 (4)개 10이 (7)개 1이 (0)개
	백의 자리	십의 자리	일의 자리	
351	3	5	1	▶ 100이 (3)개 10이 (5)개 1이 (1)개
	백의 자리	십의 자리	일의 자리	
246	2	4	6	▶ 100이 (2)개 10이 (4)개 1이 (6)개
	백의 자리	십의 자리	일의 자리	
829	8	2	9	▶ 100이 (8)개 10이 (2)개 1이 (9)개
	백의 자리	십의 자리	일의 자리	

◈ 활동 3

187	1	8	7	▶ 100이 (1)개 = 100 10이 (8)개 = 80 1이 (7)개 = 7
	(백)의 자리	(십)의 자리	(일)의 자리	
475	4	7	5	▶ 100이 (4)개 = 400 10이 (7)개 = 70 1이 (5)개 = 5
	(백)의 자리	(십)의 자리	(일)의 자리	
846	8	4	6	▶ 100이 (8)개 = 800 10이 (4)개 = 40 1이 (6)개 = 6
	(백)의 자리	(십)의 자리	(일)의 자리	
252	2	5	2	▶ 100이 (2)개 = 200 10이 (5)개 = 50 1이 (2)개 = 2
	(백)의 자리	(십)의 자리	(일)의 자리	
329	3	2	9	▶ 100이 (3)개 = 300 10이 (2)개 = 20 1이 (9)개 = 9
	(백)의 자리	(십)의 자리	(일)의 자리	
500	5	0	0	▶ 100이 (5)개 = 500 10이 (0)개 = 0 1이 (0)개 = 0
	(백)의 자리	(십)의 자리	(일)의 자리	
731	7	3	1	▶ 100이 (7)개 = 700 10이 (3)개 = 30 1이 (1)개 = 1
	(백)의 자리	(십)의 자리	(일)의 자리	
913	9	1	3	▶ 100이 (9)개 = 900 10이 (1)개 = 10 1이 (3)개 = 3
	(백)의 자리	(십)의 자리	(일)의 자리	
664	6	6	4	▶ 100이 (6)개 = 600 10이 (6)개 = 60 1이 (4)개 = 4
	(백)의 자리	(십)의 자리	(일)의 자리	

◈ 활동 4

1. 100(백), 10(십), 1(일)

2. 368, 507, 419, 224

3. 100(백), 10(십), 1(일)

   8, 1, 5

   팔백십오

20차시 p. 125

◈ 도입

• 1씩 뛰어 세기 하면, 무슨 자리의 숫자가 커지나요?

100	101	102	103	104	105	106	…	(일)의 자리

• 10씩 뛰어 세기 하면, 무슨 자리의 숫자가 커지나요?

100	110	120	130	140	150	160	…	(십)의 자리

• 100씩 뛰어 세기 하면, 무슨 자리의 숫자가 커질까요? (빈칸을 채워 보아요.)

100	200	300	400	500	600	700	…	(백)의 자리

활동 1

- 102, 106, 110
- 110, 120, 150
- 200, 400
- (왼쪽 위) 102, (오른쪽 위) 130
  (왼쪽 아래) 700, (오른쪽 아래) 135

활동 3

999보다 1 큰 수(999 다음 수), 1000, 천
(5회 반복 쓰기)

연습해 볼까요?

- 999, 1000
- 980, 990, 1000
- 700, 800, 900, 1000

활동 4

- 1000, 천
- 1
- 1000
- 1000
- 10
- 1000
- 100

21차시 p. 129

도입

● 어느 쪽이 더 큰가요?
오른쪽
● 왜 그렇게 생각하나요?
10의 개수가 더 많아요.

● 어느 쪽이 더 큰가요?
왼쪽
● 왜 그렇게 생각하나요?
1(일)의 자리 수가 더 커요.

활동 1

연습해 볼까요?

- 8, 1, 0, 1, 0, 8, 810
- 6, 8, 4, 7, 8, 4, 784
- 3, 3, 9, 4, 0, 2, 402
- 5, 6, 7, 6, 9, 2, 692
- 5, 0, 0, 4, 9, 9, 500

활동 2

1. 연습해 볼까요?

- 8, 1, 0, 8, 0, 8, 810
- 6, 8, 4, 6, 4, 8, 684
- 3, 3, 9, 3, 0, 2, 339
- 5, 6, 2, 5, 9, 2, 592
- 4, 0, 0, 4, 9, 9, 499

2. 연습해 볼까요?

- 8, 1, 0, 8, 1, 8, 818
- 6, 8, 4, 6, 8, 8, 688
- 3, 3, 9, 3, 3, 2, 339
- 5, 9, 3, 5, 9, 2, 593
- 4, 0, 0, 4, 0, 9, 409

◈ 활동 3

수를 보고 더 작은 쪽에 ○표 해요.

(172) 176	(283) 362
495 (455)	653 (275)
991 (888)	464 (462)
903 (100)	670 (579)
728 (726)	830 (532)
796 (595)	(706) 755
(821) 835	(861) 865
740 (636)	(170) 966

수를 보고 더 큰 쪽에 ○표 해요.

172 (176)	(803) 602
(985) 955	153 (175)
(901) 808	921 (981)
(963) 800	(604) 592
778 (796)	(870) 570
(796) 756	663 (699)
821 (835)	100 (104)
780 (866)	914 (917)

◈ 활동 4

1. 가장 큰 수에 ○표 해요.

170   (190)   180

651   529   (673)   660

가장 작은 수에 ○표 해요.

296   (180)   379   287

386   488   (382)   487   384

2. (5)01 ~ (5)99

백의 자리: 모두 5
백, 십, 일의 자리 수가 모두 같다.
따라서 555
답: (1)개

22차시 p. 136

◈ 도입

● 얼마인가요? 수로 나타내어 보아요.

3, 0/ 3, 0/ 30, 삼십

● 100이 3개면 얼마인가요?

3, 0, 0/ 3, 0, 0/ 300, 삼백

● 그렇다면 1000이 3개면 얼마일까요?

3000

◈ 활동 1

	천	백	십	일		
100·100·1000	3	0	0	0	3000	삼천
100·100·1000·1000	4	0	0	0	4000	사천
100·100·1000·100·1000	5	0	0	0	5000	오천
100·100·1000·100·100·1000	6	0	0	0	6000	육천
100·100·100·1000·100·100·1000	7	0	0	0	7000	칠천
100·100·100·1000·100·100·100·1000	8	0	0	0	8000	팔천
10·10·10·10·1000·10·10·10·1000	9	0	0	0	9000	구천

연습해 볼까요?

• 1000, 2000, 3000, 4000, 5000, 6000, 7000, 8000, 9000

• 천, 이천, 삼천, 사천, 오천, 육천, 칠천, 팔천, 구천

◈ 활동 2

아래의 네 자리 수를 읽어 보아요.

• 2, 4, 7, 5, 이천사백칠십오

• 5, 8, 4, 6, 오천팔백사십육

◈ 활동 3

• 2, 4, 7, 5, 이천사백칠십오

• 3, 8, 4, 6, 삼천팔백사십육

- 4, 7, 2, 0, 사천칠백이십
- 5, 5, 1, 9, 오천오백십구
- 6, 6, 3, 2, 육천육백삼십이
- 7, 0, 6, 1, 칠천육십일
- 8, 3, 5, 3, 팔천삼백오십삼
- 9, 2, 0, 8, 구천이백팔

◈ 활동 4

1. • 3000, 5000, 8000
   • 천, 사천, 오천, 육천, 구천

2.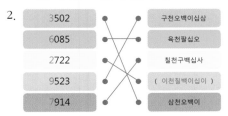

3.
```
[1000] [1000] [1000]
(100)
(10) (10) (10) (10) (10)
(1) (1) (1) (1) (1) (1)
수: (3156)
읽기: (삼천백오십육)
```

◈ 활동 2

- 1, 4, 7, 0, 1, 4, 7, 0
- 4, 3, 5, 1, 4, 3, 5, 1
- 9, 2, 4, 6, 9, 2, 4, 6

◈ 활동 3

- 자릿수(천), (백), (십), (일) 공통
- 7, 4, 7, 5, 7(7000), 4(400), 7(70), 5(5)
- 3, 8, 4, 6, 3(3000), 8(800), 4(40), 6(6)
- 1, 2, 5, 2, 1(1000), 2(200), 5(50), 2(2)
- 9, 3, 2, 9, 9(9000), 3(300), 2(20), 9(9)
- 2, 5, 0, 0, 2(2000), 5(500), 0, 0
- 6, 7, 3, 1, 6(6000), 7(700), 3(30), 1(1)

◈ 활동 4

1. 천(1000), 백(100), 십(10), 일(1)
2. 2868, 5076, 4195, 2243
3. 천, 9, 0, 일
   2, 9, 0, 3
   이천구백삼

23차시 p. 142

◈ 도입

● 수로 나타내어 볼까요?
  1, 1, 1, 1/ 1, 1, 1, 1/ 1111, 천백십일

◈ 활동 1

연습해 볼까요?

- 천의 자리, 백의 자리, 십의 자리, 일의 자리
  (4회 반복 쓰기)

24차시 p. 148

◈ 도입

● 1씩 뛰어 세기 하면, 무슨 자리의 숫자가 커지나요?
  (일)의 자리
● 10씩 뛰어 세기 하면, 무슨 자리의 숫자가 커지나요?
  (십)의 자리
● 100씩 뛰어 세기 하면, 무슨 자리의 숫자가 커지나요?
  (백)의 자리
● 1000씩 뛰어 세기 하면, 무슨 자리의 숫자가 커질까요?
  (천)의 자리
  (빈칸: 3000, 4000, 5000, 6000, 7000)

◈ 활동 1

- 1002, 1006, 1010
- 1010, 1020, 1050
- 1200, 1300, 1500
- 2000, 4000

◈ 활동 2

(왼쪽 위부터) 1005, 1040, 1300, 7000

◈ 활동 3

- 1000, 1001, 1002, 1003, 1004, 1005, 1006, 1007, 1008, 1009
- 1000, 1010, 1020, 1030, 1040, 1050, 1060, 1070, 1080, 1090
- 1000, 1100, 1200, 1300, 1400, 1500, 1600, 1700, 1800, 1900
- 1000, 2000, 3000, 4000, 5000, 6000, 7000, 8000, 9000

◈ 활동 4

- 1003, 1004, 1006
- 1010, 1030, 1070
- 1200, 1500, 1700
- 2000, 4000, 6000

25차시 p. 152

◈ 도입

● 어느 쪽이 더 큰가요? 오른쪽
● 왜 그렇게 생각하나요? 100의 개수가 더 많아요.
● 어느 쪽이 더 큰가요? 오른쪽
● 왜 그렇게 생각하나요?
   100(백)의 자리 수가 더 커요.

◈ 활동 1

1. • 3, 8, 1, 0, 4, 1, 0, 8, 4108
   • 6, 6, 8, 4, 5, 7, 8, 4, 6684
   • 8, 3, 3, 9, 6, 4, 0, 2, 8339
   • 9, 5, 6, 7, 2, 6, 9, 2, 9567
   • 7, 5, 0, 0, 3, 4, 9, 9, 7500
2. • 8, 2, 1, 0, 8, 4, 0, 8, 8408
   • 6, 7, 8, 4, 6, 2, 4, 8, 6784
   • 3, 9, 3, 9, 3, 0, 0, 2, 3939
   • 5, 6, 6, 2, 5, 1, 9, 2, 5662
   • 4, 9, 0, 0, 4, 8, 9, 9, 4900

◈ 활동 2

1. 연습해 볼까요?

- 3, 8, 2, 0, 3, 8, 1, 8, 3820
- 5, 6, 0, 4, 5, 6, 8, 8, 5688
- 7, 3, 7, 9, 7, 3, 3, 2, 7379
- 9, 5, 3, 3, 9, 5, 9, 2, 9592
- 2, 4, 1, 0, 2, 4, 0, 9, 2410

2. 연습해 볼까요?

- 1, 8, 1, 0, 1, 8, 1, 8, 1818
- 2, 6, 8, 4, 2, 6, 8, 8, 2688
- 8, 3, 3, 9, 8, 3, 3, 2, 8339
- 3, 5, 9, 3, 3, 5, 9, 2, 3593
- 5, 4, 0, 0, 5, 4, 0, 9, 5409

◈ 활동 3

수를 보고 더 작은 쪽에 ○표 해요.

(6172) 6176	5283 (4562)
(5495) 7455	2653 (2275)
9910 (8088)	7464 (5462)
(5903) 6100	6701 (6579)
3728 (2726)	(1830) 6532
2796 (2595)	8706 (8705)
8321 (8315)	(8616) 8656
(7402) 6368	(1700) 9660

수를 보고 <u>더 큰</u> 쪽에 ○표 해요.

1272 (3176)	3803 (4602)
(9285) 9255	(1653) 1575
(9001) 8098	9421 (9481)
(5963) 5800	(6704) 5792
6778 (8796)	(1870) 1570
(2796) 2756	7663 (7699)
(8921) 8035	1000 (1014)
(7680) 1866	7914 (7917)

◈ 활동 4

1. 가장 큰 수에 ○표 해요.

2170	3190	(5180)

7651	7529	(7673)	7660

가장 작은 수에 ○표 해요.

5296	(2180)	8379	3287

7386	7388	(7382)	7387	7384

2. ● ①, ② → 3001 ~ 3499

　　(천의 자리 수: <u>3</u>)

　● ③ → (백의 자리 수: <u>0, 1, 2</u>)

　　(십의 자리 수: <u>×, 0, 1 또는 0</u>)

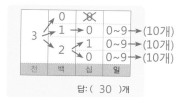

답: (30)개

2 단계

1차시 p. 170

◆ 도입

[3] 권

◆ 활동 2

1. 사과

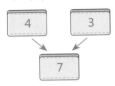

덧셈식 → 4 + 3 = 7

2. 귤

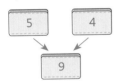

덧셈식 → 5 + 4 = 9

3. 바나나

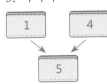

덧셈식 → 1 + 4 = 5

◆ 활동 3

1. 동그라미

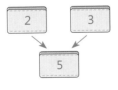

덧셈식 → 2 + 3 = 5

2. 세모

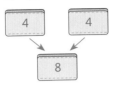

덧셈식 → 4 + 4 = 8

3. 네모

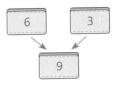

덧셈식 → 6 + 3 = 9

4. 하트

덧셈식 → 1 + 7 = 8

5. 클로버

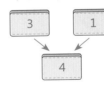

덧셈식 → 3 + 1 = 4

6. 별

덧셈식 → 4 + 3 = 7

7. 첫 번째 줄

[2]   1 + 1 = 2

[6]   4 + 2 = 6

[9]   5 + 4 = 9

8. 두 번째 줄

6	5 + 1 = 6
9	3 + 6 = 9
4	2 + 2 = 4

9. 세 번째 줄

5	2 + 3 = 5
5	1 + 4 = 5
9	7 + 2 = 9

◆ 놀이 활동

1. 우산

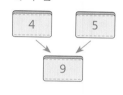

4, 5 → 9 덧셈식 → 4 + 5 = 9

혹은

5, 4 → 9 덧셈식 → 5 + 4 = 9

2. 의자

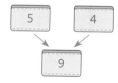

2, 6 → 8 덧셈식 → 2 + 6 = 8

혹은

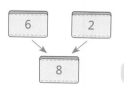

6, 2 → 8 덧셈식 → 6 + 2 = 8

3. 컵

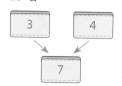

3, 4 → 7 덧셈식 → 3 + 4 = 7

혹은

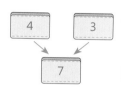

4, 3 → 7 덧셈식 → 4 + 3 = 7

2차시 p. 177

◆ 도입

8 자루   6 + 2 = 8

◆ 활동 2

1. 지우개

(○ ○ ○ _ _)

(○ _ _ _ _)

(○ ○ ○ ○ _)   4

2. 사탕

(○ ○ ○ ○ _)

(○ ○ ○ _ _)

(○ ○ ○ ○ ○ / ○ ○ _ _ _)   7

3. 초콜릿

○	○	○		

○	○	○	○	○

○	○	○	○	○
○	○	○		

8

4. 사과

○	○			

○	○	○	○	

○	○	○	○	○
○				

6

5. 귤

○				

○	○	○	○	○
○				

○	○	○	○	○
○	○			

7

6. 바나나

○	○	○	○	○

○	○	○	○	

○	○	○	○	○
○	○	○	○	

9

◆ 활동 3

1. 동그라미

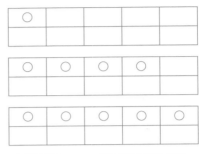

○				

○	○	○	○	

○	○	○	○	○

덧셈식 → 1 + 4 = 5

2. 세모

○	○	○	○	○

○	○			

○	○	○	○	○
○	○			

덧셈식 → 5 + 2 = 7

3. 네모

○	○			

○	○	○	○	○
○	○			

○	○	○	○	○
○	○	○	○	

덧셈식 → 2 + 7 = 9

4. 하트

○	○	○	○	○
○				

○	○	○		

○	○	○	○	○
○	○	○	○	

덧셈식 → 6 + 3 = 9

5. 클로버

○	○	○	○	○
○	○			

○				

○	○	○	○	○
○	○	○		

덧셈식 → 7 + 1 = 8

6. 별

○	○	○	○	

○	○	○	○	○

○	○	○	○	○
○	○	○	○	

덧셈식 → 4 + 5 = 9

◈ 놀이 활동

1. 빨간색 풍선

$1 + 1 = 2$

2. 주황색 풍선

$2 + 1 = 3$

3. 노란색 풍선

$1 + 3 = 4$

$2 + 2 = 4$

4. 초록색 풍선

$3 + 2 = 5$

$4 + 1 = 5$

5. 파란색 풍선

$2 + 4 = 6$

$3 + 3 = 6$

$5 + 1 = 6$

6. 남색 풍선

$1 + 6 = 7$

$3 + 4 = 7$

$5 + 2 = 7$

7. 보라색 풍선

$2 + 6 = 8$

$3 + 5 = 8$

$4 + 4 = 8$

$7 + 1 = 8$

8. 분홍색 풍선

$1 + 8 = 9$

$3 + 6 = 9$

$4 + 5 = 9$

$7 + 2 = 9$

3차시 p. 184

◈ 도입

[1] 권

◈ 활동 2

1. 사과

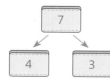

빨셈식 → 7 − 4 = 3

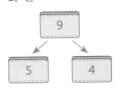

2. 귤

9
5   4
뺄셈식 → 9 − 5 = 4

5. 클로버

4
3   1
뺄셈식 → 4 − 3 = 1

3. 바나나

5
1   4
뺄셈식 → 5 − 1 = 4

6. 별

7
4   3
뺄셈식 → 7 − 4 = 3

◈ 활동 3

1. 동그라미

5
2   3
뺄셈식 → 5 − 2 = 3

2. 세모

8
4   4
뺄셈식 → 8 − 4 = 4

3. 네모

9
6   3
뺄셈식 → 9 − 6 = 3

4. 하트

8
1   7
뺄셈식 → 8 − 1 = 7

7. 첫 번째 줄

1	2 − 1 = 1
2	6 − 4 = 2
4	9 − 5 = 4

8. 두 번째 줄

1	6 − 5 = 1
6	9 − 3 = 6
2	4 − 2 = 2

9. 세 번째 줄

3	5 − 2 = 3
4	5 − 1 = 4
2	9 − 7 = 2

◈ 놀이 활동

1. 우산

9
4   5
뺄셈식 → 9 − 4 = 5

혹은

9 → 5, 4
뺄셈식 → $9 - 5 = 4$

2. 의자

8 → 2, 6
뺄셈식 → $8 - 2 = 6$

혹은

8 → 6, 2
뺄셈식 → $8 - 6 = 2$

3. 컵

7 → 3, 4
뺄셈식 → $7 - 3 = 4$

혹은

7 → 4, 3
뺄셈식 → $7 - 4 = 3$

4차시 p. 191

◈ 도입

[2] 자루 $8 - 6 = 2$

◈ 활동 2

1. 지우개

○	○	○	○	

(우측)

○	○	○		

∅	∅	∅	○	

[1]

2. 사탕

○	○	○	○	○
○	○			

○	○	○	○	

∅	∅	∅	∅	○
○	○			

[3]

3. 초콜릿

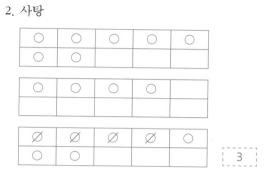

○	○	○	○	○
○	○	○		

○	○	○		

∅	∅	∅	○	○
○	○	○		

[5]

4. 사과

○	○	○	○	○
○				

○	○			

∅	∅	○	○	○
○				

[4]

5. 귤

○	○	○	○	○
○	○			

○				

⊘	○	○	○	○
○	○			

→ 6

6. 바나나

○	○	○	○	○
○	○	○	○	

○	○	○	○	○

⊘	⊘	⊘	⊘	⊘
○	○	○	○	

→ 4

◆ 활동 3

1. 동그라미

○	○	○	○	○

○				

⊘	○	○	○	○

뺄셈식 → 5 − 1 = 4

2. 세모

○	○	○	○	○
○	○			

○	○	○	○	○

⊘	⊘	⊘	⊘	⊘
○	○			

뺄셈식 → 7 − 5 = 2

3. 네모

○	○	○	○	○
⊘	○	○	○	

○	○			

⊘	⊘	○	○	○
○	○	○	○	

뺄셈식 → 9 − 2 = 7

4. 하트

○	○	○	○	○
○	○	○	○	○

○	○	○	○	○
○				

⊘	⊘	⊘	⊘	⊘
⊘	○	○	○	

뺄셈식 → 9 − 6 = 3

5. 클로버

○	○	○	○	○
○	○	○		

○	○	○	○	○
○	○			

⊘	⊘	⊘	⊘	⊘
⊘	⊘	○		

뺄셈식 → 8 − 7 = 1

6. 별

○	○	○	○	○
○	○	○	○	○

○	○	○	○	

⊘	⊘	⊘	⊘	○
○	○	○	○	

뺄셈식 → 9 − 4 = 5

◈ 놀이 활동

1. 빨간색 풍선

$2 - 1 = 1$

$3 - 2 = 1$

$4 - 3 = 1$

$5 - 4 = 1$

$6 - 5 = 1$

$7 - 6 = 1$

$8 - 7 = 1$

$9 - 8 = 1$

2. 주황색 풍선

$3 - 1 = 2$

$4 - 2 = 2$

$5 - 3 = 2$

$6 - 4 = 2$

$7 - 5 = 2$

$8 - 6 = 2$

$9 - 7 = 2$

3. 노란색 풍선

$4 - 1 = 3$

$5 - 2 = 3$

$6 - 3 = 3$

$7 - 4 = 3$

$8 - 5 = 3$

$9 - 6 = 3$

4. 초록색 풍선

$5 - 1 = 4$

$6 - 2 = 4$

$7 - 3 = 4$

$8 - 4 = 4$

$9 - 5 = 4$

5. 파란색 풍선

$6 - 1 = 5$

$7 - 2 = 5$

$8 - 3 = 5$

$9 - 4 = 5$

6. 남색 풍선

$7 - 1 = 6$

$8 - 2 = 6$

$9 - 3 = 6$

7. 보라색 풍선

$8 - 1 = 7$

$9 - 2 = 7$

8. 분홍색 풍선

$9 - 1 = 8$

5차시 p. 198

◈ 도입

0	$+$	3	$=$	3
3	$+$	0	$=$	3
3	$-$	0	$=$	3
3	$-$	3	$=$	0

◈ 활동 3

0	$+$	4	$=$	4
4	$+$	0	$=$	4
4	$-$	0	$=$	4
4	$-$	4	$=$	0

0	$+$	6	$=$	6
6	$+$	0	$=$	6
6	$-$	0	$=$	6
6	$-$	6	$=$	0

3	+	4	=	7
4	+	3	=	7
7	−	3	=	4
7	−	4	=	3

3	+	5	=	8
5	+	3	=	8
8	−	3	=	5
8	−	5	=	3

1	+	6	=	7
6	+	1	=	7
7	−	1	=	6
7	−	6	=	1

4	+	5	=	9
5	+	4	=	9
9	−	4	=	5
9	−	5	=	4

0	+	2	=	2
2	+	0	=	2
2	−	0	=	2
2	−	2	=	0

0	+	8	=	8
8	+	0	=	8
8	−	0	=	8
8	−	8	=	0

4	+	1	=	5
1	+	4	=	5
5	−	4	=	1
5	−	1	=	4

2	+	5	=	7
5	+	2	=	7
7	−	2	=	5
7	−	5	=	2

7	+	2	=	9
2	+	7	=	9
9	−	7	=	2
9	−	2	=	7

6차시 p. 208

◈ 활동 2

2 0 + 3 = 2 3

```
      2 0
  +     3
  -------
      2 3
```

4 0 + 8 = 4 8

```
      4 0
  +     8
  -------
      4 8
```

| 3 | 6 | + | | 1 | = | 3 | 7 |

```
   3   6
 +     1
 ───────
   3   7
```

| 4 | 4 | + | | 5 | = | 4 | 9 |

```
   4   4
 +     5
 ───────
   4   9
```

◈ 활동 3

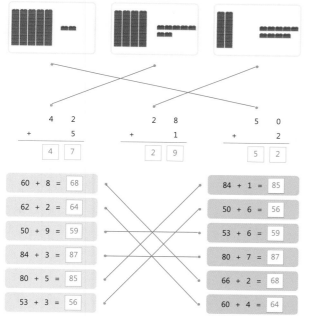

```
   4   2          2   8          5   0
 +     5        +     1        +     2
 ───────        ───────        ───────
   4   7          2   9          5   2
```

60 + 8 = 68   84 + 1 = 85
62 + 2 = 64   50 + 6 = 56
50 + 9 = 59   53 + 6 = 59
84 + 3 = 87   80 + 7 = 87
80 + 5 = 85   66 + 2 = 68
53 + 3 = 56   60 + 4 = 64

1.   ○   △

```
   1   0          1   5          1   3
 +     9        +     2        +     5
 ───────        ───────        ───────
   1   9          1   7          1   8
```

2.   ○   △

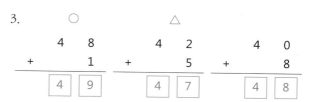

```
   3   5          3   7          3   0
 +     3        +     2        +     7
 ───────        ───────        ───────
   3   8          3   9          3   7
```

3.   ○   △

```
   4   8          4   2          4   0
 +     1        +     5        +     8
 ───────        ───────        ───────
   4   9          4   7          4   8
```

4.   △   ○

```
   7   4          7   0          7   6
 +     3        +     9        +     2
 ───────        ───────        ───────
   7   7          7   9          7   8
```

5.   ○   △

```
   9   3          9   0          9   4
 +     6        +     7        +     4
 ───────        ───────        ───────
   9   9          9   7          9   8
```

◈ 놀이 활동

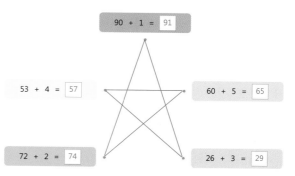

90 + 1 = 91

53 + 4 = 57

60 + 5 = 65

72 + 2 = 74

26 + 3 = 29

7차시 p. 216

◈ 활동 2

$$20 + 30 = 50$$

```
    2   0
+   3   0
─────────
    5   0
```

$$30 + 40 = 70$$

```
    3   0
+   4   0
─────────
    7   0
```

$$34 + 11 = 45$$

```
    3   4
+   1   1
─────────
    4   5
```

$$25 + 23 = 48$$

```
    2   5
+   2   3
─────────
    4   8
```

◈ 활동 3

```
    4   2          5   0          2   6
+   1   7      +   3   0      +   3   1
─────────      ─────────      ─────────
    5   9          8   0          5   7
```

13 + 31 = 44		30 + 30 = 60
40 + 20 = 60		50 + 40 = 90
25 + 43 = 68		20 + 20 = 40
60 + 30 = 90		21 + 23 = 44
72 + 24 = 96		36 + 32 = 68
10 + 30 = 40		61 + 35 = 96

1.   △   ○

```
    2   0          4   0          3   0
+   3   0      +   2   0      +   4   0
─────────      ─────────      ─────────
    5   0          6   0          7   0
```

2.   ○   △

```
    3   5          2   7          4   0
+   2   3      +   3   2      +   1   7
─────────      ─────────      ─────────
    5   8          5   9          5   7
```

3.   ○   △

```
    1   8          4   2          2   4
+   6   1      +   3   5      +   5   4
─────────      ─────────      ─────────
    7   9          7   7          7   8
```

4.   ○   △

```
    4   6          7   0          6   3
+   4   2      +   1   9      +   2   4
─────────      ─────────      ─────────
    8   8          8   9          8   7
```

5.

		△				○		

```
    2 4          6 5          4 3
  + 7 4        + 3 2        + 5 6
  ───────      ───────      ───────
    9 8          9 7          9 9
```

$4\ 9\ -\ 6\ =\ 4\ 3$

```
    4 9
  -   6
  ───────
    4 3
```

$5\ 7\ -\ 5\ =\ 5\ 2$

```
    5 7
  -   5
  ───────
    5 2
```

◈ 놀이 활동

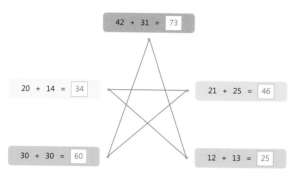

42 + 31 = 73
20 + 14 = 34   21 + 25 = 46
30 + 30 = 60   12 + 13 = 25

8차시 p. 224

◈ 활동 2

$2\ 4\ -\ 2\ =\ 2\ 2$

```
    2 4
  -   2
  ───────
    2 2
```

$3\ 6\ -\ 3\ =\ 3\ 3$

```
    3 6
  -   3
  ───────
    3 3
```

◈ 활동 3

```
    4 5          2 8          5 2
  -   3        -   2        -   1
  ───────      ───────      ───────
    4 2          2 6          5 1
```

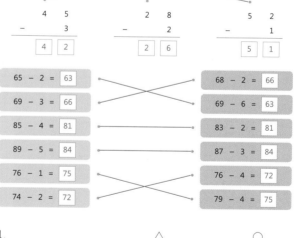

65 - 2 = 63   68 - 2 = 66
69 - 3 = 66   69 - 6 = 63
85 - 4 = 81   83 - 2 = 81
89 - 5 = 84   87 - 3 = 84
76 - 1 = 75   76 - 4 = 72
74 - 2 = 72   79 - 4 = 75

1.

		△				○		

```
    1 9          1 6          1 4
  -   7        -   5        -   1
  ───────      ───────      ───────
    1 2          1 1          1 3
```

2.
　　　　○　　　　　　　△

```
    3  9          3  7          3  7
  -    6        -    6        -    5
  ┌─┬─┐        ┌─┬─┐        ┌─┬─┐
  │3│3│        │3│1│        │3│2│
  └─┴─┘        └─┴─┘        └─┴─┘
```

```
┌─┬─┐   ┌─┬─┐   ┌─┬─┐
│7│0│ - │5│0│ = │2│0│
└─┴─┘   └─┴─┘   └─┴─┘
        ┌─┬─┐
        │7│0│
      - │5│0│
        ──────
        │2│0│
```

3.
　　　　△　　　　　　　○

```
    4  3          4  7          4  8
  -    2        -    4        -    6
  ┌─┬─┐        ┌─┬─┐        ┌─┬─┐
  │4│1│        │4│3│        │4│2│
  └─┴─┘        └─┴─┘        └─┴─┘
```

```
┌─┬─┐   ┌─┬─┐   ┌─┬─┐
│4│6│ - │2│1│ = │2│5│
└─┴─┘   └─┴─┘   └─┴─┘
        ┌─┬─┐
        │4│6│
      - │2│1│
        ──────
        │2│5│
```

4.
　　　　　　　　○　　　　　　　△

```
    8  6          8  5          8  4
  -    4        -    2        -    3
  ┌─┬─┐        ┌─┬─┐        ┌─┬─┐
  │8│2│        │8│3│        │8│1│
  └─┴─┘        └─┴─┘        └─┴─┘
```

```
┌─┬─┐   ┌─┬─┐   ┌─┬─┐
│5│8│ - │3│2│ = │2│6│
└─┴─┘   └─┴─┘   └─┴─┘
        ┌─┬─┐
        │5│8│
      - │3│2│
        ──────
        │2│6│
```

5.
　　　　△　　　　　　　　　　○

```
    9  8          9  5          9  6
  -    7        -    3        -    3
  ┌─┬─┐        ┌─┬─┐        ┌─┬─┐
  │9│1│        │9│2│        │9│3│
  └─┴─┘        └─┴─┘        └─┴─┘
```

◈ 활동 3

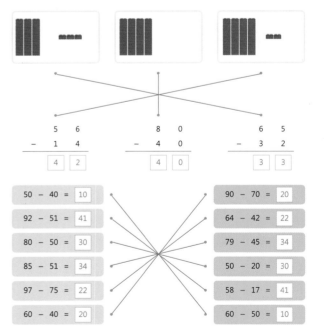

```
    5  6          8  0          6  5
  - 1  4        - 4  0        - 3  2
  ┌─┬─┐        ┌─┬─┐        ┌─┬─┐
  │4│2│        │4│0│        │3│3│
  └─┴─┘        └─┴─┘        └─┴─┘
```

50 - 40 = 10	90 - 70 = 20
92 - 51 = 41	64 - 42 = 22
80 - 50 = 30	79 - 45 = 34
85 - 51 = 34	50 - 20 = 30
97 - 75 = 22	58 - 17 = 41
60 - 40 = 20	60 - 50 = 10

9차시 p. 232

◈ 활동 2

```
┌─┬─┐   ┌─┬─┐   ┌─┬─┐
│6│0│ - │3│0│ = │3│0│
└─┴─┘   └─┴─┘   └─┴─┘
        ┌─┬─┐
        │6│0│
      - │3│0│
        ──────
        │3│0│
```

1.
　　　△　　　　　　　　　　　　○

```
  7 0        5 0        9 0
- 6 0      - 3 0      - 6 0
─────      ─────      ─────
  1 0        2 0        3 0
```

2.
　　　　　　　　　○　　　　　　△

```
  2 7        4 5        3 8
- 1 5      - 3 2      - 2 7
─────      ─────      ─────
  1 2        1 3        1 1
```

3.
　　○　　　　　　　　　　　　　△

```
  4 6        6 8        5 9
- 2 3      - 4 6      - 3 8
─────      ─────      ─────
  2 3        2 2        2 1
```

4.
　　△　　　　　　　　　　　　　○

```
  5 6        6 9        7 8
- 2 5      - 3 7      - 4 5
─────      ─────      ─────
  3 1        3 2        3 3
```

5.
　　　　　　　　　○　　　　　　△

```
  7 6        8 4        9 4
- 3 4      - 4 1      - 5 3
─────      ─────      ─────
  4 2        4 3        4 1
```

1	+	9	=	10
9	+	1	=	10
10	−	1	=	9
10	−	9	=	1

2	+	8	=	10
8	+	2	=	10
10	−	2	=	8
10	−	8	=	2

3	+	7	=	10
7	+	3	=	10
10	−	3	=	7
10	−	7	=	3

4	+	6	=	10
6	+	4	=	10
10	−	4	=	6
10	−	6	=	4

| 5 | + | 5 | = | 10 |
| 10 | − | 5 | = | 5 |

10차시 p. 240

◆ 활동 3

0	+	10	=	10
10	+	0	=	10
10	−	0	=	10
10	−	10	=	0

11차시 p. 251

◈ 활동 3

9+2= 11	9+3= 12	9+4= 13	9+5= 14	9+6= 15	9+7= 16	9+8= 17	9+9= 18
	8+3= 11	8+4= 12	8+5= 13	8+6= 14	8+7= 15	8+8= 16	8+9= 17
11-9= 2		7+4= 11	7+5= 12	7+6= 13	7+7= 14	7+8= 15	7+9= 16
12-9= 3	11-8= 3		6+5= 11	6+6= 12	6+7= 13	6+8= 14	6+9= 15
13-9= 4	12-8= 4	11-7= 4		5+6= 11	5+7= 12	5+8= 13	5+9= 14
14-9= 5	13-8= 5	12-7= 5	11-6= 5		4+7= 11	4+8= 12	4+9= 13
15-9= 6	14-8= 6	13-7= 6	12-6= 6	11-5= 6		3+8= 11	3+9= 12
16-9= 7	15-8= 7	14-7= 7	13-6= 7	12-5= 7	11-4= 7		2+9= 11
17-9= 8	16-8= 8	15-7= 8	14-6= 8	13-5= 8	12-4= 8	11-3= 8	
18-9= 9	17-8= 9	16-7= 9	15-6= 9	14-5= 9	13-4= 9	12-3= 9	11-2= 9

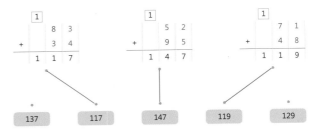

83+34=117, 52+95=147, 71+48=119

137   117   147   119   129

◈ 활동 3

36+9=45, 65+8=73, 48+6=54, 76+7=83

52+9=61, 98+7=105, 19+24=43, 36+25=61

37+46=83, 75+19=94, 34+47=81, 29+58=87

52+63=115, 43+94=137, 67+91=158

75+82=157, 94+23=117, 81+52=133

◈ 놀이 활동

68+5=73, 45+17=62, (37+4=41), 23+58=81

85+64=149, 47+91=138, (62+56=118)

59+2=61, 64+28=92, (85+6=91), 37+49=86

12차시 p. 257

◈ 활동 2

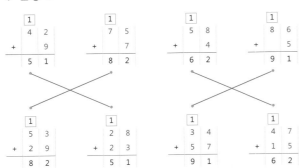

42+9=51, 75+7=82, 58+4=62, 86+5=91

53+29=82, 28+23=51, 34+57=91, 47+15=62

13차시 p. 265

◈ 활동 2

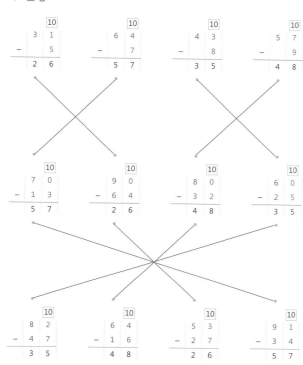

		10
	3	1
−		5
	2	6

		10
	6	4
−		7
	5	7

		10
	4	3
−		8
	3	5

		10
	5	7
−		9
	4	8

		10
	7	0
−	1	3
	5	7

		10
	9	0
−	6	4
	2	6

		10
	8	0
−	3	2
	4	8

		10
	6	0
−	2	5
	3	5

		10
	8	2
−	4	7
	3	5

		10
	6	4
−	1	6
	4	8

		10
	5	3
−	2	7
	2	6

		10
	9	1
−	3	4
	5	7

◈ 놀이 활동

출발 →

| 2 3 − 6 = 1 7 | 3 0 − 1 2 = 1 8 | 4 3 − 5 = 3 8 | 3 6 − 1 7 = 1 9 |

| | | | 4 0 − 2 0 = 2 0 |

점프!

| 6 1 − 3 7 = 2 4 | 5 1 − 2 = 4 9 | 6 0 − 4 5 = 1 5 | 5 6 − 3 9 = 1 7 |

| 7 4 − 8 = 6 6 | | 꽈당! ↑ | |

| 7 0 − 4 2 = 2 8 | 8 4 − 4 5 = 3 9 | 6 7 − 8 = 5 9 | 8 0 − 6 9 = 1 1 |

| | | | 9 2 − 4 = 8 8 |

점프! ↓

도착 ←

| 9 1 − 7 2 = 1 9 | 8 6 − 7 = 7 9 | 9 0 − 5 8 = 3 2 | 7 8 − 3 9 = 3 9 |

◈ 활동 3

| 2 6 − 9 = 1 7 | 3 5 − 6 = 2 9 | 4 5 − 7 = 3 8 | 5 4 − 5 = 4 9 |

| 6 2 − 3 = 5 9 | 7 2 − 5 = 6 7 | 8 7 − 9 = 7 8 | 9 1 − 7 = 8 4 |

| 3 0 − 1 8 = 1 2 | 5 0 − 2 4 = 2 6 | 6 0 − 3 7 = 2 3 | 7 0 − 3 9 = 3 1 |

| 8 0 − 5 3 = 2 7 | 9 0 − 7 5 = 1 5 | 4 3 − 1 5 = 2 8 | 5 7 − 2 9 = 2 8 |

| 6 5 − 2 6 = 3 9 | 7 2 − 3 4 = 3 8 | 8 2 − 4 5 = 3 7 | 9 3 − 5 6 = 3 7 |

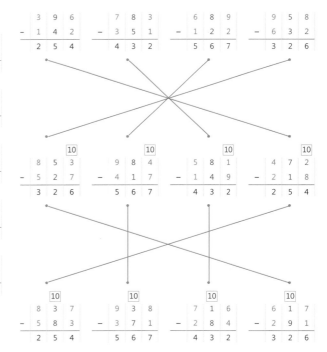

14차시 p. 273

◈ 활동 2

```
  1 3 4        5 3 1        3 2 1        2 4 1
+ 2 1 3      + 2 1 4      + 1 3 5      + 4 3 2
  3 4 7        7 4 5        4 5 6        6 7 3
```

```
  [1]          [1]          [1]          [1]
  4 2 9        2 1 9        3 2 6        2 1 7
+ 3 1 6      + 1 2 8      + 3 4 7      + 2 3 9
  7 4 5        3 4 7        6 7 3        4 5 6
```

```
  [1]          [1]          [1]          [1]
  1 8 2        2 8 3        1 7 2        3 9 2
+ 1 6 5      + 4 6 2      + 2 8 4      + 2 8 1
  3 4 7        7 4 5        4 5 6        6 7 3
```

◈ 활동 3

```
  1 2 4        1 2 9        3 5 2
+ 4 3 5      + 3 2 4      + 2 7 1
  5 5 9        4 5 3        6 2 3

  2 6 3        4 3 9        1 7 2
+ 2 1 4      + 2 4 7      + 5 6 3
  4 7 7        6 8 6        7 3 5

  3 4 2        2 3 8        4 6 5
+ 4 5 3      + 5 1 9      + 2 8 4
  7 9 5        7 5 7        7 4 9

  6 2 4        7 5 3        5 3 7
+ 2 3 1      + 1 2 9      + 2 9 1
  8 5 5        8 8 2        8 2 8

  4 1 6        3 1 7        4 5 6
+ 5 2 3      + 5 3 8      + 4 9 1
  9 3 9        8 5 5        9 4 7
```

◈ 놀이 활동

1. 첫 번째 줄
```
  3 5 6
+ 2 1 7
  5 7 3
```

2. 두 번째 줄
```
  5 6 3
+ 1 2 8
  6 9 1
```

3. 세 번째 줄
```
  6 4 7
+ 2 1 4
  8 6 1
```

4. 네 번째 줄
```
  7 2 5
+ 2 1 8
  9 4 3
```

5. 비밀번호: 7964

15차시 p. 282

◈ 활동 2

```
  3 9 6        7 8 3        6 8 9        9 5 8
- 1 4 2      - 3 5 1      - 1 2 2      - 6 3 2
  2 5 4        4 3 2        5 6 7        3 2 6
```

```
  [10]         [10]         [10]         [10]
  8 5 3        9 8 4        5 8 1        4 7 2
- 5 2 7      - 4 1 7      - 1 4 9      - 2 1 8
  3 2 6        5 6 7        4 3 2        2 5 4
```

```
  [10]         [10]         [10]         [10]
  8 3 7        9 3 8        7 1 6        6 1 7
- 5 8 3      - 3 7 1      - 2 8 4      - 2 9 1
  2 5 4        5 6 7        4 3 2        3 2 6
```

◈ 활동 3

```
   3 6 9        2 6 5        4 2 6
 - 2 4 8      - 1 3 8      - 2 7 5
 ---------    ---------    ---------
   1 2 1        1 2 7        1 5 1

   4 7 8        4 8 3        6 1 4
 - 2 5 3      - 2 1 4      - 2 3 1
 ---------    ---------    ---------
   2 2 5        2 6 9        3 8 3

   6 7 5        5 6 7        7 4 9
 - 3 1 4      - 1 2 9      - 3 6 5
 ---------    ---------    ---------
   3 6 1        4 3 8        3 8 4

   7 9 5        8 9 1        8 6 7
 - 4 3 2      - 7 5 6      - 3 9 2
 ---------    ---------    ---------
   3 6 3        1 3 5        4 7 5

   8 4 9        9 4 2        9 7 8
 - 6 3 7      - 5 1 6      - 6 8 4
 ---------    ---------    ---------
   2 1 2        4 2 6        2 9 4
```

◈ 놀이 활동

```
   2 6 1            4 5 9
 - 1 2 6          - 2 4 3
 ---------        ---------
   1 3 5            2 1 6

   6 2 9            5 4 5
 - 2 7 5          - 1 1 8
 ---------        ---------
   3 5 4            4 2 7

   7 9 6            8 4 8
 - 4 7 4          - 3 6 4
 ---------        ---------
   3 2 2            4 8 4

   9 8 7
 - 5 1 9
 ---------
   4 6 8
```

잘못 계산한 뺄셈식은 모두 ⏥7⏥ 개입니다.

부록

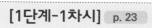

[1단계-1차시] p. 23

[10틀]

[점 카드 1] 점을 하나씩 오려서 사용해요.

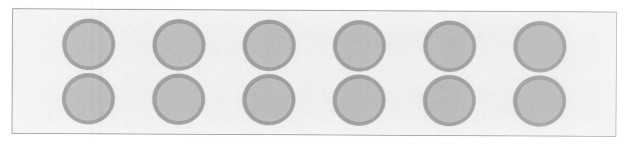

[점 카드 2]

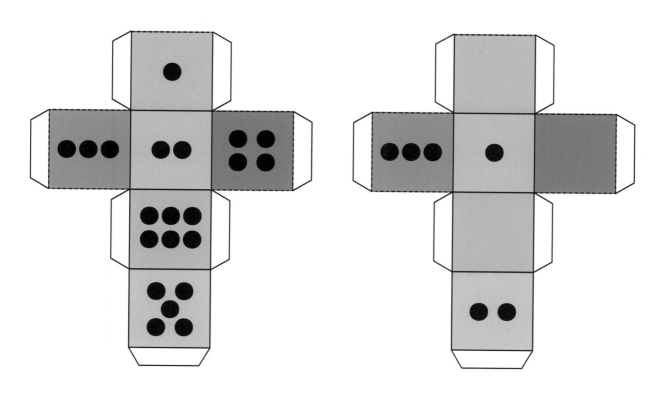

[주사위]

[1단계-2차시] p. 29

[10틀]

[1~9 수 카드]

1	2	3	4	5
6	7	8	9	

[점 카드 2]

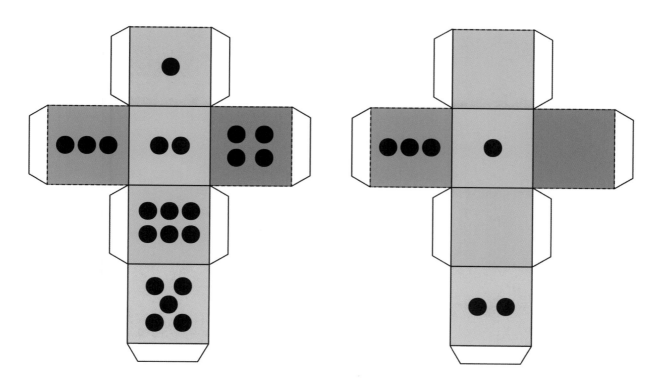

[주사위]

[1단계-4차시] p. 38

[10틀-1]

첫째	둘째	셋째	넷째	다섯째
여섯째	일곱째	여덟째	아홉째	0은 순서를 나타내는 말이 없어요.

[점 카드 1]

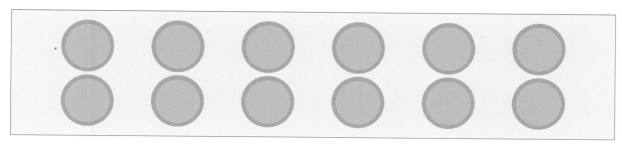

[주사위]

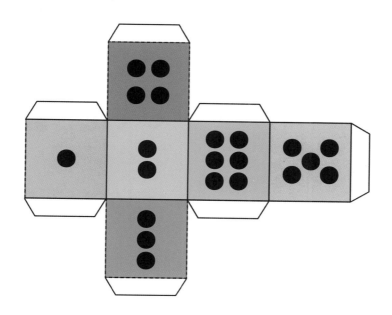

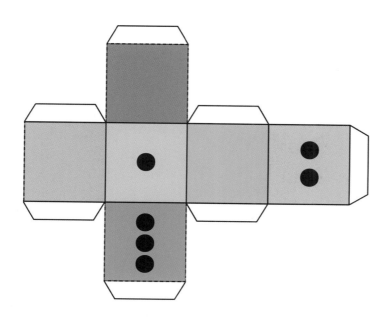

[1단계-5차시] p. 43

[주사위]

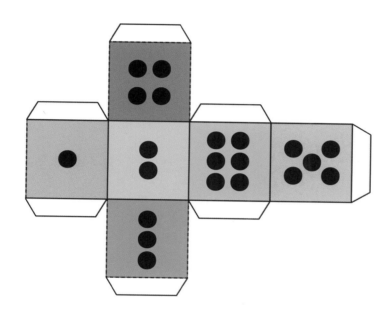

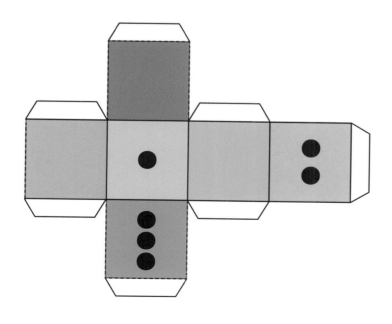

[1단계-6차시] p. 49

[0~9 수 카드]

0	1	2	3	4
5	6	7	8	9

[점 카드 2]

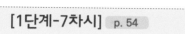

[1단계-7차시] p. 54

[10틀]

[점 카드 1]

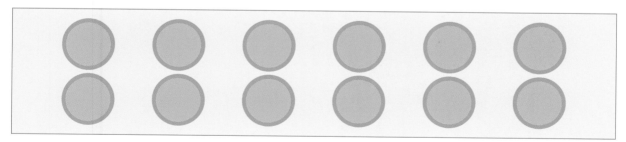

[1단계-8~9차시] p. 60 / 67

[0~9 수 카드]

0	1	2	3	4
5	6	7	8	9

[1단계-11차시] p. 80

[0~9 수 카드]

0	1	2	3	4
5	6	7	8	9

[점 카드 2]

[주사위-1]

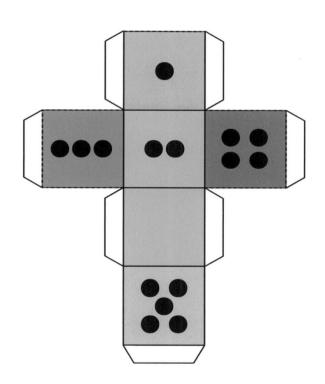

[1단계-12차시] p. 86

[0~9 수 카드]

0	1	2	3	4
5	6	7	8	9

0	1	2	3	4
5	6	7	8	9

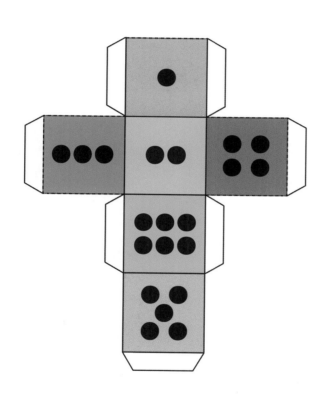

[0~9 수 카드]

0	1	2	3	4
5	6	7	8	9

0	1	2	3	4
5	6	7	8	9

[자리 수 판]

10묶음	**낱개**

10묶음	**낱개**

[0~9 수 카드]

0	1	2	3	4
5	6	7	8	9

0	1	2	3	4
5	6	7	8	9

0	1	2	3	4
5	6	7	8	9

[1단계-21차시, 25차시] p. 135 / 159

[0~9 수 카드]

0	1	2	3	4
5	6	7	8	9

0	1	2	3	4
5	6	7	8	9

0	1	2	3	4
5	6	7	8	9

0	1	2	3	4
5	6	7	8	9

[자리 수 판] (21차시)

백의 자리	십의 자리	일의 자리

백의 자리	십의 자리	일의 자리

[자리 수 판] (25차시)

천의 자리	백의 자리	십의 자리	일의 자리

천의 자리	백의 자리	십의 자리	일의 자리

1 + 1 =

3 + 3 =

1 + 8 =

3 + 5 =

2 + 2 =

2 + 4 =

2 + 1 =

7 + 1 =

5 + 2 =

3 + 6 =

2 + 6 =

1 + 6 =

1 + 3 =

7 + 2 =

4 + 4 =

5 + 1 =

4 + 5 =

3 + 4 =

4 + 1 =

3 + 2 =

2 − 1 =

5 − 4 =

3 − 1 =

6 − 5 =

4 − 1 =

7 − 3 =

7 − 2 =

6 − 4 =

7 − 6 =

4 − 2 =

3 − 2 =

8 − 6 =

9 − 7 =

8 − 1 =

9 − 6 =

9 − 4 =

8 − 7 =

9 − 2 =

9 − 5 =

4 − 3 =

8 − 5 =

5 − 3 =

9 − 1 =

6 − 3 =

8 − 3 =

6 − 2 =

5 − 2 =

7 − 4 =

9 − 8 =

8 − 2 =

9 − 3 =

5 − 1 =

7 − 5 =

6 − 1 =

8 − 4 =

7 − 1 =

[숫자 카드]

| 0 | 1 | 2 | 3 | 4 |

| 5 | 6 | 7 | 8 | 9 |

[연산판]

+ =

− =

+ =

− =

[뺄셈식 계산판]

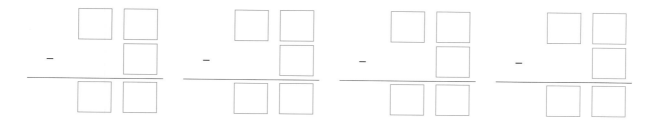

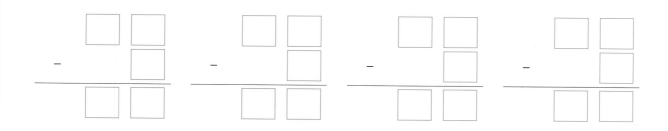

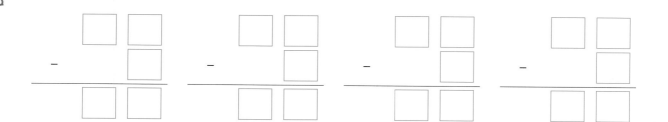

[일 모형 카드]

[십 모형 카드]

[2단계-9차시] p. 239

[뺄셈식 계산판]

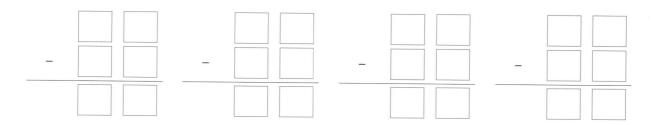

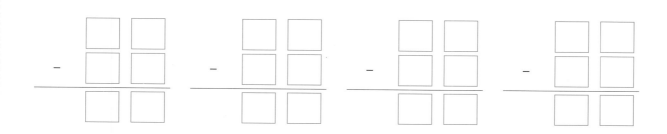

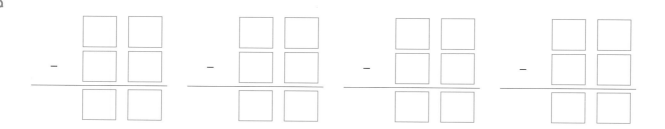

[일 모형 카드]

[십 모형 카드]

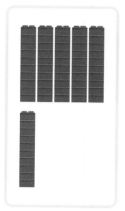

2	3	4	5
11 − 9	11 − 8 12 − 9		

6	7	8	9

11	12	13	14

15	16	17	18
		9 + 8 8 + 9	9 + 9

9 + 6	9 + 2	8 + 6	7 + 9	7 + 5	6 + 7	5 + 8	4 + 8	2 + 9
9 + 7	9 + 3	8 + 7	8 + 3	7 + 6	6 + 8	5 + 9	4 + 9	3 + 8
9 + 8	9 + 4	8 + 8	8 + 4	7 + 7	6 + 9	6 + 5	5 + 6	3 + 9
9 + 9	9 + 5	8 + 9	8 + 5	7 + 8	7 + 4	6 + 6	5 + 7	4 + 7

16 - 9	15 - 8	14 - 8	13 - 9	13 - 5	12 - 7	12 - 3	11 - 6	11 - 2
17 - 8	15 - 9	14 - 9	14 - 5	13 - 6	12 - 8	12 - 4	11 - 7	11 - 3
17 - 9	16 - 7	15 - 6	14 - 6	13 - 7	12 - 9	12 - 5	11 - 8	11 - 4
18 - 9	16 - 8	15 - 7	14 - 7	13 - 8	13 - 4	12 - 6	11 - 9	11 - 5

저자 소개

김동일(Kim, Dongil)

서울대학교 사범대학 교육학과 교육상담전공 교수 및 대학원 특수교육 전공 주임교수, 서울대학교 대학생활문화원 원장, 장애학생지원센터 상담교수, 서울대학교 특수교육연구소 소장으로 재직하고 있다. 서울대학교 교육학과를 졸업하고, 교육부 국비유학생으로 도미하여 미네소타 대학교 교육심리학과에서 석사·박사학위를 취득하였다.

Developmental Studies Center, Research Associate, 한국청소년상담원 상담교수, 경인교육대학교 교육학과 교수, 한국학습장애학회 회장, 서울대학교 사범대학 기획실장, 국가 청소년보호위원회 위원, BK21 미래교육디자인연구사업단 단장 등을 역임하였다. 국가 수준의 인터넷중독 척도와 개입연구를 진행하여 정보화역기능예방사업에 대한 공로로 행정안전부 장관표창 및 연구논문·저서의 우수성으로 한국상담학회 학술상(2014/2016)과 학지사 저술상(2012)을 수상하였다.

현재 (사)한국교육심리학회 회장, 한국아동청소년상담학회 회장, 여성가족부 학교밖청소년지원위원회(2기) 위원, 국무총리실 사행산업통합감독위원회(중독분과) 민간위원 등으로 봉직하고 있다.

『지능이란무엇인가』『학습장애아동의 이해와 교육』『청소년상담학개론』을 비롯하여 50여 권의 저·역서가 있으며, 300여 편의 등재전문 학술논문(SSCI/KCI)을 발표하였고, 기초학습기능 수행평가체제(BASA)를 포함한 30여 개의 표준화 검사를 개발하였다.

2017년 대한민국 교육부와
한국연구재단의 지원을 받아 수행된 연구임
(NRF-2017S1A3A2066303)

연구책임자 김동일(서울대학교 교육학과)

참여연구원 김희주(서울대학교 특수교육연구소)

안예지(서울대학교 특수교육연구소)

김희은(서울대학교 특수교육연구소)

신혜연 Gladys(서울대학교 특수교육연구소)

김은삼(서울대학교 특수교육연구소)

임희진(서울대학교 특수교육연구소)

황지영(서울대학교 특수교육연구소)

이연재(서울대학교 특수교육연구소)

조은정(서울대학교 특수교육연구소)

안제춘(서울대학교 특수교육연구소)

문성은(서울대학교 특수교육연구소)

송푸름(서울대학교 특수교육연구소)

장혜명(서울대학교 특수교육연구소)

BASA와 함께하는
수학능력 증진 개별화 프로그램

수학 나침반

❷-❶ 수학 연산편

2020년 7월 25일 1판 1쇄 인쇄
2020년 7월 30일 1판 1쇄 발행

지은이 • 김동일
펴낸이 • 김진환
펴낸곳 • (주) **학지사**
　　　　04031 서울특별시 마포구 양화로 15길 20 마인드월드빌딩
대표전화 • 02)330-5114　　　팩스 • 02)324-2345
등록번호 • 제313-2006-000265호

홈페이지 • http://www.hakjisa.co.kr
페이스북 • https://www.facebook.com/hakjisa

ISBN 978-89-997-2126-7 93370

정가 25,000원

이 도서의 국립중앙도서관 출판시도서목록(CIP)은 서지정보유통지원
시스템 홈페이지(http://seoji.nl.go.kr)와 국가자료공동목록시스템
(http://www.nl.go.kr/kolisnet)에서 이용하실 수 있습니다.
(CIP 제어번호: CIP2020025461)

출판 · 교육 · 미디어기업 **학지사**

간호보건의학출판 **학지사메디컬** www.hakjisamd.co.kr
심리검사연구소 **인싸이트** www.inpsyt.co.kr
학술논문서비스 **뉴논문** www.newnonmun.com
원격교육연수원 **카운피아** www.counpia.com